# ŒUVRES
### COMPLÈTES
# DE REGNARD.
### TOME II.

DE L'IMPRIMERIE DE CRAPELET.

# ŒUVRES

## COMPLÈTES

# DE REGNARD,

AVEC DES AVERTISSEMENTS ET DES REMARQUES SUR CHAQUE PIÈCE, PAR M. GARNIER.

## NOUVELLE ÉDITION.

TOME SECOND.

A PARIS,

CHEZ HAUT-CŒUR, LIBRAIRE,

RUE DES GRANDS-AUGUSTINS, N° I.

1820.

# LA SÉRÉNADE,

## COMÉDIE EN PROSE ET EN UN ACTE,

AVEC UN DIVERTISSEMENT.

Représentée pour la première fois le samedi 3 juillet 1694.

# AVERTISSEMENT

### DES ÉDITEURS

## SUR LA SÉRÉNADE.

Cette comédie a été représentée pour la première fois le samedi 3 juillet 1694.

Voici la première pièce que Regnard a donnée au Théâtre françois; il avoit travaillé jusqu'alors pour le Théâtre italien.

Un barbon amoureux et avare se trouve le rival de son fils, et devient la dupe des fourberies d'un valet intrigant et rusé : telle est la principale intrigue de cette comédie; intrigue qui n'offre rien de neuf; aussi tout le mérite de *la Sérénade* consiste-t-il dans la vivacité du dialogue, et dans la manière dont les scènes sont liées. Cet ouvrage prouve que le sujet le plus ingrat est susceptible de plaire, lorsqu'il est traité par une main de maître.

Nous avons dit que Regnard n'avoit travaillé jusqu'alors que pour le Théâtre italien. C'est sur cette scène qu'il a fait l'essai de ses talents, et nous croyons qu'il lui doit cette gaîté qui caractérise principalement les ouvrages de notre poète. On prétend que *la Sérénade* étoit originairement destinée à ce théâtre, mais que des circonstances ayant déterminé Regnard à hasarder sa pièce sur la scène françoise, il se contenta d'y faire de légers changements.

Les rôles qu'il a le plus retouchés sont ceux de Champagne, de l'usurier Mathieu et de madame Argante, qui n'existoient pas dans la pièce italienne : il a conservé le surplus des personnages, et n'a presque pas touché au dialogue; il a changé son Arlequin en Scapin ; il a appelé Colombine, Marine; Isabelle, Léonore, etc.

On remarque en effet beaucoup de rapport entre les caractères de ces personnages et ceux des acteurs italiens qu'ils ont remplacés.

Le travestissement de Scapin en un fripier borgne et boiteux, est une caricature italienne qui doit avoir été originairement destinée à ce théâtre, quoiqu'elle ait plu, et n'ait pas paru déplacée sur une scène plus noble.

Le dénoûment se ressent encore davantage de la manière italienne; c'étoit ainsi à peu près que finissoient la plupart des pièces de l'ancien Théâtre italien. On sacrifioit la raison, et quelquefois le goût, à un jeu de théâtre plaisant et d'un comique chargé.

Les auteurs de l'Histoire du Théâtre françois ont traité cette pièce avec rigueur. L'intrigue, disent-ils, en est misérable, et les personnages n'ont pas le sens commun; le plan de la pièce est

# AVERTISSEMENT.

foible, et l'idée des plus communes : les moyens dont on se sert pour conduire l'intrigue à sa fin sont très-mal imaginés, et le dénoûment est du dernier ridicule. Ils ajoutent qu'on est forcé d'avouer que toutes les situations, les plaisanteries et le comique de cette pièce choquent également le naturel et la vraisemblance.

Ce jugement contient, à ce qu'il nous semble, une critique un peu trop sévère d'un ouvrage agréable, et auquel le public rend tous les jours la justice qu'il mérite, en le voyant avec plaisir. Ce n'est pas que nous ne soyons obligés de convenir que cette critique est juste à bien des égards; mais il auroit été à désirer que les auteurs que nous citons eussent également applaudi à ce qui méritoit de l'être. Nous aurons occasion de remarquer plus d'une fois qu'ils n'aimoient pas Regnard, que ce n'est qu'avec peine qu'ils lui donnent les éloges qu'ils ne peuvent lui refuser, et qu'ils s'en dédommagent bien vite par des critiques outrées, qui manifestent leur prévention contre ce poète.

Quoi qu'il en soit, *la Sérénade* a été très-bien reçue dans sa nouveauté, et a eu dix-sept représentations de suite. Depuis, elle a été remise au théâtre très-souvent, et a toujours été vue avec un nouveau plaisir. Maintenant cette comédie est une de celles qu'on voit le plus souvent, et dont le public se lasse le moins; chose qui vaut mieux que tous les éloges, et qui répond à toutes les critiques.

# PERSONNAGES.

M. GRIFON, père de Valère.
VALÈRE, amant de Léonore.
Madame ARGANTE, mère de Léonore.
LÉONORE.
M. MATHIEU.
SCAPIN, valet de Valère.
MARINE, servante de madame Argante.
CHAMPAGNE, valet de M. Mathieu.
MUSICIENS ET DANSEURS.

*La scène est à Paris.*

# LA SÉRÉNADE,
## COMÉDIE.

## SCÈNE PREMIÈRE.

### M. MATHIEU, MARINE.

#### MARINE.

Je vous dis encore une fois que Madame n'est pas au logis, et qu'il faut que vous reveniez si vous voulez lui parler.

#### M. MATHIEU.

A la bonne heure, je reviendrai. Cependant, Marine, dis-lui que j'ai vendu un collier à la personne qui doit épouser mademoiselle sa fille.

#### MARINE.

Je voudrois, monsieur Mathieu, que vous fussiez étranglé par votre gorge, avec votre diantre de collier. C'est donc vous qui vous êtes mêlé de cette affaire? Ne devriez-vous pas songer que les mariages légitimes ne sont point de votre compétence? Un courtier d'usure comme vous, ne doit s'intriguer que d'affaires de contrebande, et laisser les honnêtes filles en repos.

M. MATHIEU.

A Dieu ne plaise, ma pauvre Marine, qu'on voie jamais aucun vrai mariage de ma façon! Je ne sais point faire de marché à vie; c'est un métier trop périlleux. Une fille est une marchandise qu'on ne sauroit garantir, et l'on n'en a pas plus tôt fait l'emplète, qu'on voudroit en être défait à moitié de perte.

MARINE.

Oui, mais ceux qui font des mariages ne s'embarrassent guère du succès; et quand ils ont reçu leur pot-de-vin, et que le poisson est dans la nasse, sauve qui peut. Vous connoissez du moins l'homme qu'on lui destine, puisque vous lui avez vendu un collier?

M. MATHIEU.

Je vais le lui livrer, et en recevoir de l'argent.

MARINE.

Ce n'est pas là ce que je demande. Quel homme est-ce?

M. MATHIEU.

C'est un fort honnête homme, fort riche, fort vieux et fort goutteux.

MARINE.

Que la peste te crève!

# SCÈNE I.

#### M. MATHIEU.

Sa figure n'est peut-être pas des plus ragoûtantes; mais, comme vous savez, entre l'utile et l'agréable, il n'y a pas à balancer.

#### MARINE.

Oui, pour des ladres comme vous, qui ne connoissent d'autre bonheur que celui d'amasser du bien, et de faire travailler leur argent à gros et très-gros intérêt : mais pour une jeune personne comme Léonore, qui cherche à passer ses jours dans le plaisir, vous trouverez bon, s'il vous plaît, vous et madame sa mère, qu'elle préfère l'agréable à l'utile; et que moi, de mon côté, je fasse tout mon possible pour rompre un mariage aussi biscornu que celui-là.

#### M. MATHIEU.

Hélas! ma pauvre enfant, romps, casse, brise le mariage en mille pièces, je m'en soucie comme de cela. Je t'aiderai même, en cas de besoin, pourvu que tu me fasses payer de mes peines un peu grassement.

#### MARINE.

Un peu grassement! Eh! mort de ma vie, n'êtes-vous pas déjà assez gras? Allez, vous devriez mourir de honte d'avoir une face qui a pour le moins deux aunes de tour.

###### M. MATHIEU.

Marine est toujours railleuse. Mais je ne songe pas que mon homme m'attend : il veut donner tantôt une sérénade à sa maîtresse. Musiciens et filles-de-chambre ont volontiers commerce ensemble ; n'y en a-t-il pas quelqu'un de tes amis à qui tu voulusses faire gagner cet argent-là ?

###### MARINE.

Qu'il aille au diable, avec sa sérénade ! Je vais songer à lui donner l'aubade, moi.

###### M. MATHIEU.

Ce mariage te met de mauvaise humeur. Je voudrois bien rester plus long-temps avec toi, je ne m'y ennuie jamais.

###### MARINE.

Et moi, je m'y ennuie toujours.

###### M. MATHIEU.

Adieu.

## SCÈNE II.

###### MARINE, seule.

Je prie le ciel qu'il te conduise, et que tu te puisses casser le cou. Il n'y auroit pas grand mal quand tous ces maquignons de mariages-là seroient

SCÈNE II. 11

au fond de la rivière avec une bonne pierre au cou. Que je plains le pauvre Valère! il ne sait pas son malheur. J'ai une lettre à lui rendre de la part de sa maîtresse. Voici son valet à propos.

## SCÈNE III.

### SCAPIN, MARINE.

SCAPIN.

Bonjour, ma charmante.

MARINE.

Bonjour, mon adorable.

SCAPIN.

Comment se porte ta maîtresse?

MARINE.

Mal.

SCAPIN.

Il y a toujours quelque chose à refaire aux filles.

MARINE.

Et ton maître?

SCAPIN.

Il se porteroit assez bien s'il avoit un peu plus d'argent.

MARINE.

Je n'ai jamais connu un gentilhomme plus gueux que celui-là.

#### SCAPIN.

Monsieur Grifon son père est bien riche, mais il est bien ladre.

#### MARINE.

Nous nous en apercevons.

#### SCAPIN.

Tel que tu me vois, je sers mon maître sans gages, et *incognito*.

#### MARINE.

Comment *incognito* ?

#### SCAPIN.

Oui. Monsieur Grifon ne sait pas que son fils a l'honneur d'être à moi ; il ne me connoît pas même. Je loge en ville, et je vis d'emprunt.

#### MARINE.

Tu fais souvent mauvaise chère.

#### SCAPIN.

Assez. Cela n'empêche pas que je ne nourrisse quelquefois mon maître, quand il est mal avec son père.

#### MARINE.

Voilà un beau ménage !

#### SCAPIN.

Hé ! dis-moi un peu....

#### MARINE.

Je n'ai rien à te dire. Tiens, rends cette lettre-là à ton maître.

## SCÈNE III.

SCAPIN.

Comme tu fais, Marine! regarde-moi un peu.

MARINE.

Hé bien! que me veux-tu?

SCAPIN.

Vous plairoit-il seulement, ô beauté léoparde! me dire le contenu de cette lettre?

MARINE.

Je n'ai pas le temps.

SCAPIN.

Tu me romps si souvent la tête de ton babil, quand je te prie de ne dire mot.

MARINE.

J'aime à faire le contraire de ce qu'on souhaite.

SCAPIN.

Le beau naturel! Je te prie donc de te taire, Marine. C'est le moyen de te faire parler.

MARINE.

Je parlerai, s'il me plaît.

SCAPIN.

Et tant qu'il te plaira.

MARINE.

Et me tairai, si je veux.

SCAPIN.

Dis si tu peux, mon enfant; cela est difficile.

MARINE.

Mais voyez cet animal qui veut m'empêcher de parler!

SCAPIN.

Je n'ai garde.

MARINE.

Voilà encore un plaisant visage, pour fermer la bouche à une femme!

SCAPIN.

Fort bien.

MARINE.

Ni toi, ni ton père, ni ta mère, ni toute ta peste de génération, ne me feroient pas rabattre une syllabe.

SCAPIN.

Qu'elle est agréable!

MARINE.

Quand on parle bien, on ne parle jamais trop.

SCAPIN.

Tu ne devrois pas parler souvent.

MARINE.

Va, va, quand je serai morte, je me tairai assez.

SCAPIN.

Jamais autant que tu auras parlé.

MARINE.

Tu voudrois donc savoir le contenu de la lettre?

## SCÈNE III.

SCAPIN.

Moi ? point du tout, je ne veux rien savoir.

MARINE et SCAPIN, ensemble.

| MARINE. | SCAPIN. |
|---|---|
| Oh ! tu sauras pourtant, malgré que tu en aies, que ma maîtresse se marie aujourd'hui avec un homme qu'elle n'a jamais vu ; que sa mère a terminé l'affaire ; qu'elle prie Valère... Que la peste te crève ! Adieu. | Oh ! tu auras menti, et il ne sera pas dit que tu me feras entendre malgré moi. Je ne veux rien savoir ; laisse-moi en repos ; garde tes nouvelles pour un autre. Le diable puisse t'étrangler ! Adieu. |

## SCÈNE IV.

SCAPIN, seul.

Par ma foi, c'est une charmante chose qu'une femme ! Quelle docilité d'esprit ! quelle complaisance ! Voilà une des plus raisonnables que je connoisse. Mais je m'amuse ici, et je dois aller promptement porter cette lettre à mon maître, car il est diablement amoureux. Qui dit amoureux, dit impatient, et qui dit impatient, suppose un homme qui a plus tôt donné un coup de pied au cul que le bonjour. Mais le voilà.

## SCÈNE V.

### VALÈRE, SCAPIN.

#### VALÈRE.

Hé bien, Scapin, apprends-moi des nouvelles de Léonore. L'as-tu vue? que t'a dit Marine?

#### SCAPIN.

Marine? rien du tout. C'est une fille dont on ne sauroit tirer une parole.

#### VALÈRE.

Marine ne t'a rien dit, elle qui parle tant?

#### SCAPIN.

C'est justement ce qui fait qu'elle ne dit rien; mais tout ce que j'ai pu comprendre de la volubilité de son discours, c'est qu'il faut renoncer à Léonore; et le pis que j'y trouve, c'est que nous n'avons pas un sou pour nous en consoler.

#### VALÈRE.

Quoi? que dis-tu? parle, explique-toi. Renoncer à Léonore?

#### SCAPIN.

Oui, Monsieur.

#### VALÈRE.

Et Marine ne t'a point dit la cause de son refroidissement?

## SCÈNE V.

SCAPIN.

Non, Monsieur.

VALÈRE.

Quoi! tu n'as pu pénétrer?....

SCAPIN.

Oh! Monsieur, Marine est une fille impénétrable.

VALÈRE.

Que je suis malheureux!

SCAPIN.

Elle m'a seulement donné une petite lettre qui vous expliquera peut-être mieux la chose.

VALÈRE.

Eh! donne donc, maraud, donne donc.

(Il lit.)

« Si vous m'aimez autant que je vous aime,
» nous sommes les plus malheureuses personnes
» du monde. Ma mère prétend me marier à un
» homme que je ne connois point. Détournez le
» malheur qui nous menace; et soyez certain que
» je choisirai plutôt la mort, que d'être jamais à
» d'autre qu'à vous.. »

Scapin!

SCAPIN.

Monsieur?

VALÈRE.

Que dis-tu de cette lettre-là?

### SCAPIN.

Je dis, Monsieur, que ce n'est pas là une lettre de change.

### VALÈRE.

Et je me laisserai enlever Léonore! Non, non, Scapin; à quelque prix que ce soit, il faut empêcher.....

### SCAPIN.

Monsieur, le ciel m'a donné des talents merveilleux pour faire des mariages; et je puis dire, sans vanité, qu'il n'y a guère de jour qu'il ne m'en passe quelqu'un par les mains. J'en ai même ébauché plus de mille en ma vie qui n'ont jamais été achevés; mais j'aime trop la propagation de l'espèce, pour avoir le courage d'en rompre aucun.

### VALÈRE.

Que tu fais mal à propos le mauvais plaisant! Il faut.....

---

## SCÈNE VI.

### M. GRIFON, M. MATHIEU, VALÈRE, SCAPIN.

### SCAPIN, bas.

Paix! voici votre père. Le vilain usurier qui

nous vendit si cher l'argent l'année passée, est avec lui.

VALÈRE, bas.

Vient-il lui demander ce que je lui dois ?

SCAPIN, bas.

Il seroit mal adressé. Écoutons.

(Valère et Scapin se retirent au fond du théâtre.)

M. GRIFON, à M. Mathieu.

Je vous donnai, il y a huit jours, un sac de mille francs à faire valoir, dont j'ai votre billet, monsieur Mathieu.

M. MATHIEU.

Cela est vrai, monsieur Grifon.

SCAPIN, bas à Valère.

Le bon homme négocie avec les usuriers aussi bien que nous; mais ce n'est pas de la même manière.

M. GRIFON.

Nous sommes convenus à trois mille huit cents livres; ce sont encore deux cents louis qu'il faut vous donner pour le collier, monsieur Mathieu.

M. MATHIEU.

Oui, monsieur Grifon.

SCAPIN, bas à Valère.

Cela nous accommoderoit bien.

VALÈRE, bas.

Paix, tais-toi.

M. GRIFON.

Passez tantôt chez moi, ou envoyez-y quelqu'un de votre part, avec un billet de votre main, cela suffira; c'est de l'argent comptant, monsieur Mathieu.

M. MATHIEU.

Je n'en suis point en peine, et je vous laisse le collier, monsieur Grifon.

SCAPIN, à part.

Un collier de trois mille huit cents livres! Le friand morceau!

( M. Mathieu sort. )

## SCÈNE VII.

### M. GRIFON, VALÈRE, SCAPIN.

M. GRIFON.

Ah! vous voilà, mon fils. Que faites-vous là? Y a-t-il long-temps que vous y êtes?

VALÈRE.

Je ne fais que d'arriver.

M. GRIFON, montrant Scapin.

Qui est cet homme-là?

VALÈRE.

C'est, mon père......

## SCÈNE VII.

M. GRIFON.

Quoi ? c'est....

VALÈRE.

Un musicien de l'Opéra.

M. GRIFON.

Mauvaise connoissance qu'un musicien de l'Opéra ! ils mènent les gens au cabaret, et il faut toujours payer pour eux.

SCAPIN, bas à Valère.

De quoi diantre vous avisez-vous de me faire musicien ? J'aimerois mieux être toute autre chose.

VALÈRE, bas à Scapin.

Tais-toi.

M. GRIFON.

Oh ça, mon fils, j'ai une nouvelle à vous apprendre ; la présence du musicien ne gâtera rien, et peut-être pourra-t-il nous être utile.

SCAPIN, bas à Valère.

Votre imagination m'a fait musicien par hasard ; vous verrez qu'il faudra que je le devienne par nécessité.

M. GRIFON.

Je vais me marier.

VALÈRE.

Vous marier ! vous, mon père ?

M. GRIFON.

Moi-même, en propre personne.

SCAPIN, à part.

Je ne m'attendois pas à celui-là.

M. GRIFON.

Que dit monsieur le musicien?

SCAPIN.

Je ne puis que vous louer, Monsieur, de former une entreprise si hardie. Vous avez eu le bonheur d'enterrer une première femme, vous hasardez d'en prendre une seconde; le péril ne vous rebute point : cela est fier, cela est grand, cela est héroïque; et, pour ma part, je n'ai garde de manquer d'applaudir à une résolution aussi généreuse que la vôtre.

M. GRIFON.

Voilà un joli garçon.

VALÈRE.

Ce que j'en ai dit, mon père, n'est que par l'intérêt que je prends à votre santé.

M. GRIFON.

Ne t'en mets point en peine, ce sont mes affaires.

SCAPIN, à Valère.

Oui, Monsieur, que monsieur votre père vous donne seulement une belle-mère bien faite, belle, jeune, et laissez-le faire; vous serez ravi qu'il se soit remarié, sur ma parole.

## SCÈNE VII.

#### M. GRIFON.

Oh! je suis sûr qu'il en sera content. C'est une fille à qui il ne manque rien. Ce que je voudrois de vous maintenant, Monsieur de l'Opéra, ce seroit que vous m'aidassiez à donner une petite sérénade à ma maîtresse.

#### SCAPIN.

Une sérénade, dites-vous? Vous ne pouvez mieux vous adresser qu'à moi. Musique italienne, françoise ; je suis un homme à deux mains.

#### M. GRIFON.

Tout de bon?

#### SCAPIN.

Demandez à monsieur votre fils. Je suis le premier homme du monde pour les sérénades ; il m'en doit encore deux ou trois.

#### VALÈRE.

Oui, mon père.

#### SCAPIN.

Ce n'est pas pour me vanter ; mais en cas de chanteurs, symphonistes, violistes, théorbistes, clavecinistes, opéra, opérateurs, opératrices, madelonistes, catinistes, margotistes, si difficiles qu'elles soient, j'ai tout cela dans ma manche.

#### M. GRIFON.

Je voudrois une sérénade à bon marché.

#### SCAPIN.

Je ménagerai votre bourse, ne vous mettez pas en peine. Il ne nous faudra que trente-six violons, vingt hautbois, douze basses, six trompettes, vingt-quatre tambours, cinq orgues et un flageolet.

#### M. GRIFON.

Eh! fi donc! voilà pour donner une sérénade à tout un royaume.

#### SCAPIN.

Pour les voix, nous prendrons seulement douze basses, huit concordans, six basses-tailles, autant de quintes, quatre hautes-contre, huit faussets, et douze dessus, moitié entiers et moitié hongres.

#### M. GRIFON.

Vous nommez là de quoi faire un régiment de musique.

#### SCAPIN.

Il ne faut pas moins de voix pour accompagner tous les instruments. Laissez-nous faire. Je veux qu'il y ait dans cette musique-là une espèce de petit charivari, qui conviendra merveilleusement bien au sujet. Nous allons, monsieur votre fils et moi, donner maintenant les ordres pour.....

#### M. GRIFON.

Attendez. On doit m'amener ma maîtresse; je suis bien aise que vous la voyiez, et que vous m'en disiez votre sentiment l'un et l'autre.

SCÈNE VII.

SCAPIN.

Prenez-la belle et jeune, au moins, surtout d'humeur complaisante; tous vos amis vous conseilleront la même chose.

VALÈRE, bas à Scapin.

Allons-nous-en; je me meurs d'inquiétude.

~~~~~~~~~~~~~~~~~~~~~~~~~~~~~~

## SCÈNE VIII.

M. GRIFON, VALÈRE, SCAPIN, Madame ARGANTE, LÉONORE, MARINE.

M. GRIFON.

NE vous avois-je pas bien dit qu'on devoit l'amener? Voilà la mère et la fille de chambre.

VALÈRE, bas à Scapin.

Que vois-je, Scapin? C'est Léonore.

SCAPIN, à part.

Autre accident.

M<sup>me</sup> ARGANTE.

Allons, ma fille, approchez, et saluez le mari que je vous ai destiné. (*Elle entend parler de M. Grifon.*)

LÉONORE, croyant que c'est Valère.

Quoi! Madame, voilà la personne!....

M<sup>me</sup> ARGANTE.

Qu'avez-vous donc, Mademoiselle? est-ce que Monsieur ne vous plaît pas?

LÉONORE.

Je ne dis pas cela, Madame, et je n'aurai jamais d'autres volontés que les vôtres.

VALÈRE, bas à Scapin.

Scapin, elle obéit à sa mère; je suis perdu.

MARINE, à part.

Il y a erreur de calcul.

M^me ARGANTE.

Je suis ravie, ma fille, de vous voir des sentimens raisonnables; et j'ai toujours bien jugé que vous ne voudriez pas me désobéir.

LÉONORE.

Vous désobéir! moi? J'aimerois mieux mourir que de faire quelque chose qui vous déplût.

M. GRIFON, à Scapin.

Voilà une fille bien née, n'est-il pas vrai?

SCAPIN, à part.

Il y a ici du quiproquo, sur ma parole.

LÉONORE.

Tout ce que j'ai à me reprocher, Madame, c'est que mon obéissance ait si peu de mérite en cette occasion; et les choses sont dans un état à me permettre d'avouer, sans honte, que votre choix et mon inclination ont un parfait rapport ensemble.

M. GRIFON, à part.

Comme elle m'aime déjà! Cela n'est pas croyable.

## SCÈNE VIII.

LÉONORE.

Mais j'ai lieu de me plaindre. Est-ce à moi de parler comme je fais, quand vous êtes si peu sensible, Valère, aux bontés que ma mère a pour nous ?

M.$^{me}$ ARGANTE, à Léonore.

Comment donc Valère ? A qui en avez-vous ?

M. GRIFON.

Qu'est-ce que cela signifie ?

SCAPIN, à part.

Nous approchons du dénoûment.

M$^{me}$ ARGANTE.

Que voulez-vous dire avec votre Valère ?

LÉONORE.

Ne m'avez-vous pas dit, Madame, que vous aviez conclu mon mariage ?

M$^{me}$ ARGANTE.

Qu'a de commun Valère avec votre mariage ? C'est à monsieur Grifon, que voilà, que je vous marie.

M. GRIFON, à Léonore.

Oui, mignonne, c'est moi qui aurai l'honneur de...

LÉONORE.

Vous, Monsieur ?

M$^{me}$ ARGANTE.

Je voudrois bien, pour voir, que vous ne le trouvassiez pas bon !

M. GRIFON.

Monsieur mon fils, par quelle aventure est-il mention de vous dans tout ceci?

VALÈRE.

Par une aventure fort naturelle, mon père.

M. GRIFON.

Comment une aventure fort naturelle?

MARINE.

Oui, Monsieur; Mademoiselle est fille, Monsieur est garçon; elle est aimable, il est joli homme; ils ont fait connoissance, ils s'aiment, ils sont dans le goût de s'épouser : y a-t-il rien là que de fort naturel?

SCAPIN.

Il n'est point question de la nature là-dedans; c'est la raison et l'intérêt qui font aujourd'hui les mariages. Monsieur est le père, Madame est la mère; la raison est de leur côté, la nature est une sotte, et vous aussi, ma mie.

M$^{me}$ ARGANTE.

Il a raison.

LÉONORE.

Quoi! à l'âge que j'ai, ma mère, vous voudriez me faire épouser un homme comme Monsieur? Vous n'y songez pas.

VALÈRE.

Quoi! à l'âge que vous avez, mon père, vous

## SCÈNE VIII.

voudriez vous marier à une fille comme Mademoiselle ? Je crois que vous rêvez.

LÉONORE.

En vérité, ma mère, vous êtes trop raisonnable pour exiger de moi une chose aussi éloignée du bon sens.

VALÈRE.

Sérieusement parlant, mon père, vous n'êtes point d'âge encore à radoter.

M^me ARGANTE.

Ouais ! Et où sommes-nous donc ? Allons, petite ridicule, qu'on donne tout à l'heure la main à Monsieur.

VALÈRE.

Non pas, Madame, s'il vous plaît.

M. GRIFON.

Qu'est-ce à dire ?

VALÈRE.

Avec votre permission, mon père, cela ne sera pas, je vous assure.

M. GRIFON.

Cela ne sera pas ! Que dites-vous à cela, Monsieur le musicien ?

SCAPIN.

Vous avez là un grand garçon bien mal morigéné, Monsieur.

M. GRIFON.

Pendard !

VALÈRE.

Que diroit-on dans le monde, si, en ma présence, je vous laissois faire une action aussi extravagante que celle-là ?

M. GRIFON.

Quoi donc extravagante ! Comment donc ! A ton père ; malheureux !

MARINE.

A votre père !

SCAPIN.

A votre propre père !

VALÈRE.

Quand il seroit mon père cent fois plus qu'il ne l'est encore, je ne souffrirai point que l'amour lui fasse tourner la cervelle jusqu'à ce point-là.

M. GRIFON.

Mais quelle comédie jouons-nous donc ici ? Je vous demande pardon pour mon fils, Madame.

M<sup>me</sup> ARGANTE.

Cela n'est rien ; j'ai bien des excuses à vous faire pour ma fille, Monsieur.

MARINE.

Voilà des enfants bien obstinés. Mais aussi pourquoi vous exposer à vous marier, sans savoir si monsieur votre fils le voudra bien ?

## SCÈNE VIII.

M. GRIFON.

S'il le voudra bien?

SCAPIN.

Monsieur, avec trois ou quatre cents pistoles ne pourrions-nous point le mettre à la raison?

M. GRIFON.

Je l'y mettrai bien sans cela.

M$^{me}$ ARGANTE.

Et moi, je vous réponds de cette petite impertinente-là; elle vous épousera, ou je la mettrai dans un lieu d'où elle ne sortira de long-temps.

LÉONORE.

J'y demeurerai plutôt toute ma vie, que d'épouser un homme que je n'aime point.

## SCÈNE IX.

M$^{me}$ ARGANTE, M. GRIFON, VALÈRE, SCAPIN.

M. GRIFON.

Elle s'en va, Madame.

M$^{me}$ ARGANTE.

Ne vous mettez pas en peine, je saurai la réduire; elle sera votre femme aujourd'hui, ou vous mourrez de mort subite.

## SCÈNE X.

### M. GRIFON, VALÈRE, SCAPIN.

#### M. GRIFON.

De mort subite ! Voilà à quoi vous m'exposez, Monsieur le coquin. Laisse-moi faire, je veux l'épouser à ta barbe ; je m'en vais dépenser tout mon bien pour m'en faire aimer ; je lui donnerai des présents, des bijoux, des maisons, des contrats, des cadeaux, des festins, des sérénades ; des sérénades, Monsieur le musicien ; et je lui ferai des enfants pour te faire enrager.

#### SCAPIN, à part.

Oh ! pour celui-là on vous en défie.

## SCÈNE XI.

### VALÈRE, SCAPIN.

#### VALÈRE.

Non, Scapin, il n'y a point d'extrémité où je ne me porte pour empêcher ce mariage-là.

#### SCAPIN.

Doucement, Monsieur, nous abaisserons ses fumées d'amour. Il ne la tient pas encore. J'ai pris le

## SCÈNE XI.

soin d'une sérénade; il vient de négocier un certain collier : laissez-moi faire. Mais le diable est que nous n'avons point d'argent.

#### VALÈRE.

Ah! mon pauvre Scapin, cherche, imagine, invente des moyens pour en trouver; engage tout, vends tout, donne tout.

#### SCAPIN.

Hé! que diable engager? que vendre? Pour tout meuble et immeuble, vous n'avez que votre habit et le mien; encore le tailleur n'est-il pas payé.

#### VALÈRE.

Quoi! tu ne peux trouver?.....

#### SCAPIN.

Depuis que je travaille pour vous, les ressorts de mon esprit emprunteur sont diablement usés....

#### VALÈRE.

Mais quoi!.....

#### SCAPIN.

Laissez-moi un peu rêver tout seul. J'ai ma sérénade en tête; si je pouvois avoir seulement de quoi payer les musiciens dont je me veux servir....

#### VALÈRE.

A quoi bon?....

#### SCAPIN.

J'ai besoin de me recueillir, vous dis-je; laissez-moi en repos, et allez fortifier Léonore dans le dessein de ne point épouser votre père.

VALÈRE, à part.

Il faut vouloir tout ce qu'il veut, j'ai besoin de lui.

## SCÈNE XII.

SCAPIN, seul.

CE n'est pas une petite affaire, pour un valet d'honneur, d'avoir à soutenir les intérêts d'un maître qui n'a point d'argent. On s'acoquine à servir ces gredins-là, je ne sais pourquoi ; ils ne paient point de gages, ils querellent, ils rossent quelquefois ; on a plus d'esprit qu'eux, on les fait vivre, il faut avoir la peine d'inventer mille fourberies, dont ils ne sont tout au plus que de moitié ; et avec tout cela nous sommes les valets, et ils sont les maîtres. Cela n'est pas juste. Je prétends, à l'avenir, travailler pour mon compte ; ceci fini, je veux devenir maître à mon tour.

## SCÈNE XIII.

CHAMPAGNE, SCAPIN.

SCAPIN.

Mais que vois-je?

CHAMPAGNE.

Hé! c'est toi, mon pauvre Scapin!

SCAPIN.

Le beau Champagne en ce pays-ci!

CHAMPAGNE.

Il y a six mois que je suis revenu, mais je ne me montre que depuis quinze jours.

SCAPIN.

Pourquoi donc?

CHAMPAGNE.

Par une espèce de scrupule. Une lettre de cachet du Châtelet m'avoit défendu de paroître à la ville; elle me prescrivoit un temps pour voyager : mes voyages sont finis, je reparois sur nouveaux frais.

SCAPIN.

Et que fais-tu à présent? Je t'ai vu autrefois le plus adroit grison, et, soit dit entre nous, le plus hardi coquin qu'il y eût en France.

#### CHAMPAGNE.

J'ai quitté tout cela, mon ami. La justice aujourd'hui a l'esprit si mal tourné; il n'y a plus rien à faire dans le commerce : elle prend toujours les choses du mauvais côté. J'ai renoncé aux vanités du monde, et je me suis jeté dans la réforme.

#### SCAPIN.

Toi, dans la réforme?

#### CHAMPAGNE.

Oui, mon enfant. Il faut faire une fin. Je me suis retiré ; je prête sur gages.

#### SCAPIN.

La retraite est méritoire !

#### CHAMPAGNE.

Ma foi, il n'y a plus que ce métier-là pour faire quelque chose ; il n'y a rien de tel, quand on a de l'argent, que d'en aider des particuliers dans leurs nécessités pressantes.

#### SCAPIN.

Voilà un motif fort charitable !

#### CHAMPAGNE.

Je me suis associé d'un fort honnête homme, qui est, je pense, lui, associé d'un autre fort honnête homme chez qui il m'envoie prendre deux mille huit cents livres.

#### SCAPIN, à part.

Deux mille huit cents livres ! Serions-nous assez

## SCÈNE XIII.

heureux !.... Cela seroit admirable. (Haut.) Tu es associé avec monsieur Mathieu?

CHAMPAGNE.

Avec monsieur Mathieu : mais je suis un peu subalterne, à la vérité. Nous demeurons ensemble ; il me loge fort haut, me meuble modestement, m'habille chaudement pour l'été, fraîchement pour l'hiver ; me nourrit sobrement, ne me donne point de gages ; mais ce que je prends c'est pour moi.

SCAPIN.

Voilà une bonne condition ! Et, dis-moi, es-tu toujours aussi ivrogne qu'avant ta lettre de cachet ?

CHAMPAGNE.

Je bois beaucoup de vin, mais je ne l'aime pas.

SCAPIN.

Tu vas donc recevoir deux mille huit cents livres ?

CHAMPAGNE.

Deux mille huit cents livres.

SCAPIN.

Chez monsieur Grifon ?

CHAMPAGNE.

C'est le nom de notre associé. Qui te l'a dit ?

SCAPIN.

Pour le surplus d'un collier que monsieur Mathieu lui a vendu ?

#### CHAMPAGNE.

Je l'ai ouï dire ainsi.

#### SCAPIN.

Et tu as un billet de monsieur Mathieu, pour marque que tu ne viens pas à faux?

#### CHAMPAGNE.

Cela est comme tu le dis. Voilà le billet. Hé! d'où diantre sais-tu tout cela?

#### SCAPIN.

Je suis l'associé du fils de monsieur Grifon, moi.

#### CHAMPAGNE.

Quoi! tu te mêles aussi?...

#### SCAPIN.

Nous ne sommes associés que pour emprunter, nous autres. Le connois-tu, monsieur Grifon?

#### CHAMPAGNE.

Non.

#### SCAPIN.

Te connoît-il?

#### CHAMPAGNE.

Je ne crois pas.

#### SCAPIN, à part.

Tant mieux. (Haut.) Monsieur Grifon n'est pas au logis, et en attendant qu'il vienne, nous pouvons aller renouveler connoissance au cabaret.

## SCÈNE XIII.

#### CHAMPAGNE.

De tout mon cœur : je ne refuse point des parties d'honneur.

#### SCAPIN.

Morbleu! j'enrage. Voilà un homme à qui j'ai affaire, mais ce ne sera que pour un moment. Va-t'en m'attendre ici près, aux barreaux verts, et faire tirer bouteille.

## SCÈNE XIV.

#### SCAPIN, seul.

Voila un fripon que je friponnerai, sur ma parole, si je puis seulement attraper le billet.

## SCÈNE XV.

#### M. GRIFON, MARINE, SCAPIN.

#### MARINE, à M. Grifon.

Je vous dis, Monsieur, que vous aurez plus de peine que vous ne pensez à réduire cet esprit-là.

#### SCAPIN.

Ah! Monsieur, je vous cherchois pour vous dire que dans peu votre sérénade sera en état.

M. GRIFON.

Bon. Voilà ma maison, et voilà celle de ma maîtresse.

SCAPIN, à part.

Tant mieux, cela est fort commode pour mon dessein.

## SCÈNE XVI.

### M. GRIFON, MARINE.

M. GRIFON.

Tu dis donc, Marine, que tu viens de la part de Léonore ?

MARINE.

Oui, Monsieur, pour vous faire des excuses de ce qui s'est passé à votre entrevue.

M. GRIFON.

Elle revient à elle, j'en suis bien aise.

MARINE.

Elle est au désespoir de n'avoir pu se contraindre devant madame sa mère : mais elle dit qu'elle vous hait trop pour se faire la moindre violence.

M. GRIFON.

Voilà un fort sot compliment. Je n'ai que faire de ces excuses-là.

## SCÈNE XVI.

MARINE.

Elle sait trop bien vivre pour manquer à la civilité. Elle m'a aussi chargée de vous prier de ne point presser madame sa mère sur votre mariage, et de lui donner du temps pour s'accoutumer à une figure aussi extraordinaire que la vôtre.

M. GRIFON.

Vous êtes une impertinente, ma mie, et je ne sais.....

MARINE.

Je vous demande pardon, Monsieur; je vous respecte trop pour vous rien dire, de mon chef, qui vous déplaise. Ce sont les sentiments de ma maîtresse que je vous explique le plus clairement et le plus succinctement qu'il m'est possible.

M. GRIFON.

Je ne veux point savoir ses sentiments, tant qu'elle en aura d'aussi ridicules.

MARINE.

Il ne tiendra pas à moi qu'elle ne change; et, quelque aversion qu'elle ait pour vous, elle ne laissera pas de vous épouser si elle m'en veut croire. Vous n'avez que votre âge, votre air et votre visage contre vous: dans le fond, je gagerois que vous avez les meilleures manières du monde.

##### M. GRIFON, à part.

Voilà une insolente qui, à mon nez, me vient chanter pouille.

##### MARINE.

C'est votre physionomie lugubre qui l'a d'abord effarouchée : elle en reviendra peut-être, et vous aimera à la folie; que sait-on ? Vous ne seriez pas le premier magot qui auroit épousé une jolie fille.

##### M. GRIFON, à part.

Malgré tout ce qu'elle me dit, je ne veux point me fâcher; elle peut me rendre service. (Haut.) Tu me parois d'agréable humeur.

##### MARINE.

Je suis assez franche, comme vous voyez.

##### M. GRIFON.

C'est ce qui me semble. Je veux être de tes amis, et, si le mariage se fait, ne te mets pas en peine. Dis-moi un peu en confidence, quelle sorte de caractère est-ce que Léonore, et que faudroit-il que je fisse pour lui plaire ?

##### MARINE.

Vous n'avez qu'à mourir, Monsieur ; c'est le plus grand plaisir que vous lui puissiez faire.

##### M. GRIFON.

Ce n'est pas là ce que je te demande. De quelle humeur est-elle ?

## SCÈNE XVI.

MARINE.

Ah! de l'humeur du monde la plus douce. Je ne lui connois qu'un petit défaut.

M. GRIFON.

Quel est-il?

MARINE.

C'est, Monsieur, que, quand elle s'est mis quelque chose en tête, et qu'on s'avise de la contredire, elle crie, elle peste, elle jure, elle bat, elle mord, elle égratigne, elle estropie même au besoin; mais, dans le fond, c'est une bonne enfant.

M. GRIFON.

Voilà une humeur bien douce vraiment! Et avec cela n'a-t-elle point quelque passion dominante?

MARINE.

Non, Monsieur, rien ne la domine: Elle a du goût pour toutes les belles manières, elle vend, pour jouer, tout ce qu'elle a; elle met ses nippes en gage pour aller à l'Opéra et à la Comédie; elle court le bal sept fois la semaine seulement; elle fesse son vin de Champagne à merveille, et sur la fin du repas elle devient fort tendre.

M. GRIFON.

Tu crois donc qu'elle pourra m'aimer?

MARINE.

Oui, Monsieur, sur la fin d'un repas; et je vais

lui faire entendre que, pour un mari, vous valez cent fois mieux qu'un autre.

### M. GRIFON.

Cela est vrai, au moins.

### MARINE.

Assurément. Dans ce siècle-ci, quand un mari laisse faire à sa femme tout ce qu'elle veut, c'est un homme adorable ; on ne peut pas lui demander autre chose.

### M. GRIFON.

Ah ! mon enfant, tu peux l'assurer de ma part que, si jamais elle est ma femme, je ne la contraindrai jamais en la moindre bagatelle.

### MARINE.

Commencez donc par ne point trop presser les affaires. Je vais lui proposer vos conventions, et, comme il n'y a rien dans ces articles-là qui répugne à la coutume, je ne doute point qu'elle ne les accepte.

## SCÈNE XVII.

### M. GRIFON, seul.

Cette fille-là a quelque chose de bon dans ses manières.

## SCÈNE XVIII.

M. GRIFON, SCAPIN, déguisé, ayant un emplâtre sur l'œil.

#### M. GRIFON.

Ah! ah! voilà une plaisante figure d'homme!

#### SCAPIN.

Ne pourriez-vous point, Monsieur, me faire le plaisir et l'honneur de m'enseigner le logis de monsieur Grifon?

#### M. GRIFON.

Que lui voulez-vous à monsieur Grifon?

#### SCAPIN.

Avoir l'avantage de lui rendre un petit billet que monsieur Mathieu m'a fait l'honneur de me donner, afin que ledit sieur Grifon me fasse la grâce de me compter deux mille huit cents livres, restant à payer pour un collier que ledit sieur Grifon a acheté dudit sieur Mathieu.

#### M. GRIFON.

C'est moi qui suis M. Grifon. Et où est le billet?

#### SCAPIN.

Le voilà, Monsieur; je ne viens qu'à bonnes enseignes. Vous aurez, s'il vous plaît, la bonté de m'expédier.

#### M. GRIFON.

Oui, voilà l'écriture de monsieur Mathieu ; mais je ne vous connois pas pour être à lui.

#### SCAPIN.

C'est une gloire que je ne mérite pas, Monsieur : je suis seulement son compère, Isaac-Jérôme-Boisme Rousselet, maître marchand fripier ordinaire privilégié suivant la cour : si l'on peut vous y rendre quelque service, vous n'avez qu'à disposer de votre petit serviteur.

#### M. GRIFON.

Je vous suis obligé.

#### SCAPIN.

J'ai des amis en ce pays-là : mon frère est apprenti partisan chez le commis du secrétaire de l'intendant d'un homme d'affaires, et mon oncle est le sous-portier de l'hôtel des Fermes.

#### M. GRIFON.

Ces amis-là sont quelquefois plus utiles que d'autres.

#### SCAPIN.

Il est vrai, Monsieur. J'ai autrefois, par leur moyen, tiré mon parrain des galères, et je sauvai l'année passée une amende honorable à monsieur Mathieu; c'est ce qui fait qu'il a beaucoup de confiance en moi.

## SCÈNE XVIII.

M. GRIFON, à part.

Voilà un garçon bien ingénu ; c'est dommage qu'il lui manque un œil.

SCAPIN.

J'abuse de votre loisir, Monsieur, mais ce n'est pas ma faute ; avec deux mille huit cents livres, vous serez débarrassé de mes importunités, et je prendrai congé de vous quand il vous plaira.

M. GRIFON, à part.

Quel original ! (Haut.) Oui, oui, je vais vous apporter de l'argent, vous n'avez qu'à attendre.

## SCÈNE XIX.

SCAPIN, seul.

Par ma foi, voilà qui ne va pas mal.

## SCÈNE XX.

SCAPIN, VALÈRE, LÉONORE, MARINE.

SCAPIN.

Mais voici mon maître avec sa maîtresse ; il ne me reconnoîtra pas.

LÉONORE.

Comptez, Valère, que rien ne me peut faire changer.

VALÈRE.

Ah! charmante Léonore, que vous devez me paroître adorable avec de pareils sentiments!

SCAPIN.

Monsieur, je vous donne le bonjour. Y a-t-il long-temps que vous êtes en cette ville? Vos affaires vont-elles bien? Comment gouvernez-vous la joie avec cette aimable enfant?

VALÈRE.

Que me veut cet ivrogne-là? Qui êtes-vous, mon ami?

SCAPIN.

Je suis un honnête garçon, qui connois vos besoins, et qui viens vous offrir deux cents pistoles que va me donner monsieur votre père.

(Il ôte son emplâtre.)

VALÈRE.

C'est toi, Scapin! Qui t'auroit reconnu?

SCAPIN.

Vous voyez, Monsieur, ce qu'on fait pour vous.

MARINE.

Par ma foi, voilà un méchant borgne.

VALÈRE.

Et tu as trouvé le moyen de tirer deux cents pistoles de mon père?

## SCÈNE XX.

#### SCAPIN.

Il va me les livrer. J'ai encore un collier à escamoter, mais j'aurois besoin tout à l'heure de quelques gens de main.

#### VALÈRE.

Tout à l'heure ? Et où veux-tu que je les cherche à présent ?

#### MARINE.

Monsieur, je suis à votre service. Pour la main, je l'ai aussi bonne que la langue.

#### SCAPIN.

Toi ? mais serois-tu fille à travailler de nuit ?

#### MARINE.

Pourquoi non ? c'est dans ce temps-là que je triomphe. J'ai deux ou trois filles de mes amies qui ne m'abandonneront pas dans le besoin.

#### SCAPIN.

Bon, bon! il ne me faut pas de plus vaillants champions pour mon dessein. Mais j'entends monsieur Grifon. Allez m'attendre au prochain détour, je vous dirai dans un moment ce qu'il faudra faire.

#### VALÈRE.

Cependant si tu me disois de quelle manière....

#### SCAPIN.

Hé! allez-vous-en.

VALÈRE.

Je pourrois peut-être....

SCAPIN.

Oh ! retirez-vous.

(Scapin, voyant arriver M. Grifon, remet son emplâtre sur l'autre œil.)

## SCÈNE XXI.

### M. GRIFON, SCAPIN.

M. GRIFON.

Il y a deux cents louis neufs dans cette bourse; voyons si je ne me suis point trompé.

SCAPIN, prenant la bourse.

Vous êtes trop exact, et vous savez trop bien compter.

M. GRIFON.

Il n'importe, Monsieur; pour plus grande sûreté....

SCAPIN.

Je ne regarderai point après vous, Monsieur; le compère Mathieu me l'a défendu.

M. GRIFON.

Vous êtes le maître. Serviteur.

SCAPIN, à part.

Voilà de quoi payer la sérénade.

## SCÈNE XXII.

#### M. GRIFON, seul.

Il me semble que mon borgne a changé son œil de l'autre côté. Monsieur Mathieu ne laisse point moisir l'argent entre les mains de ceux qui lui doivent. Je lui devois, me voilà quitte. Je ne sais ce que cela signifie ; mais je n'ai point bonne opinion de mon mariage. Moi, qui n'ai jamais rien aimé, je m'avise de devenir amoureux à mon âge. O amour ! amour ! La nuit devient obscure, et le musicien devroit être ici.

## SCÈNE XXIII.

#### M. GRIFON, CHAMPAGNE, ivre.

CHAMPAGNE, chantant.

Lera, lera, lera.

M. GRIFON.

J'entends quelqu'un qui chante, seroit-ce lui ?

CHAMPAGNE.

Par la sembleu, je suis bien nourri. Ce monsieur Scapin fait bien les choses, oui.

M. GRIFON.

Qui va là ? Est-ce vous, monsieur le musicien ?

## CHAMPAGNE.

Oui, à peu près, c'est un ivrogne.

## M. GRIFON.

Passez votre chemin, mon ami.

## CHAMPAGNE.

Que je passe mon chemin?

## M. GRIFON.

Oui.

## CHAMPAGNE.

Oui, qui le pourroit.

## M. GRIFON.

Quel maraud est ceci?

## CHAMPAGNE.

Maraud! Voilà quelqu'un qui me connoît. Je suis plus pesant que de coutume, et je ne sais si mes jambes pourront porter au logis tout le vin que j'ai bu.

## M. GRIFON, à part.

Ne seroit-ce point quelque émissaire de mon coquin de fils qui viendroit ici pour troubler la fête? Je veux m'en éclaircir.

## CHAMPAGNE.

Holà, l'ami, qui parlez tout seul, suis-je loin de chez moi, par parenthèse?

## M. GRIFON.

Où loges-tu?

## SCÈNE XXIII.

#### CHAMPAGNE.

Hé! palsembleu. si je le savois, je ne le demanderois pas.

#### M. GRIFON.

Que cherches-tu dans ce quartier?

#### CHAMPAGNE.

Je ne sais, je ne m'en souviens pas. Je suis pourtant venu pour quelque chose. Ah!.... monsieur Grifon, le connoissez-vous?

#### M. GRIFON, à part.

Je ne me trompois pas, c'est un fripon.

#### CHAMPAGNE.

Justement; un fripon, un vilain, un fesse-mathieu.

#### M. GRIFON.

A qui penses-tu parler? C'est moi qui suis monsieur Grifon.

#### CHAMPAGNE.

Le diable emporte si je l'aurois deviné. Or donc, pour revenir à nos moutons, monsieur Mathieu, cet autre vilain, ce ladre.....

#### M. GRIFON.

Ce pendard-là me fera perdre patience.

#### CHAMPAGNE.

Patience, oui, c'est bien dit, allons doucement. Ce monsieur Mathieu donc, comme de vilain à vilain il n'y a que la main, il est arrivé que, par la concomitance d'un collier.....; enfin je ne me souviens pas bien de tout cela.

M. GRIFON.

Tu as oublié la leçon qu'on t'a faite. Combien te donne-t-on pour jouer le personnage que tu fais?

CHAMPAGNE.

Comme monsieur Mathieu est un vilain, je ne gagne pas grand'chose; mais je suis sobre.

M. GRIFON.

Il y paroît.

CHAMPAGNE.

Venons à l'explication. Vous êtes monsieur Grifon, je suis monsieur Champagne : donnez-moi de l'argent au plus vite, car j'ai hâte.

M. GRIFON.

Que je te donne de l'argent?

CHAMPAGNE.

Oui, parbleu, de l'argent; je ne perds point le jugement, j'ai beau boire. Il me faut huit cent deux mille et quelques livres; j'ai le billet de monsieur Mathieu, vous allez voir, car je n'y vois goutte.

M. GRIFON, à part.

Voilà justement l'enclouure. (Haut.) Tu viens un peu trop tard pour m'attraper, mon pauvre ami :

## SCÈNE XXIII. 55

si tu as le billet de monsieur Mathieu, je t'en donnerai.

#### CHAMPAGNE.

Cela est fort judicieux et fort raisonnable; j'aime les gens d'esprit. Je ne le trouve point ce diable de billet.

#### M. GRIFON.

Cherche bien.

#### CHAMPAGNE.

Je ne trouve rien, la peste m'étouffe. Je l'avois pourtant avant que d'aller au cabaret.

#### M. GRIFON.

Trouve-le donc.

#### CHAMPAGNE.

Oh! vous en demandez trop. Quand on a bu, on ne peut pas retrouver sa maison; vous voulez que je retrouve un billet : il n'y a pas de raison à cela.

#### M. GRIFON.

Tu en as beaucoup, toi.

#### CHAMPAGNE.

Écoutez, ne nous brouillons point. J'étois de sang-froid quand je l'ai perdu, je le retrouverai quand je serai de sang-froid, cela est infaillible. Jusqu'au revoir.

#### M. GRIFON.

Il n'est pas si ivre qu'il paroît.

## SCÈNE XXIV.

### M. GRIFON, seul.

Monsieur mon fils choisit mal ses gens. Il est plus malaisé de m'attraper qu'on ne s'imagine. Quelque nuit qu'il fasse, je connois les fourbes d'une lieue.

## SCÈNE XXV.

### SCAPIN, M. GRIFON.

#### SCAPIN.

Allons, Monsieur, de la joie. Vive l'amour et la musique! Je vous amène ici tout un opéra.

#### M. GRIFON.

Que voulez-vous faire de ces flambeaux?

#### SCAPIN.

Pour nous éclairer, Monsieur : ma musique est une musique de conséquence, il faut voir clair à ce qu'on fait. Allons, messieurs de la symphonie.

# SCÈNE XXV.

## SÉRÉNADE.

M. GRIFON, SCAPIN, PLUSIEURS SYMPHONISTES, DANSEURS ET MUSICIENS.

UN VÉNITIEN chante.

Hor che piu belle
Splendon le stelle,
Il sonno sbandite, amanti;
Con suoni, con canti,
La cruda svegliate :
Fate, fate
Che veda suoi rigori,
E miei dolori.

UNE VÉNITIENNE.

Forse ch'il lungo piangere,
Potrà frangere,
Sua crudeltà,
Ed un di merce
La tua fè ritrovera.

UN VÉNITIEN.

Amanti
Costanti
Sofrite le pene,
Portate catene,
Sperate merce ;
Fra dogli e martiri,
Fra pianti e sospiri,
Si prova la fe.

Amanti
Costanti,
Sperate merce.

#### UNE VÉNITIENNE.

Spero, spero ch'un di l'amor
Darà pace al dolor :
Il mio fedel ardor
Può ben far
Triomfar
Questo misero cuor.

#### SCAPIN.

Peut-être que l'italien ne vous plaît pas? Il faut vous servir à la françoise.

*( Il va chercher six femmes déguisées avec des manteaux rouges, qui viennent en dansant, et font un spectacle. Léonore et Marine sont du nombre. )*

#### SCAPIN.

Amis, tenez-vous tout prêts ;
La bête est dans nos filets.
Lorsqu'un vieux fou s'échappe
D'être amoureux sur ses vieux ans,
Il faut qu'il mette la nappe,
Et qu'on boive à ses dépens.

#### CHOEUR.

Il faut qu'il mette la nappe,
Et qu'on boive à ses dépens.

#### AIR.

Vive la jeunesse !
Vive le printemps !
C'est le temps

## SCÈNE XXV.

De la tendresse.
Fuyez d'ici, sombre vieillesse,
Car en amour les vieillards ne sont bons
Qu'à payer les violons.

UNE MUSICIENNE.

Un jour un vieux hibou
Se mit dans la cervelle
D'épouser une hirondelle
Jeune et belle,
Dont l'amour l'avoit rendu fou.
Il pria les oiseaux de chanter à sa fête :
Tout s'enfuit en voyant une si laide bête ;
Il n'y resta que le coucou.

M. GRIFON.

Monsieur le musicien, voilà de vilaines paroles.

SCAPIN.

Pardonnez-moi, Monsieur; ce sont des paroles nouvelles qui furent faites à la noce de Vénus et de Vulcain. Mais allons au fait.

(Les violons jouent un air sur lequel les femmes de la sérénade dansent, et en dansant elles mettent le pistolet sous le nez de M. Grifon et de Scapin.)

M. GRIFON.

Miséricorde! des pistolets, monsieur le musicien!

SCAPIN.

Paix, paix, ne faisons point de bruit, nous ne sommes pas les plus forts.

M. GRIFON.

Ils prennent mon chapeau, monsieur le musicien.

SCAPIN.

Hé paix, paix, ils prennent le mien et je ne dis mot.

M. GRIFON.

Ils me déshabillent, monsieur le musicien.

SCAPIN.

Hé, comme vous criez! faut-il faire tant de bruit pour un méchant justaucorps?

M. GRIFON.

Ils fouillent dans mes poches, monsieur le musicien, et prennent ma bourse.

SCAPIN.

Ils fouillent aussi dans les miennes, mais il n'y a rien ; ils seront bien attrapés.

M. GRIFON.

Ils me prennent un collier de quatre cents pistoles, monsieur le musicien.

(Léonore et Marine se retirent.)

SCAPIN.

Bon, bon! ils ne tueront personne.

M. GRIFON.

Ah! la maudite sérénade!

## SCÈNE XXVI.

VALÈRE, SCAPIN, M. GRIFON, LÉONORE, MARINE, DANSEURS.

VALÈRE.

Ah! mon père, comme vous voilà! eh d'où venez-vous?

SCAPIN.

Nous venons de donner une sérénade.

M. GRIFON.

Ah, Valère! je suis mort : on vient de me voler un collier de quatre cents pistoles.

VALÈRE.

Ne vous alarmez point, mon père, je vous amène vos voleurs.

( Léonore et Marine jettent leurs manteaux. )

M. GRIFON.

Miséricorde! Léonore! Marine!

MARINE.

Oui, Monsieur, c'est nous qui avons fait le coup.

SCAPIN.

Ah! coquine, tu iras aux galères.

VALÈRE, à M. Grifon.

Si vous voulez consentir que j'épouse Léonore, je vous montrerai votre collier.

M. GRIFON.

Mon collier? Ah! je te promets que, si je le retrouve, je consens à tout.

VALÈRE, tirant le collier de sa poche.

Je n'irai pas loin.

M. GRIFON, voulant prendre le collier.

Ah! mon cher collier!

VALÈRE.

Ah! tout beau, s'il vous plaît, mon père: je vous ai dit que je vous le ferois voir, mais je ne vous ai pas dit que je vous le rendrois. Quand une fille se marie, elle a besoin d'un collier. En voilà un tout trouvé. (à Léonore) Je vous prie, Mademoiselle, de l'accepter pour l'amour de moi.

M. GRIFON.

Comment donc?

SCAPIN.

Vous voulez bien, Monsieur, que je vous fasse aussi mes petites excuses, et que je vous dise que le borgne à qui vous avez tantôt donné deux cents louis, c'étoit moi; que je ne suis qu'une façon de musicien.

M. GRIFON.

Double pendard! Ah! je suis assassiné! Quelle maudite journée! Non, je ne veux jamais entendre parler, ni de fils, ni de maîtresse, ni d'amour,

## SCÈNE XXVI.

ni de mariage, et je vous donne tous à tous les diables. (Il sort.)

MARINE.

Tant mieux : voilà peut-être la première chose qu'il ait donnée de sa vie.

SCAPIN *chante, et le chœur répète.*

J'offre ici mon savoir-faire
A tous ceux qui n'ont point d'argent;
Je crois que le nombre en est grand,
Et je n'aurai pas peu d'affaire.

Malgré toute ma ressource,
Gardez-vous d'un sexe enchanteur :
Non content de prendre le cœur,
Il en veut encore à la bourse.

FIN DE LA SÉRÉNADE.

# VARIANTES
## DE LA SÉRÉNADE.

### SCÈNE XX.

Dans les éditions faites du vivant de l'auteur, cette scène finit par ces mots de Scapin :

Je vous dirai dans un moment ce qu'il faudra faire.

Et dans les éditions suivantes, on a substitué ce qui suit :

VALÈRE.

Cependant si tu me disois de quelle manière....

SCAPIN.

Allez-vous-en.

VALÈRE.

Je pourrois peut-être.....

SCAPIN.

Oh ! retirez-vous.

Il faut retrancher ces phrases qui n'appartiennent point à l'auteur, et ont été ajoutées depuis à la représentation.

## SCÈNE XXII.

GRIFON, seul.

On a ajouté dans les dernières éditions cette phrase, qui n'appartient point à Regnard :

Il me semble que mon borgne a changé son œil de l'autre côté.

Outre que cette phrase n'est pas françoise, il est invraisemblable qu'un avare aussi soupçonneux ait donné son argent, après s'être aperçu que le faux borgne avoit changé de côté son emplâtre.

FIN DES VARIANTES DE LA SÉRÉNADE.

# LE BAL,

COMÉDIE EN VERS ET EN UN ACTE,

AVEC UN DIVERTISSEMENT;

Représentée pour la première fois le jeudi 14 juin 1696.

# AVERTISSEMENT

### DES ÉDITEURS,

## SUR LE BAL.

Cette comédie a été représentée, pour la première fois, le jeudi 14 juin 1696, sous le titre du Bourgeois de Falaise. Elle a été imprimée sous ce même titre dans la première édition qui a été faite de cette pièce dans sa nouveauté. Depuis, l'auteur l'a nommée le Bal. C'est sous ce titre qu'elle a reparu au théâtre, et qu'elle se trouve imprimée dans toutes les éditions des OEuvres de Regnard.

Le personnage de Sotencour est celui que l'auteur avoit regardé comme le principal de sa pièce, et qui avoit donné lieu à sa première dénomination; mais ce bourgeois ridicule n'étoit qu'une mauvaise copie de Pourceaugnac; et comme la pièce n'avoit réussi qu'à l'aide de deux personnages subalternes, *Mathieu Crochet* et *le gascon Fijac*, le poète a cru devoir supprimer le premier titre, et a intitulé sa pièce le Bal.

On peut, en effet, justement reprocher à Regnard l'invraisemblance et la foiblesse de l'intrigue de cette pièce. Ces défauts ne sont pas rachetés par un comique soutenu; et s'il y a quelques scènes plaisantes, il y en a plusieurs autres qui sont froides et inutiles.

Sotencour, comme nous l'avons remarqué, n'a rien de saillant, et ne présente point un caractère d'un comique décidé. Il arrive du fond de la Normandie pour faire une description ridicule des appas de sa maîtresse, qu'il n'a jamais vue. On ne dit point que ce soit la fortune du beau-père qui le décide à ce mariage; de sorte qu'on ne sait ce qui l'a déterminé à venir de sa province chercher femme à Paris.

Le stratagème qu'on emploie pour le dégoûter de sa belle, ne peut pas s'appeler un artifice, et quoiqu'il soit l'ouvrage de trois fourbes adroits, on n'y voit qu'une ruse grossière dont on est étonné que le beau-père et le gendre futur soient les dupes.

La première supercherie du Gascon est tout-à-fait inutile, et ne sert en rien au dénoûment. Il étoit indifférent de prévenir Géronte contre Sotencour, et de le faire passer pour un joueur abîmé de dettes, puisqu'on se proposoit d'enlever Léonore; et, dans le fait, cet enlèvement fait seul le

# AVERTISSEMENT.

dénoûment, et détermine seul Sotencour à renoncer à Léonore, et Géronte à la donner à Valère.

Malgré ces défauts, on reconnoît dans cette pièce le génie de Regnard. Il y a, comme nous l'avons remarqué, quelques scènes plaisantes, telles que celle de l'entrevue de Sotençour avec sa maîtresse, le bavardage ridicule de l'un et le silence méprisant de l'autre, que notre campagnard prend pour de la stupidité.

Cette situation comique, et qui a dû produire beaucoup d'effet au théâtre, a été imitée par Destouches, dans sa comédie du *Dépôt.*

Un marquis d'Esbignac, amoureux de la fille de Géronte, sans l'avoir vue, ou plutôt amoureux de sa fortune, dit au père, en présence de sa fille :

Mais votre fille est belle,
Si j'en crois le portrait que son frère fait d'elle.

GÉRONTE, lui faisant apercevoir sa fille.

Vous en pouvez juger.

LE MARQUIS.

C'est là l'original
Du portrait ?

GÉRONTE.

Oui vraiment.

LE MARQUIS.

Elle n'est pas trop mal.

Et après une tirade de gasconnades extravagantes, auxquelles Angélique ne répond que par un silence méprisant, le marquis se retourne du côté du père, et lui dit :

Est-ce que cette enfant ne parle pas encore ?
GÉRONTE, en souriant.
Oh! que pardonnez-moi.
LE MARQUIS.
Jusqu'ici je l'ignore ;
On la croiroit muette.
GÉRONTE.
Elle vous parlera
Quand il en sera temps.
LE MARQUIS.
Oh! quand il lui plaira,
Je ne suis point pressé.

La scène dans Regnard est plus originale. La bêtise de Sotencour et son bavardage contrastent mieux avec le silence de Léonore : elle ne répond point à une question sotte et malhonnête que lui fait le provincial ; et celui-ci, au lieu de s'apercevoir de sa sottise, impute à la stupidité le silence de sa maîtresse.

Nous avons remarqué aussi dans cette pièce le rôle du Gascon, qui, quoique inutile, est très-plaisant. La scène où il demande à Sotencour ce qu'il prétend lui avoir gagné au jeu, quoique semblable à plusieurs autres scènes déjà au théâtre, entre

## AVERTISSEMENT.

autres à celle du marchand flamand de Pourceaugnac, est vivement dialoguée et d'un très-bon comique.

Cette pièce est la seule des comédies de Regnard que l'on ne joue plus ; cependant elle a eu douze représentations dans sa nouveauté, et nous croyons que, malgré ses défauts, on la verroit encore avec plaisir sur notre scène.

# PERSONNAGES.

GÉRONTE, père de Léonore.
LÉONORE.
VALÈRE, amant de Léonore.
M. DE SOTENCOUR, bourgeois de Falaise.
LISETTE, servante de Léonore.
MERLIN, valet de Valère.
FIJAC, gascon, sous le nom du baron d'Aubignac.
MATHIEU CROCHET, cousin de M. de Sotencour.
M. GRASSET, rôtisseur.
M. LA MONTAGNE, marchand de vin.
GILLETTE.
Troupe de Masques.

*La scène est à Charonne.*

# LE BAL,
## COMÉDIE.

## SCÈNE PREMIÈRE.
### MERLIN, seul.

Me voici dans Charonne, et voilà le logis
Où l'amour nous conduit : gardons d'être surpris.
Il fait, ma foi, bien chaud; j'ai bien eu de la peine,
Je suis venu sans boire. Ouf! je suis hors d'haleine.
Je risque dans ce lieu bien plus qu'au cabaret.
Monsieur Géronte a l'air d'un petit indiscret;
S'il me voit, ce vieillard m'éconduira peut-être
Fort incivilement. D'ailleurs aussi mon maître
Est un autre brutal qui n'entend point raison,
Et veut être introduit ce soir dans la maison.
Entre ces deux écueils, je le donne au plus sage
A pouvoir se sauver ici de quelque orage.
Qu'on est fou! pour un autre aller risquer son dos!
Ah! qu'un grand philosophe a dit bien à propos,
Qu'un bon valet étoit une pièce bien rare!
On dit que pour la noce ici tout se prépare.

Je veux, en tapinois, faire la guerre à l'œil.
Déjà la nuit commence à s'habiller de deuil.
Lisette dans ces lieux m'a promis de se rendre,
Pour savoir quel parti mon maître pourra prendre.
Mais j'entrevois quelqu'un.

## SCÈNE II.

MERLIN, M. GRASSET, tenant un plat de rôt; M. LA MONTAGNE, tenant un panier de bouteilles.

#### M. GRASSET, à Merlin.

Monsieur, voilà le rôt.

#### M. LA MONTAGNE, à Merlin.

Monsieur, voilà le vin.

#### MERLIN.

(à part.) Vous venez à propos.
Ils me prennent sans doute ici pour l'économe;
Profitons de l'erreur, faisons le majordome.

#### M. GRASSET.

Voilà douze poulets à la pâte nourris;
Autant de pigeons gras, dont les culs sont farcis;
Poules de Caux, pluviers, une demi-douzaine
De râles de genêt, six lapins de garenne;
Deux jeunes marcassins, avec quatre faisans :
Le tout est couronné de soixante ortolans,

## SCÈNE II.

Et des perdrix, morbleu ! d'un fumet admirable.
Sentez plutôt. Quel baume !

MERLIN.

    Oui, je me donne au diable,
Ce gibier est charmant, et je le garantis
Bourgeois, et né natif en plaine Saint-Denis.

M. GRASSET.

Monsieur !

MERLIN.

Oh ! je connois vos tours. Qu'il vous souvienne
Qu'un jour, étant chez vous, par malheur la garenne
S'ouvrit, et qu'aussi-tôt on vit tous vos garçons
S'armer habilement de broches, de bâtons,
Et qu'ils eurent grand'peine, avec cet air si brave,
A faire rembucher au fond de votre cave,
Et dans votre grenier, tous les lapins fuyards,
Qu'on voyoit dans la rue abondamment épars.

M. GRASSET.

Je ne mérite pas, Monsieur, un tel reproche.

MERLIN *prend deux perdrix, qu'il met dans sa poche.*

Donnez-moi deux perdrix : allez coucher en broche,
Et souvenez-vous bien, vous et vos galopins,
De mieux, à l'avenir, enfermer vos lapins :

(A M. La Montagne.)

Entrez. Pour vous, Monsieur, qui portez la vendange,
Vous ne valez pas mieux ; on ne perd rien au change.
C'est là tout mon vin ?

M. LA MONTAGNE.

Tout; on n'est pas un fripon;
Il faut être en ce monde, ou marchand, ou larron.

MERLIN, tirant une bouteille.

On est bien tous les deux. Voyons. Sans vous déplaire,
Cette bouteille-ci mé paroît bien légère.
Vous êtes un fripon, un scélérat.

M. LA MONTAGNE.

Monsieur,
Vous me rendez confus.

MERLIN.

Un arabe, un voleur.

M. LA MONTAGNE.

Vous avez des bontés !

MERLIN.

Sans parler de la colle,
Ni des ingrédiens dont votre art nous désole,
Je vous y tiens : voilà, Monsieur le gargotier,
Des bouteilles qui sont faites d'un triple osier.
Ah ! monsieur le pendard !

(Il défait une bouteille couverte de trois ou quatre osiers, en sorte qu'il n'en demeure qu'un fort petit.)

M. LA MONTAGNE.

Mais ce n'est pas ma faute.
Le marchand.....

MERLIN.

Se peut-il volerie aussi haute?
De l'or et des grandeurs je n'en demande pas :

## SCÈNE II.

Juste ciel, seulement fais qu'avant mon trépas
Je puisse de mes yeux voir trois de ces corsaires,
Ornant superbement trois bois patibulaires,
Pour prix de leurs larcins, en public élevés,
Danser la sarabande à deux pieds des pavés!
Voilà les vœux ardents que fait pour votre avance
Le plus sincère ami que vous ayez en France.
Adieu.... Laissez-m'en deux, comme un échantillon,
Pour montrer qu'à bon droit vous passez pour fripon.
(Il les met dans sa poche, et en prend une troisième.)

M. LA MONTAGNE.

Vous avez pris mon vin!

M. GRASSET.

Qui me paîra ma viande?

MERLIN.

Je l'ai fait à dessein. Hippocrate commande,
Et dit en quelque endroit, que, pour se bien porter,
Il se faut quelquefois dérober un souper.

## SCÈNE III.

MERLIN, seul.

Si toute cette troupe, et celui qui l'envoie,
Étoient au fond de l'eau, que j'en aurois de joie!
Voilà la noce en branle.

## SCÈNE IV.

### LISETTE, MERLIN.

#### LISETTE.

Ah! Merlin, te voilà
La bouteille à la main! Que diantre fais-tu là?

#### MERLIN boit.

En attendant, tu vois que je me désennuie.

#### LISETTE.

Tout est perdu, Merlin, Léonor se marie.
Monsieur de Sotencour, pour nous faire enrager,
De Falaise à Paris vient par le messager:
Il arrive en ce jour, et, pour lui faire fête,
Hors ma maîtresse et moi, tout le monde s'apprête.

#### MERLIN boit.

Que j'en ai de chagrin!

#### LISETTE.

Pour faire un plein régal,
Ce soir, avant la noce, on donne ici le bal.

#### MERLIN, vidant sa bouteille.

On donne ici le bal? L'affaire est donc finie?

#### LISETTE.

Autant vaut, mon enfant.

#### MERLIN.

Morbleu! j'entre en furie.

## SCÈNE IV.

En songeant qu'un morceau si tendre et si friand
Doit tomber sous la main d'un maudit Bas-Normand,
Et de Falaise encor. Dis-moi, monsieur Géronte,
Père de Léonor, ne meurt-il point de honte ?

LISETTE.

Ce Normand a, dit-il, plus de cent mille écus,
Et, pour faire un mari, c'est autant de vertus.

MERLIN.

Et que dit ta maîtresse ?

LISETTE.

Elle se désespère,
S'arrache les cheveux.

MERLIN.

Autant en fait Valère.
A table, aux Entonnoirs, dans un grand embarras,
Le pauvre diable attend sa vie ou son trépas.

LISETTE.

Il peut donc maintenant, puisque l'affaire est faite,
Mourir quand il voudra.

MERLIN.

Quoi! ma pauvre Lisette,
Laisserons-nous crever un pauvre agonisant ?

LISETTE.

N'as-tu point de remède à ce mal si pressant ?
Quelque élixir heureux, quelque once d'émétique?

MERLIN.

Mais toi, ne peux-tu rien tirer de ta boutique ?

J'ai fait le diable à quatre.

LISETTE.

Et j'ai fait le dragon,
Moi. J'attends même encore un mien parent Gascon,
A qui j'ai fait le bec, et qui, ce soir, s'engage
A venir traverser ce maudit mariage.

MERLIN.

Et quel est ce Gascon que tu mets dans l'emploi ?

LISETTE.

C'est un fourbe, un fripon, à peu près comme toi.

MERLIN.

Comme moi, des fripons ! Fijac seul me ressemble.

LISETTE.

C'est lui.

MERLIN.

Je le verrai, nous agirons ensemble.
Si Valère pouvoit seulement se montrer.....

LISETTE.

Bon ! cela ne se peut. Comment pouvoir entrer ?
Tout le monde, au logis, vous connoît l'un et l'autre.

MERLIN.

Ne sais-tu pas encor quelle adresse est la nôtre ?
On m'a dit que ce soir on doit danser, chanter.

LISETTE.

On me l'a dit ainsi.

MERLIN.

J'en saurai profiter.

## SCÈNE IV.

Aide-nous seulement.

LISETTE.

Je suis prête à tout faire.

MERLIN.

Et moi je te promets que si, dans cette affaire,
Mon maître, plus heureux, épouse *incognito*,
Je pourrai t'épouser de même *ex abrupto*.

LISETTE.

Depuis que mon mari, par grâce singulière,
D'un surtout de sapin, que l'on appelle bière,
Dont on sort rarement, a voulu se munir,
J'ai fait vœu d'être veuve, et je le veux tenir.

MERLIN.

Oui-dà, l'état de veuve est une douce chose :
On a plusieurs amants sans que personne en glose,
Et l'on fait justement du soir jusqu'au matin
Comme ces fins gourmets qui vont goûter le vin
Sans acheter d'aucun : à chaque pièce on tâte ;
On laisse celui-ci de peur qu'il ne se gâte ;
On ne veut pas de l'un parce qu'il est trop vert,
Celui-ci trop paillet, cet autre trop couvert ;
D'un tel vin la couleur est malade et bizarre ;
Cet autre, dans le chaud, peut tourner à la barre ;
L'un est trop plat au goût, l'autre trop pétillant ;
Et ce dernier enfin a trop peu de montant :
Ainsi, sans rien choisir, de tout on fait épreuve ;
Et voilà justement comme fait une veuve.

LISETTE.

Une veuve a raison. J'aime mieux, prix pour prix,
Deux amants comme il faut, que cinquante maris.
Un époux est un vin difficile à revendre ;
On peut en essayer, mais il n'en faut pas prendre.

MERLIN.

Si tu voulois de moi faire un petit essai,
J'ai du montant de reste, et le vin assez gai.
Mais je m'arrête trop, et je laisse mon maître
Se distiller en pleurs, et s'enivrer peut-être.
Je te quitte, et je vais arrêter ses transports.
Si Lisette est pour nous, nous sommes assez forts.

## SCÈNE V.

LISETTE, seule.

Je veux à les servir m'employer tout entière :
Ce monsieur Bas-Normand me choque la visière.

## SCÈNE VI.

GILLETTE, LISETTE.

GILLETTE.

De la joie ! Ah, Lisette ! à la fin, dans la cour,
Arrive avec fracas monsieur de Sotencour :

Monsieur de Sotencour.

LISETTE.

Au diantre la bégueule,
Avec son Sotencour : voyez comme elle gueule !

GILLETTE.

Je l'ai vu, de mes yeux, descendre de cheval :
Il amène un cousin, un grand original,
Qu'on avoit mis en croupe ainsi qu'une valise.
Mais les voici tous deux.

LISETTE.

L'affaire est dans sa crise.

## SCÈNE VII.

### M. DE SOTENCOUR, MATHIEU CROCHET

en guêtres; UN VALET qui porte une lanterne et un sac.

SOTENCOUR.

TROP heureuse maison, et vous, murs trop épais,
Qui cachez à mes yeux le plus beau des objets,
Qui, dans vos noirs détours, recelez Léonore,
Faites de votre pis, cachez-la mieux encore :
Mais bientôt, malgré vous, je verrai ses appas
Cap-à-cap, sans réserve, et du haut jusqu'en bas.
Je verrai son nez... son... Mais j'aperçois Lisette.
Maîtresse subalterne, adorable soubrette,

Tu me vois en ces lieux, en propre original,
Pour serrer le doux nœud du lien conjugal.

LISETTE, à part.

Le bourreau t'en fasse un qui te serre la gorge,
Maudit provincial !

SOTENCOUR.

De plaisir je regorge,
En songeant..... Ah ! cousin, qu'elle a le nez joli,
Le minois égrillard, le cuir fin et poli !
Sur son blanc estomac deux globes se soutiennent,
Qui pourtant à l'envi sans cesse vont et viennent,
Et qui font que d'amour je suis presque enragé.
Pour le reste, cousin, quel heureux préjugé !
L'eau m'en vient à la bouche.

MATHIEU CROCHET, en normand.

Est-elle brune ou blonde ?

SOTENCOUR.

Oh ! non, elle est bai-clair; ses cheveux sont en onde,
Et fort négligemment flottent à gros bouillons
Sur sa gorge d'albâtre, et vont jusqu'aux talons.
Son teint est... tricolore : elle est, ma foi, charmante.
La belle de me voir est bien impatiente !
Comment se porte-t-elle ?

LISETTE.

Assez mal : elle dit
Qu'elle ne fait la nuit que tourner dans son lit.

## SCÈNE VII.

SOTENCOUR.

Dans peu nous calmerons le tourment qu'elle endure,
Et nous l'empêcherons de tourner, je te jure.

LISETTE.

Sans cesse elle soupire.

SOTENCOUR.

Eh bien ! cousin, tu voi :
Ai-je tort, quand je dis qu'elle est folle de moi ?

LISETTE.

Tout est feinte, Monsieur, souvent dans une fille :
Ne vous y fiez pas ; l'une paroît gentille,
Pour savoir se servir d'une beauté d'emprunt,
Mettre un visage blanc sur un visage brun ;
L'autre, de faux cheveux compose sa coiffure ;
Cette autre de ses dents bâtit l'architecture ;
Celle-ci doit sa taille à son patin trompeur,
Et l'autre ses tétons à l'art de son tailleur.
Des charmes apparents on est souvent la dupe,
Et rien n'est si trompeur qu'animal porte-jupe.

SOTENCOUR.

Léonore auroit-elle aucun de ces défauts ?

LISETTE.

Je ne dis pas cela ; mais le monde est si faux !
Une fille toujours a quelque fer qui loche.

MATHIEU CROCHET.

Oh ! cousin, n'allez pas acheter chat en poche.

Pour savoir si la belle est droite, ou de travers,
Faites-la visiter avant par des experts.

SOTENCOUR.

Bon, bon : va, s'il falloit que cette marchandise
Fût sujette à visite avant que d'être prise,
Malgré tant d'acheteurs, je te jure, cousin,
Qu'elle demeureroit long-temps au magasin.
Mais je la vois paroître.

## SCÈNE VIII.

### M. GÉRONTE, LÉONORE, SOTENCOUR, MATHIEU CROCHET, LISETTE.

M. GÉRONTE, à Sotencour.

AH ! serviteur, mon gendre :
Soyez le bien-venu. Vous vous faites attendre :
Votre retardement alloit m'inquiéter,
Et ma fille étoit prête à s'impatienter.

SOTENCOUR.

J'en suis persuadé. Mais vous aussi, Madame,
D'impatients transports vous bourrelez mon âme :
Mon cœur tout pantelant comme un cerf aux abois,
Par avance à vos pieds vient apporter son bois.
Vos beaux yeux désormais sont le nord, ou le pôle,
Où de tous mes désirs tournera la boussole :

## SCÈNE VIII.

Vos appas, vos attraits... qui vous font tant d'honneur...
Vous ne répondez rien, doux objet de mon cœur ?

M. GÉRONTE.

La joie et le plaisir...

SOTENCOUR.

    Je vous entends, beau-père ;
Le plaisir de me voir la gonfle de manière
Qu'elle ne peut parler.

M. GÉRONTE.

   Justement.

SOTENCOUR.

     Dans ce jour
Nous ne ferons plus qu'un, vous et moi Sotencour.

LISETTE, à part.

Ah ! la belle union !

SOTENCOUR.

    Moi bien fait, vous gentille,
Nous allons mettre au monde une belle famille.
Beau-père, on dit bien vrai ; quant à moi, j'y souscris :
On a beau faire, il faut prendre femme à Paris,
L'on y taille en plein drap. Nos femmes de province
Ont l'abord repoussant, la mine plate et mince,
L'esprit sec et bouché, le regard de hibou,
L'entretien discourtois, et l'accueil loup-garou :
Mais le sexe, à Paris, a la mine jolie,
L'air attractif, surtout la croupe rebondie :
Mais il est diablement sujet à caution.

## MATHIEU CROCHET.

On dit qu'à forligner il a propension.

## SOTENCOUR.

Je veux croire pourtant, malgré la destinée,
Que je pourrai toujours aller tête levée ;
Que, malgré votre nez, et cet air égrillard,
Mon front, entre vos mains, ne court point de hasard.
Voudriez-vous, mignonne, à la fleur de mon âge,
Mettre inhumainement mon honneur au pillage ?
Me réserveriez-vous pour un tel accident ?
Hem ! vous ne dites mot ?

## LISETTE, à part.

Qui ne dit mot, consent.

## SOTENCOUR.

Beau-père, jusqu'ici, s'il faut que je le dise,
La future n'a point encor dit de sottise ;
Peut-être qu'elle en pense : en tout cas, j'avertis
Qu'elle a l'entretien maigre, et le discours concis.

## M. GÉRONTE.

Tant mieux pour une femme.

## SOTENCOUR.

Oui, quand par retenue
Elle caquette peu : mais si c'est une grue....
Dans ma famille, au moins, on ne voit point de sots.
Lui, par exemple, il a plus d'esprit qu'il n'est gros.

## MATHIEU CROCHET.

Le cousin me connoît ! Oh ! je ne suis pas cruche,

## SCÈNE VIII.

Tel que vous me voyez.

SOTENCOUR.

Lui.... c'est la coqueluche
Des filles de Falaise. Il étudie en droit,
Et sait tout son Cujas sur le bout de son doigt.

MATHIEU CROCHET.

Oh! quand on a du code acquis quelque teinture,
Près des femmes, de reste, on sait la procédure :
Nous autres du barreau, nous sommes des gaillards.

LISETTE.

Vous êtes avocat ?

MATHIEU CROCHET.

Et de plus, maître-ès-arts.

SOTENCOUR.

Très-altéré, beau-père, au moins ne vous déplaise :
On a soif volontiers, quand on vient de Falaise.
Allons tâter du vin.

M. GÉRONTE.

Allons, c'est fort bien dit.

SOTENCOUR.

Je me sens là-dedans un terrible appétit.

MATHIEU CROCHET.

Depuis trois jours je jeûne, afin d'être capable
De pouvoir dignement faire figure à table.

LISETTE.

Monsieur est prévoyant.

SOTENCOUR.

Vraiment, c'est fort bien fait.
Allons, suivez-moi donc, cousin Mathieu Crochet.
Bientôt nous reviendrons, ô beauté, mon idole!
Voir si vous n'avez point retrouvé la parole.

## SCÈNE IX.

LÉONORE, LISETTE, regardant partir Mathieu Crochet.

LISETTE.

VOILA ce qui s'appelle un garçon fait au tour!

LÉONORE.

Lisette, que dis-tu de monsieur Sotencour?

LISETTE.

Et de Mathieu Crochet, qu'en dites-vous, Madame?

LÉONORE.

De monsieur Sotencour je deviendrois la femme!
A ne te point mentir, je suis au désespoir.

LISETTE.

Oh! qu'il ne vous tient pas encore en son pouvoir!
Valère n'est pas homme à quitter la partie;
Il faut qu'il vous épouse, ou j'y perdrai la vie.

## SCÈNE X.

LÉONORE, LISETTE, MERLIN, en maître de musique, avec des porteurs d'instruments dans l'un desquels est Valère.

MERLIN chante.

Pour attraper un rossignol,
Ré mi fa sol,
Je disois un jour à Nanette :
Il faut aller au bois; mais chut !
Mi fa sol ut.

Je me trouvai dans sa cachette ;
Le rossignol y vint aussi,
Mi ré ut si ;
Et sitôt qu'il fut sur la branche,
Prêt à chanter de son bon gré,
Sol fa mi ré,
Elle le prit de sa main blanche,
Et puis dans sa cage le mit,
La sol fa mi.

LISETTE.

Que cherchez-vous, Monsieur, avec cet équipage ?

MERLIN.

Vous voyez un Breton prêt à vous rendre hommage.
Depuis plus de vingt ans je rôde l'univers,
Où je fais admirer l'effet de mes concerts.

LISETTE.

Tant mieux pour vous, Monsieur, j'en ai l'âme ravie,

Mais nous ne sommes point en goût de symphonie ;
Laissez-nous, s'il vous plaît, avec tous nos ennuis.

MERLIN.

Quand vous me connoîtrez... vous saurez qui je suis.

LISETTE.

Je le crois bien.

MERLIN.

Je suis un musicien rare,
Charmé de mon savoir, gueux, ivrogne et bizarre.

LISETTE.

Pour la profession voilà de grands talents !

MERLIN, à Léonore.

Voudriez-vous m'entendre ?

LÉONORE.

Oh ! je n'ai pas le temps.
De chagrins trop cuisants j'ai l'âme pénétrée.

MERLIN.

Tant mieux : je vous voudrois encor désespérée.

LISETTE.

Elle n'en est pas loin.

MERLIN.

C'est comme je la veux,
Pour donner à mon art un exercice heureux.

LÉONORE.

Pour des Bretons, Monsieur, gardez votre science.

MERLIN.

J'ai tout ce qu'il vous faut autant qu'homme de France.

## SCÈNE X.

Tout Breton que je suis, je sais votre besoin.

### LISETTE, à Léonore.

Ne le renvoyons pas, puisqu'il vient de si loin.

### MERLIN.

Dans un concert d'hymen, lorsque quelqu'un discorde,
Je sais, juste, baisser ou hausser une corde;
Nul ne sait de l'amour mieux le diapason,
Ni mettre, comme moi, deux cœurs à l'unisson.

### LISETTE.

Oh! vous aurez grand'peine, avec votre industrie,
A faire ici chanter deux amants en partie.

### MERLIN.

J'ai dans cet étui-là, Madame, un instrument
Qui calmeroit bientôt vos maux, assurément:
Il est doux, amoureux, insinuant et tendre;
Il va tout droit au cœur.

### LISETTE.

    Ne peut-on point l'entendre?

### LÉONORE.

Ah! laisse-moi, Lisette, en proie à mon malheur.

### LISETTE.

Madame, un air ou deux calme bien la douleur.

### MERLIN.

Écoutez-le, de grâce, un seul moment, sans peine;
Et, s'il ne vous plaît pas, soudain je le rengaîne.
    (Il ouvre l'étui dans lequel est Valère.)
Cet instrument, Madame, est-il de votre goût?

LÉONORE.

Que vois-je! c'est Valère?

LISETTE.

Et Merlin?

MERLIN.

Point du tout.
Je suis un Bas-Breton.

VALÈRE.

Non, belle Léonore,
Je n'ai pu résister au feu qui me dévore;
Et puisqu'on rompt les nœuds qui nous avoient liés,
Je viens, dans ce moment, expirer à vos pieds.

LÉONORE.

A quoi m'exposez-vous?

VALÈRE

Pardonnez à mon zèle.

LÉONORE.

Mon père va venir.

LISETTE.

Je ferai sentinelle.

LÉONORE.

Mais que prétendez-vous?

VALÈRE.

Vous prouver mon amour.
Pour détourner l'hymen qu'on veut faire en ce jour,
Souffrez que cet amour soit en droit de tout faire.

## SCÈNE X.

LISETTE.

Gare! tout est perdu, j'aperçois votre père.

MERLIN, à Valère.

Rentrez vite.

(Valère rentre dans l'étui.)

LISETTE.

Non, non, ce n'est pas encor lui.

MERLIN.

Maugrebleu de la masque! Allons rouvrir l'étui.
C'est Lisette, Monsieur, qui cause ce vacarme.
(à Lisette.)
Fais mieux le guet au moins : une seconde alarme
Démonteroit, morbleu, l'instrument pour toujours.

VALÈRE, sortant de l'étui.

Ah! Madame, aujourd'hui secondez nos amours;
Évitez d'un rival l'odieuse poursuite;
Ce soir, pendant le bal, livrez-vous à la fuite.

LÉONORE.

Mais comment?

VALÈRE.

De Merlin vous saurez pleinement....

LISETTE.

Vite, vite, rentrez, Monsieur de l'instrument.
Ah! Merlin, pour le coup, c'est Géronte en personne.

VALÈRE.

Ah! Madame....

LE BAL,

MERLIN, à Valère.

Eh! rentrez.

(Valère rentre dans l'étui.)

LÉONORE, à Merlin.

A toi je m'abandonne.

(Elle sort.)

## SCÈNE XI.

M. GÉRONTE, SOTENCOUR, LISETTE, MERLIN, VALÈRE dans l'étui.

MERLIN, *feignant d'être en colère.*

Oui, vous êtes un sot en bécarre, en bémol,
Par la clef de' F-ut-fa, C-sol-ut, G-ré-sol.
De la sorte insulter la musique bretonne!

SOTENCOUR.

Lisette, quelle est donc cette mine bouffonne?

LISETTE.

C'est un musicien bas-breton.

SOTENCOUR.

Bas-Breton!
Cet homme doit chanter sur un diable de ton;
Je crois dès-à-présent sa musique enragée:
Jamais de son pays il n'est venu d'Orphée;
Pour des doubles bidets, passe.

## SCÈNE XI.

**MERLIN.**

Fat, animal,
Vil carabin d'orchestre, atome musical,
Par la mort....

**SOTENCOUR**, *l'arrêtant.*

Doucement.

**MERLIN.**

Tenez-moi, je vous prie ;
Si j'échappe une fois, je veux avoir sa vie.
Laissez....

(Il donne sur les doigts de Sotencour.)

**SOTENCOUR.**

Si je te tiens, je veux être empalé.

**MERLIN**, *revenant.*

Comment ! me soutenir que mon air est pillé !
Un air délicieux, que j'estime, que j'aime,
Et que j'ai pris plaisir à composer moi-même,
Dans Quimpercorentin.

**GÉRONTE.**

Il a tort.

**LISETTE.**

Entre nous,
Cela ne se dit point.

**SOTENCOUR.**

Là, là, consolez-vous,
Ce n'est pas un grand mal ; on ne voit point, en France,
Punir de ces larcins la fréquente licence.

Mais que vois-je! est-ce à vous ce petit instrument?

MERLIN.

Pour vous servir, Monsieur.

SOTENCOUR.

J'en joue élégamment;
Je vais vous régaler d'un petit air.

MERLIN, l'arrêtant.

De grâce,
Je ne puis m'arrêter.... Il faut....

SOTENCOUR.

Sur cette basse
Je veux que l'on m'entende un moment préluder.

MERLIN.

Vous seriez trop long-temps, Monsieur, à l'accorder;
Et, de plus, mon valet a la clef dans sa poche.

SOTENCOUR.

Tous ces gens-là sont faits de croche et d'anicroche.
Je vous dis que je veux....

LISETTE.

Vous en joûrez fort mal,
L'instrument est breton.

MERLIN.

Et tant soit peu brutal:
Vous l'entendrez tantôt; je me ferai connoître,
Et vous verrez pour lors quel homme je puis être.

SOTENCOUR.

Quoi! vous voulez, Monsieur, donner concert céans?

## SCÈNE XI.

MERLIN.

Je cherche à me produire aux yeux d'habiles gens.

SOTENCOUR.

Vous venez tout à point. Ce soir je me marie,
De la noce et du bal souffrez que je vous prie.

MERLIN.

Volontiers : j'y prétends figurer comme il faut.

LISETTE, à Merlin.

Faites toujours porter votre instrument là-haut.

SOTENCOUR, à Merlin.

Allons, venez, Monsieur, je m'en vais vous conduire:
Moi-même dans le bal je veux vous introduire.

MERLIN, en reportant son étui.

Et je m'introduirai de moi-même au soupé.
(à part.)
Ma foi, nous et l'étui l'avons bien échappé.

## SCÈNE XII.

SOTENCOUR, LISETTE.

SOTENCOUR.

Eh bien! que dirons-nous? Où donc est ta maîtresse?
Je vois qu'à me trouver la belle peu s'empresse.
Si nous ne nous cherchons jamais plus volontiers,
Je ne lui promets pas grand nombre d'héritiers.

LISETTE.

Bon, je sais des maris qui, pour éviter noise,
N'ont jamais approché leurs femmes d'une toise,
Et qui ne laissent pas d'avoir en leur maison
Un grand nombre d'enfants qui portent tous leur nom.

SOTENCOUR.

Je sais que Léonore aime un certain Valère,
Un fat, un freluquet, qui n'a l'heur de lui plaire
Que par son air pincé : mais c'est un petit fou,
Sans esprit, sans mérite, et qui n'a pas un sou :
On m'a dit seulement que sa langue babille.

LISETTE.

Eh! que faut-il de plus pour toucher une fille?

SOTENCOUR.

Oui!... Dis à Léonore, en termes clairs et nets,
Que je ne veux pas être époux *ad honores*.
Vois-tu, je ne suis pas de ces gens débonnaires
Qui font valoir leur femme en des mains étrangères;
Et, mettant à profit un salutaire affront,
Lèvent, à petit bruit, un impôt sur leur front.

## SCÈNE XIII.

LE BARON D'AUBIGNAC, gascon; LISETTE, SOTENCOUR.

LE BARON.

Ah! Monsieur, jé vous cherche. Hé, permettez dé grâce
Qué, sans plus différer, ici jé vous embrasse.

SOTENCOUR.

Pour la première fois l'accueil est fraternel.

LE BARON.

N'est-cé pas vous, Monsieur, qui vous nommez un tel?

SOTENCOUR.

Oui, je me nomme un tel; mais j'ai, ne vous déplaise,
Encore un autre nom.

LE BARON.

Jé viens vous montrer l'aise
Qué j'ai d'avoir appris qué vous vous mariez.

SOTENCOUR.

Je ne mérite pas, Monsieur, tant d'amitiés.

LE BARON.

Nul né prend plus qué moi dé part à cette affaire.

SOTENCOUR.

Et pourquoi, s'il vous plaît, peut-elle tant vous plaire?

LE BARON.

Pourquoi? cetté demande est bonne! Maintenant

Qué vous allez rouler déssus l'argent comptant,
Vous né ferez, jé crois, loyal comme vous êtes,
Nulle difficulté dé bien payer vos dettes.

### SOTENCOUR.

Grâces au ciel, Monsieur, je ne dois nul argent,
Et vais le front levé sans crainte du sergent.

### LE BARON.

Cinq cents louis pour vous, c'est une vagatelle;
Allons, payez-les-moi.

### SOTENCOUR.

La demande est nouvelle!
Sotencour est mon nom, me connoissez-vous bien?

### LE BARON.

Sotencour... Justement, c'est pour vous qué jé vien.

### SOTENCOUR.

Je vous dois quelque chose?

### LE BARON.

Hé donc, lé tour est drôle!
C'est cet argent, Monsieur, qué, sur votre parole,
Jé vous ai très-gagné, l'autre hiver, à trois dés.

### SOTENCOUR.

A moi, Monsieur?

### LE BARON.

A vous.

### SOTENCOUR.

Et, parbleu! vous rêvez :
Pour connoître vos gens, mettez mieux vos lunettes.

## SCÈNE XIII.

LE BARON.

Comment! chétif mortel, vous déniez vos dettes?
Vous né connoissez pas lé baron d'Aubignac,
Vicomte dé Dougnac, Croupignac, Foulignac,
Gentilhomme gascon, plus noble qué personne,
D'uné race ancienne autant qué la Garonne?

SOTENCOUR.

Quand elle le seroit tout autant que le Nil,
Votre propos, Monsieur, n'est ni beau ni civil.
Je ne vous connois point, ni ne veux vous connoître.

LE BARON.

Il né mé connoît pas! lé scélérat! lé traître!
Né vous souvient-il plus dé cet hiver dernier,
Quand notré régiment fut chez vous en quartier,
Un jour dé carnaval, chez cette conseillère
Qui m'adoroit.... Hé donc! vous mémorez l'affaire?

SOTENCOUR.

Pas plus qu'auparavant : je ne sais ce que c'est.

LE BARON, mettant la main sur son épée.

Ah! jé vous en ferai souvénir, s'il vous plaît;
Car, cadédis, jé veux qué le diable mé scie....

LISETTE, l'arrêtant.

Ah! tout beau : dans ce lieu point de bruit, je vous prie;
Monsieur est honnête homme, et qui vous paîra bien.

SOTENCOUR.

Moi payer! eh pourquoi, si je ne lui dois rien?

LE BARON.

Vous né mé dévez rien?

LISETTE.

Un Gascon n'est pas homme
A venir sans sujet, demander une somme.

SOTENCOUR.

Un Gascon! Un Gascon a grand besoin d'argent,
Et pourvu qu'il en trouve, il n'importe comment.
Jamais de son pays ne vint lettre-de-change,
Et, quoiqu'il mange peu, si faut-il bien qu'il mange.

LISETTE.

Donnez-lui seulement deux ou trois cents écus.

SOTENCOUR.

J'aimerois mieux cent fois vous voir tous deux pendus.

LE BARON, l'épée à la main.

C'est trop contre un faquin réténir ma colère.

LISETTE, au baron.

Hé! de grâce, Monsieur!

LE BARON.

Non, non, laissez-moi faire,
Qué jé lé perce à jour.

SOTENCOUR crie.

A l'aide! je suis mort.

## SCÈNE XIV.

GÉRONTE, SOTENCOUR, LISETTE,
LE BARON D'AUBIGNAC.

GÉRONTE.

Pour quel sujet, Messieurs, criez-vous donc si fort?

LE BARON.

Un atomé bourgeois qui perd sur sa parole,
Et né veut pas payer!.... Mais cé qui mé console,
Jé veux dévénir nul, ou j'en aurai raison.

GÉRONTE.

Que veut dire cela ?

SOTENCOUR, à Géronte.

Monsieur, c'est un fripon,
Un Gascon affamé qui cherche à vous surprendre.

LE BARON, à Géronte, voulant percer Sotencour.

Rétirez-vous, Monsieur.

GÉRONTE.

Ah! tout beau, c'est mon gendre.

LE BARON.

Cet homme est votré gendre !

GÉRONTE.

Il le sera dans peu.

LE BARON.

Tant mieux : vous mé paîrez cé qu'il mé doit au jeu.

Jé fais arrêt sur vous, sur la fille et la dote.

GÉRONTE, à Sotencour.

Quoi ! vous avez perdu ?

SOTENCOUR.

Je vous dis qu'il radote.
Je ne sais....

LE BARON, à Géronte.

Nuit et jour il hanté les brélans;
Il doit encore au jeu plus dé vingt mille francs.

GÉRONTE.

Plus de vingt mille francs !

LE BARON.

Oui, Monsieur.

SOTENCOUR.

Je vous jure,
Foi de vrai Bas-Normand, que c'est une imposture;
Que je ne comprends rien à ce maudit jargon,
Et ne sais, pour tout jeu, que l'oie et le toton.

LE BARON.

Vous mé gâtez ici bien du temps en paroles.
Monsieur, jé veux toucher mes quatré cents pistoles,
Ou, cadédis, jé veux lé saigner à l'instant.

GÉRONTE.

Si mon gendre vous doit....

LE BARON.

S'il mé doit !

## SCÈNE XIV.

GÉRONTE.

        Je prétends
Que vous soyez payé ; mais, sans plus de colère,
Permettez qu'à demain nous remettions l'affaire.
Je marie aujourd'hui ma fille, et retiendrai
Sur sa dot cet argent que je vous donnerai.

LE BARON.

C'est parler comme il faut. Quand on est raisonnable,
Tout gascon qué jé suis, jé suis doux et traitable.
Adieu. Jusqu'à démain. Mais souvenez-vous-en,
Qué j'ai votré parole, et grand besoin d'argent.

## SCÈNE XV.

GÉRONTE, LISETTE, SOTENCOUR.

GÉRONTE.

Vous êtes donc joueur ?

SOTENCOUR.

      Que l'on me pilorie,
Si j'ai hanté ni vu ce Gascon de ma vie.

GÉRONTE.

Mais pourquoi viendroit-il ?...

SOTENCOUR.

     C'est un fourbe, et, sans vous,
J'allois vous le bourrer comme il faut.

LISETTE.

Entre nous,
Vous avez d'un joueur acquis la renommée;
Et le feu, comme on dit, ne va point sans fumée.

SOTENCOUR.

Oh! quittons ce propos: et ne songeons qu'au bal.
J'aperçois le cousin; il n'est, ma foi, point mal.

## SCÈNE XVI.

MATHIEU CROCHET, en habit de Cupidon; GÉRONTE, SOTENCOUR, LISETTE, LÉONORE, couverte d'une grande mante de taffetas, un masque à la main; UNE TROUPE DE DIFFÉRENTS MASQUES.

MATHIEU CROCHET.

Me voilà, mon cousin, dans mon habit de masque.

SOTENCOUR.

L'équipage est galant, et l'attirail fantasque.
Ma prétendue aussi n'est pas mal, sur ma foi;
Mon cœur, en la voyant, me dit je ne sais quoi.

LÉONORE.

Oh! qu'il ne vous dit pas tout ce que le mien pense!

LISETTE.

Le cousin est masqué mieux que personne en France;

Il est tout à manger : les femmes dans le bal
Le prendront pour l'Amour en propre original.

MATHIEU CROCHET.

N'est-il pas vrai ?

SOTENCOUR.

Parbleu, plus d'une curieuse
De l'aîné des Amours va tomber amoureuse,
Et voudra de plus près connoître le cousin.

MATHIEU CROCHET.

Qu'on s'y frotte.... on verra.

LISETTE.

O le petit lutin !
Qu'il va blesser de cœurs !

## SCÈNE XVII.

MERLIN, GÉRONTE, LÉONORE, LISETTE, LE BARON D'AUBIGNAC, SOTENCOUR, MATHIEU CROCHET, ET TOUS LES MASQUES.

MERLIN.

Monsieur, je viens vous dire
Que mon concert est prêt.

SOTENCOUR.

Ça, ne songeons qu'à rire.
Cousin, il faut ici remuer le gigot.

##### MATHIEU CROCHET.

Laissez-moi faire; allez, je ne suis pas un sot.
Je vais plus qu'on ne veut, quand on m'a mis en danse.
( à Merlin. )
Allons, ferme, Monsieur, il est temps qu'on commence;
C'est à nous de danser et d'entamer le bal.

(Dans le mouvement qu'on fait pour commencer le bal, le Baron, couvert d'une pareille mante que Léonore, prend sa place, et Sotencour danse avec lui. Léonore et Lisette sortent pendant leur danse.)

##### SOTENCOUR.

Qu'en dites-vous, beau-père, hé! cela va-t-il mal?

## SCÈNE XVIII.

#### GILLETTE, GÉRONTE, SOTENCOUR, MERLIN, LE BARON, ET TOUS LES MASQUES.

##### GILLETTE.

Au secours, au secours! votre fille, on l'emporte,
Des carême-prenants lui font passer la porte.

##### GÉRONTE.

Que dis-tu là?

##### GILLETTE.

Je dis que quatre hommes, là-bas,
La font aller, Monsieur, plus vite que le pas.

##### GÉRONTE.

Quoi! ma fille....

## SCENE XVIII.

GILLETTE.

Oui, Monsieur.

SOTENCOUR.

La plaisante nouvelle !
Tu rêves : tiens, voilà que je danse avec elle.

MERLIN.

Monsieur, laissez-la dire, elle a perdu l'esprit.

GILLETTE.

Non, vous dis-je.

SOTENCOUR.

On te dit que dessous cet habit,
C'est Léonore.

GILLETTE.

Eh non, je n'ai pas la berlue,
Je viens de la quitter à l'instant dans la rue.

SOTENCOUR.

Au diable la pécore avec ses visions !
Il faut te détromper de tes opinions.
Tiens, voilà Léonor.
(Il ôte le masque à la prétendue Léonore, et on reconnoit le Baron.)

LE BARON.

Serviteur.

SOTENCOUR.

C'est le diable.

LE BARON.

Prêt à vous emporter, mais pourtant fort traitable.
Vous me devez; cherchons quelque accommodement.

J'ai votré Léonor pour mon nantissement,
Et jé la faits conduire au château dé la Garde :
Dé l'argent, jé la rends; point d'argent, jé la garde.

GÉRONTE.

On m'enlève ma fille! Au secours! au voleur!

## SCÈNE XIX.

VALÈRE, GÉRONTE, SOTENCOUR, MATHIEU CROCHET, MERLIN, LE BARON, ET TOUS LES MASQUES.

VALÈRE.

Monsieur, pour Léonor n'ayez aucune peur ;
Loin qu'on veuille lui faire aucune violence,
Contre un hymen injuste on a pris sa défense.

GÉRONTE.

Ah! Valère, c'est vous!

SOTENCOUR.

Quoi! Valère.... Comment!
Que veut dire ceci?

VALÈRE.

Que très-civilement
Je viens ici vous dire, en parlant à vous-même,
Que Léonor pour vous sent une haine extrême;
Qu'elle mourroit plutôt que....

## SCENE XIX.

SOTENCOUR.

Léonor me hait ?

VALÈRE.

Si vous ne m'en croyez, croyez-en ce billet.

SOTENCOUR lit.

« Pour éviter l'hymen dont mon amour murmure,
» Et pour ne jamais voir votre sotte figure,
» J'irois au bout du monde, et plus loin même encor.
» On ne peut vous haïr plus que fait Léonor. »
En termes clairs et nets cette lettre s'explique,
Et le tour n'en est point trop amphibologique.
Oh bien, la belle peut revenir sur ses pas ;
Elle auroit beau courir, je ne la suivrois pas.
Je vous cède les droits que j'ai sur l'accordée,
Et ne me charge point de fille hasardée.

GÉRONTE.

Oh ! ma fille est à vous.

SOTENCOUR.

Non, parbleu, par bonheur !
Je lui baise les mains et la rends de bon cœur.

GÉRONTE.

Vous me faites plaisir, Monsieur, de me la rendre.

SOTENCOUR.

Oh ! vous ne manquerez, sur ma foi, pas de gendre,
Ni vos petits-enfants de père. Allons, Mathieu,
Retournons à Falaise.

MATHIEU CROCHET.

Adieu, Messieurs, adieu.

MERLIN.

Place à Mathieu Crochet.

## SCÈNE XX.

LÉONORE, GÉRONTE, VALÈRE, MERLIN, LE BARON, ET TOUS LES MASQUES.

LÉONORE.

A vos genoux, mon père....

GÉRONTE.

Oublions le passé; ma fille, en cette affaire,
Je n'ai point prétendu forcer tes volontés.

LÉONORE.

Que ne vous dois-je point pour de telles bontés!

GÉRONTE.

Pour vous, dont je connois le bien et la famille,
Valère, je veux bien que vous ayez ma fille.

VALÈRE.

Monsieur....

GÉRONTE.

Nous vous devons assez en ce moment,
De nous avoir défait de ce couple normand.

MERLIN.

L'honnête homme, morbleu! Vive monsieur Géronte!

## SCÈNE XX.

Ma foi, sans moi la belle en avoit pour son compte.
Puisque tout est d'accord maintenant entre vous,
Rions, chantons, dansons, et divertissons-nous.

(Tous les masques qui sont sur le théâtre font une espèce de bal ; et, après qu'on a dansé un passe-pied, le Baron chante l'air gascon suivant.)

### LE BARON.

Cadédis, vive la Garonne !
En valur on n'y craint personne ;
Les faquins y sont des héros.
Jé vous lé dis en quatré mots,
En amour, comme au jeu, jé vrille,
Et, comme un dé, j'escamotte uné fille.

(On reprend la danse, après laquelle Merlin chante un passe-pied breton.)

### MERLIN.

Un jour de printemps,
Tout le long d'un verger,
Colin va chantant,
Pour ses maux soulager :
Ma bergère, laisse-moi, la la la la la, rela, rela :
Ma bergère, laisse-moi
Prendre un tendre baiser.

(Les masques se prennent par la main, et dansent en chantant :)

Ma bergère, laisse-moi, la la la la la, etc.

### MERLIN.

La belle, à l'instant,
Répond à son berger :
Tu veux, en chantant,
Un baiser dérober ?

#### UNE BERGÈRE.

Non, Colin, ne le prends pas.
La la la la, rela, rela :
Non, Colin, ne le prends pas,
Je vais te le donner.

#### LE CHOEUR.

Non, Colin, ne le prends pas,
La la la la, rela, rela :
Non, Colin, ne le prends pas,
Je vais te le donner.

( Tous les masques ayant formé une danse en rond, se retirent, et Merlin chante au parterre le couplet suivant : )

#### MERLIN.

Si mon air breton
A su vous divertir,
Messieurs, d'un haut ton,
Daignez nous applaudir :
Mais s'il ne vous plaisoit pas,
La la la la, rela, rela ;
Mais s'il ne vous plaisoit pas,
Dites-le-nous tout bas.

FIN DU BAL.

# LE JOUEUR,

COMÉDIE EN VERS ET EN CINQ ACTES,

Représentée pour la première fois le mercredi 19 décembre 1696.

# AVERTISSEMENT

DE L'ÉDITEUR,

## SUR LE JOUEUR.

Cette comédie a été représentée pour la première fois le mercredi 19 décembre 1696.

On regarde avec raison cette comédie comme le chef-d'œuvre de Regnard. C'est à cette pièce principalement qu'il doit le titre de meilleur de nos poëtes comiques après Molière.

Nous n'entreprendrons pas de faire ici l'éloge d'un ouvrage qui réunit depuis long-temps les suffrages de tous les amateurs du théâtre; et nous croirions aussi mériter de justes reproches, si nous relevions de légers défauts, que les critiques du temps se sont permis de relever dans cette charmante comédie.

Il nous paroît plus à propos de dire ici quelque chose des démêlés que cette comédie a fait naître entre Regnard et Dufresni, et de la manière dont s'est formée et dont a été rompue la société de ces deux poètes.

Regnard a commencé à travailler pour le Théâtre

# AVERTISSEMENT.

italien. C'est aussi sur cette scène que Dufresni a fait l'essai de ses talents. Ces deux poètes étoient à peu près du même âge (1). Cependant Regnard, quoique plus jeune, a débuté le premier dans la carrière dramatique. La première pièce qu'il a donnée au théâtre est *le Divorce*, jouée par les comédiens italiens en 1688. Celle par où Dufresni a débuté est *l'Opéra de campagne*, représenté par les mêmes comédiens en 1692.

C'est dans cette même année que les deux poètes s'unirent d'amitié, et travaillèrent ensemble. Dufresni fut bien aise, en commençant sa carrière, d'être appuyé par un poète couronné déjà par plus d'un succès.

Dès la même année les deux poètes firent paroître ensemble la comédie des *Chinois*, donnée au Théâtre italien, et il paroît que depuis ce moment jusqu'à la rupture, Dufresni ne donna presque point de pièces où son ami n'eût quelque part. Celui-ci, au contraire, en fit paroître plusieurs qui n'appartenoient qu'à lui seul, telles que *la Naissance d'Amadis*, donnée en 1696 au Théâtre italien, *la Sérénade* et *le Bal*, données au Théâtre françois en 1694 et 1696.

La situation de Regnard étoit bien différente de

---

(1) Regnard est né en 1656, et Dufresni en 1648.

celle de Dufresni. L'un jouissoit d'une fortune considérable; l'autre, au contraire, étoit très-mal à son aise. Tout le monde connoît l'anecdote de la blanchisseuse (1). C'est peu après ce ridicule mariage que Dufresni fit la connoissance de Regnard.

Celui-ci fit tous ses efforts pour changer le sort de son ami. Non content de partager avec lui sa

---

(1) Les auteurs de la Bibliothéque françoise, dans l'extrait qu'ils ont donné du Diable boiteux de Le Sage, ajoutent: Voici un trait qui peint au naturel le génie d'un poète (Dufresni) qui est mort il n'y a pas long-temps. Tout Paris connoît cette aventure singulière, et Le Sage la conte ainsi, chap. X du Diable boiteux, page 306 du premier vol., édition in-12 de 1726: J'y veux envoyer aussi (aux Petites-Maisons, dit le Diable,) un vieux garçon de bonne famille, lequel n'a pas plutôt un ducat qu'il le dépense, et qui, ne pouvant se passer d'espèces, est capable de tout faire pour en avoir. Il y a quinze jours que sa blanchisseuse, à qui il devoit trente pistoles, vint les lui demander, en disant qu'elle en avoit besoin pour se marier à un valet-de-chambre qui la recherchoit. Tu as donc d'autre argent, lui dit-il, car où diable est le valet-de-chambre qui voudra devenir ton mari pour trente pistoles? Hé mais, répondit-elle, j'ai outre cela deux cents ducats. Deux cents ducats! répliqua-t-il avec émotion. Malepeste! tu n'as qu'à me les donner à moi, je t'épouse, et nous voilà quitte à quitte. Et la blanchisseuse est devenue sa femme. (*Bibl. françoise*, t. IX, p. 75 et 76.)

fortune et ses travaux, il lui servoit de Mécène et le produisoit auprès de tous ceux qui pouvoient lui être utiles.

Dufresni rend lui-même hommage à ces procédés de Regnard, et l'on ne peut douter que ce ne soit de lui qu'il veut parler, lorsqu'il représente, dans la préface de la comédie du *Négligent*, un poète recommandé à Oronte.

> Monsieur, si j'ai l'honneur de votre connoissance,
> J'en aurai l'obligation
> A la recommandation
> De monsieur votre ami le trésorier de France.

On sait que Regnard avoit acheté en 1690 une charge de trésorier de France au bureau des finances de Paris, dont il est mort revêtu.

La rupture entre ces deux poètes a été aussi éclatante que leur amitié avoit paru vive. C'est la pièce du JOUEUR qui l'a occasionnée, et leurs plaintes ont été réciproques.

On ne voit qu'avec peine la manière dont se sont traités respectivement deux auteurs qui ne pouvoient ne pas avoir de l'estime l'un pour l'autre.

Regnard, en faisant imprimer sa comédie, la fait précéder d'une préface injurieuse, dans laquelle il traite son adversaire avec beaucoup de

# AVERTISSEMENT.

mépris : il l'appelle plagiaire, et l'accuse d'avoir suscité contre lui une cabale composée des frondeurs les plus séditieux des spectacles.

Cette préface a été imprimée en 1697, et d'après les bruits qui se répandoient que Regnard avoit volé à Dufresni cette comédie tout entière. Mais *le Chevalier joueur* que celui-ci fit paroître dans la même année, tel qu'il l'avoit composé, détrompa bientôt le public, et le jugement qu'il porta des deux ouvrages ne fut pas favorable à Dufresni.

La querelle de Regnard et de Dufresni ne manqua pas d'occuper la littérature. Chacun avoit ses partisans. Il nous est resté ces deux épigrammes du poète Gacon.

### PREMIÈRE ÉPIGRAMME.

*Sur la pièce du* Joueur, *dont M. Rivière (Dufresni) prétend faussement que M. Regnard lui a volé l'intrigue et la pensée. Ce qu'il y a de vrai, c'est que M. Regnard en a seulement conféré quelquefois avec lui; mais la pauvreté des pièces du sieur de Rivière a fait voir, si j'ose ainsi parler, qu'il n'est pas un auteur volable.*

Un jour Regnard et de Rivière,
En cherchant un sujet que l'on n'eût point traité,
Trouvèrent qu'un joueur seroit un caractère
Qui plairoit par sa nouveauté.

Regnard le fit en vers, et de Rivière en prose :
> Ainsi, pour dire au vrai la chose,
> Chacun vola son compagnon.

Mais quiconque aujourd'hui voit l'un et l'autre ouvrage,
> Dit que Regnard a l'avantage
> D'avoir été le bon larron.

### SECONDE ÉPIGRAMME.

*Sur les deux* Joueurs, *dont celui de M. Regnard fut bien reçu, et celui de Rivière fut à peine joué jusqu'au second acte.*

Deux célèbres Joueurs, l'un riche et l'autre gueux,
Prétendoient en public donner leur caractère,
> Et prétendoient si fort à plaire,

Qu'ils tenoient en suspens les esprits curieux ;
Mais, dès que sur la scène on vit les comédies
> De ces deux écrivains rivaux,
> Chacun trouva que les copies
> Ressembloient aux originaux.

On ne peut disconvenir que Dufresni ne soit traité un peu trop durement dans ces deux épigrammes, et que l'amitié que Regnard avoit pour Gacon n'ait excité celui-ci à prendre avec trop d'aigreur la querelle de son ami. Les titres même de ses épigrammes contiennent des injures grossières et de mauvaise foi. *Le Chevalier joueur* de Dufresni n'a pas été interrompu à la fin du second acte. Les auteurs de l'Histoire du Théâtre françois attestent que ce fait est démenti par les registres de la Comédie.

Quoi qu'il en soit, Regnard a eu honte d'avoir maltraité Dufresni dans sa préface, et il l'a supprimée dans toutes les éditions de ses OEuvres qui ont été faites de son vivant.

On ne sait pourquoi, depuis la mort de Regnard, on a renouvelé une accusation dont on avoit senti l'injustice pendant sa vie. On a imprimé dans plusieurs ouvrages, que LE JOUEUR de Regnard appartenoit presque en entier à Dufresni; que Regnard n'y avoit fait que de légers changements, et qu'après avoir abusé de la manière la plus indigne de la confiance de son ami, il s'étoit approprié l'ouvrage, et l'avoit donné sous son nom.

On lit dans les Anecdotes dramatiques, que ce n'est point à tort que Dufresni revendiquoit le fond de cette comédie, qu'il prétendoit que Regnard lui avoit pris. Ce dernier abusa effectivement de la confiance que Dufresni lui témoigna, et pour accélérer sa pièce, il se servit de Gacon, à qui il en fit faire la plus grande partie; ce fut à Grillon, où Regnard avoit une maison de campagne qu'il aimoit beaucoup. Il enfermoit Gacon dans une chambre, d'où ce dernier n'avoit la liberté de sortir qu'après avoir averti par la fenêtre combien il avoit fait de vers sur la prose dont Regnard lui donnoit le canevas. C'est de Gacon lui-même que l'on tient cette anecdote.

On est fâché de voir ainsi débiter et imprimer dans tous les recueils, sur les preuves les plus légères, des anecdotes qui attaquent l'honneur et les talents de nos auteurs les plus accrédités.

Si l'anecdote rapportée par les auteurs des Anecdotes dramatiques est vraie, Regnard a joué le rôle, non-seulement d'un malhonnête homme, mais d'un homme sans talents, et comme s'expriment eux-mêmes les auteurs que l'on vient de citer, d'un poète du plus bas étage.

« Il n'a pas eu honte de donner sous son nom » une pièce dont Dufresni avoit fait l'intrigue et » imaginé les caractères, et dont Gacon avoit » composé les vers. » Si Regnard n'étoit connu que par cette pièce, on pourroit l'accuser de ce procédé; mais il est incroyable dans un poète connu par des comédies charmantes, et qui, depuis celle dont on parle, en a produit qui ne sont pas indignes de la première.

On concevra encore plus difficilement qu'une manœuvre pareille ait abouti à produire un des chefs-d'œuvre de notre théâtre. On sait que Dufreni avoit plus de talents pour produire des scènes détachées que pour bien conduire une comédie. Toutes ses pièces, dans lesquelles on trouve des caractères assez bien peints, un dialogue vif et aisé, et un comique pris dans la pensée, pèchent du côté de la conduite et de l'intrigue. Comment veut-on qu'une comédie, dont l'intrigue auroit appartenu à un auteur qui n'a su en faire que de foibles, et dont les vers auroient été l'ouvrage d'un des poètes les plus pitoyables de son temps, eût été l'une des plus parfaites et des plus agréables pièces de notre théâtre ?

Et sur quel témoignage adopte-t-on un fait aussi déraisonnable ? sur celui de Gacon lui-même, qui se donne pour avoir mis en vers la prose de Dufresni.

Nous croyons pouvoir, sans témérité, révoquer en doute cette anecdote purement injurieuse à un de nos poètes les plus estimables ; et s'il est arrivé quelquefois que des hommes à talents se soient déshonorés par des actions basses, on ne doit admettre qu'avec peine ces faits honteux, qui ternissent la réputation des gens de lettres, et portent atteinte à la gloire de la littérature.

Au surplus, Dufresni lui-même nous a mis à portée de juger de la nature du larcin que lui a fait son associé. *Le Chevalier joueur* n'est autre chose que sa comédie telle qu'il dit l'avoir composée lorsqu'il la confia à Regnard. Supposons que celui-ci y ait pris l'idée de sa comédie; la manière dont il a embelli ce sujet, suffit seule pour le lui rendre propre.

On ne parle pas du succès si différent des deux pièces; mais on est persuadé que celle de Dufresni n'auroit été susceptible que d'un très-foible succès, quand même elle eût précédé celle de Regnard.

Nous allons mettre sous les yeux du lecteur les scènes des deux pièces qui ont le plus de ressemblance, celles que Dufresni accuse particulièrement Regnard de lui avoir volées.

La scène première du premier acte ressemble beaucoup aux deux premières scènes du JOUEUR; ce sont absolument les mêmes pensées. Voici celles de Dufresni.

NÉRINE.

Bonjour, Frontin : te voilà déjà levé?

FRONTIN.

Bonsoir, Nérine : je vais me coucher.

NÉRINE.

C'est-à-dire que ton maître a couché au lansquenet.

FRONTIN.

Je ne te dis pas cela.

NÉRINE.

Le Chevalier est un jeune homme bien morigéné! Avoue qu'il est incommode de loger en même maison avec des femmes qui ont intérêt d'examiner notre conduite. Ma maîtresse lui avoit défendu de jouer..... Il se brouillera avec Angélique.

FRONTIN.

Que m'importe! En tout cas, s'il manque la jeune, la vieille ne le manquera pas.... A la vérité, ton Dorante a plus de biens-fonds; mais les biens-fonds ont des bornes, et le casuel d'un joueur n'en a pas.

NÉRINE.

Dorante est un si honnête homme!

FRONTIN.

Dorante est honnête homme, mais mon maître est joli.

NÉRINE.

Un esprit solide et doux.

FRONTIN.

Vert et piquant, c'est ce qu'il faut pour réveiller le goût des femmes.

NÉRINE.

Dorante est un homme fait.

FRONTIN.

En cas d'amant, ce qui est à faire vaut mieux que ce qui est fait.

NÉRINE.

Un bon cœur, généreux et sincère.

FRONTIN.

Oh! mon maître ne se pique point de ces niaiseries-là; mais en récompense c'est le plus ensorcelant petit scélérat, un tour de scélératesse si galant, que les femmes ont du plaisir à se laisser tromper par lui.

NÉRINE.

J'espère qu'Angélique reviendra de ce plaisir-là.

FRONTIN.

Elle n'en reviendra qu'après la noce.

NÉRINE.

Si je puis la rattraper dans quelque moment raisonnable....

FRONTIN.

Si mon maître peut la rattraper dans quelque moment déraisonnable....

Voici comment Regnard rend les mêmes idées :

NÉRINE.

Que fait Valère ?

HECTOR.

Il dort.

NÉRINE.

Il faut que je le voie.

HECTOR.

Va, mon maître ne voit personne quand il dort....

NÉRINE.

Quand se levera-t-il?

HECTOR.

Mais avant qu'il se lève,
Il faudra qu'il se couche, et franchement.... etc.

NÉRINE.

Angélique, entre nous, seroit extravagante
De rejeter l'amour que pour elle a Dorante;
Lui, c'est un homme d'ordre, et qui vit congrûment.

HECTOR.

L'amour se plait un peu dans le déréglement.

## AVERTISSEMENT.

NÉRINE.

Un amant fait et mûr.

HECTOR.

Les filles, d'ordinaire,
Aiment mieux le fruit vert.

L'entrée du Joueur sur la scène est aussi à peu près la même dans les deux pièces. Dufresni ne fait paroître son Joueur qu'au second acte, et le fait parler ainsi :

LE CHEVALIER, donnant son manteau à Frontin.

Pourquoi m'ôtes-tu mon manteau, bourreau que tu es?

FRONTIN.

C'est vous qui me le donnez.

LE CHEVALIER.

Ne vois-tu pas que je veux resortir?

FRONTIN.

Le sommeil vous seroit plus utile que....

LE CHEVALIER.

Remets-moi mon manteau, raisonneur.... Irai-je encore....

(Le Chevalier se promène à grands pas, et Frontin le suit, voulant mettre son manteau sur ses épaules, etc.)

Que l'on consulte maintenant la scène quatrième du premier acte du JOUEUR, on retrouvera les mêmes idées ; mais quelle différence dans l'expression du caractère ! Le Chevalier est un bourru de sang-froid ; l'autre est véritablement un joueur emporté, à qui des revers de fortune ont troublé la raison.

Cette scène présente encore des traits de ressemblance très-frappants, et qui, s'ils étoient rapprochés, ne seroient pas à l'avantage de Dufresni.

Une idée charmante qui appartient incontestablement à celui-ci, et qui ne se trouve point dans la pièce de Regnard, est le trait qui suit :

LE CHEVALIER.

Un fauteuil.... (il s'assied.) Je suis abîmé ; j'en ai l'obligation à un homme, un homme, Frontin, un seul homme qui me suit partout.

FRONTIN.

Est-ce un de ces joueurs prudents qui ne donnent rien au hasard ?

LE CHEVALIER.

Non, je n'ai jamais joué contre lui.

FRONTIN.

Et comment vous a-t-il donc abîmé ?

LE CHEVALIER.

Il a la rage de me porter malheur en s'appuyant sur le dos de ma chaise. C'est un écumeur de réjouissance qui a la face longue d'une toise ; dès que je le vois, ma carte est prise.

Ce trait de caractère n'auroit pas échappé à Regnard ; et s'il eût effectivement mis à contribution les idées de Dufresni, il n'auroit pas négligé celle-ci.

# AVERTISSEMENT.

La scène du traité de Sénèque se trouve dans les deux poètes. Nous rapportons la manière dont elle est rendue par Dufresni; c'est à la fin de la troisième scène du deuxième acte.

LE CHEVALIER.

Je voudrois ne me point abandonner à mes réflexions; va me chercher un livre.

FRONTIN tire un papier.

Si vous voulez lire un petit ouvrage d'esprit.... ( le Chevalier prend le papier.) qui *court les rues*; c'est sur la pauvreté. Je suis curieux de voir tout ce qui s'écrit sur la pauvreté, car il me revient sans cesse dans l'idée que nous mourrons tous deux sur un fumier.

LE CHEVALIER, regardant fixement le papier sans le lire.

Trois coupe-gorge de suite !

FRONTIN.

Il n'y a point de coupe-gorge là-dedans.

LE CHEVALIER.

Je ne saurois m'appliquer; lis.

FRONTIN reprend le papier, et lit.

Diogène, parlant du mépris des richesses, disoit :

De mille soins fâcheux la richesse est suivie;
   Mais le philosophe indigent
      N'a qu'un seul soin dans la vie :
      C'est de chercher de l'argent.

Sur le mépris de la mort :

     Tel héros que l'on vante tant,
     Mourut sans en avoir envie;

> Mais un brave joueur perd volontiers la vie,
> Quand il a perdu son argent.

Mais, Monsieur, au lieu de m'écouter, vous méditez sur le portrait de votre maîtresse.

Si ceci n'est point une fade copie de la scène de Regnard, il faut convenir que la scène de Regnard enchérit beaucoup sur son modèle, ou plutôt qu'il a su convertir en une scène charmante et d'un excellent comique, une tirade froide et insipide :

> Dans ses heureuses mains le cuivre devient or.

On ne peut disconvenir qu'on a peine à soutenir la lecture de cette scène, lorsqu'on vient de lire celle de Regnard.

On retrouve encore dans les deux poètes la scène du mémoire des dettes du Joueur, avec cette différence, que dans Regnard le valet présente au père de son maître un état véritable de ses dettes, au lieu que dans Dufresni, Frontin, pour tirer de l'argent de la comtesse, a fabriqué un mémoire de dettes supposées. Voici la scène de Dufresni, c'est la cinquième du second acte.

FRONTIN persuade à la Comtesse que le Chevalier quitte Angélique pour s'attacher à elle.

Entre nous, Madame, toute la solidité de ce jeune homme-là est pour vous ; il le dit bien lui-même dans ses moments de prudence : Je devrois, dit-il, me laisser entraîner au penchant vertueux que je me sens pour madame la Comtesse.

LA COMTESSE.

Quoi! il t'a parlé en ces termes?

FRONTIN.

Tout au moins, Madame, tout au moins. Oui, je crois qu'il reviendroit de son premier entêtement, s'il avoit le temps de se reconnoître : or, afin qu'il ait le temps de se reconnoître, mon avis seroit que vous lui fissiez tenir adroitement l'argent nécessaire pour se reconnoître.

LA COMTESSE.

Je t'ai déjà dit que je paierois moi-même.

FRONTIN.

Vous-même! si ces dettes-là sont d'une espèce libertine, des dettes de garçon, une femme régulière ne doit point entrer dans un détail si déréglé.

LA COMTESSE.

Voyons le mémoire.

FRONTIN.

Lisons : Mémoire déréglé des dettes envenimées de M. le Chevalier. Premièrement, à M. Frontin. Moi, c'est moi.... Pour gages, profits et deniers prêtés à mon maître, dans ses mauvais jours, 500 liv.

Pour cet article-ci, vous auriez raison de le payer par vos mains, de vous à moi, sans détour; aussi ma quittance est toute prête.

LA COMTESSE.

Nous verrons.

FRONTIN.

Plus, quatre-vingts louis d'or neufs pour une partie de

paume ébauchée. Vous ne sauriez l'achever vous-même, madame; il faut qu'il mette argent sous corde; mais il vous rendra cela sous la galerie. Je lui sers de second; nous avons quatre jeux à un, quarante-cinq à rien, une chasse au pied, et notre bisque à prendre; vous gagnerez, à coup sûr.

Plus, 2000 livres à quatre-vingt-seize quidams, pour nous avoir coiffés, chaussés, gantés, parfumés, rasés, médicamentés, voiturés, portés, alimentés, désaltérés, etc. Une dame prudente ne doit point paroître dans des paiements qui concernent l'entretien d'un joli homme.

Plus, 600 livres pour du ratafia, eau-de-vie, pitrepite et autres liqueurs soldatesques que vous n'oseriez payer, de peur d'être soupçonnée d'avoir aidé à la consommation d'icelles.

Il y a encore un article, parole donnée, pour cent pistoles d'honneur à mademoiselle Mimi, lingère du palais. Vous verrez que c'est pour ses appointements; mais vous devez ignorer, et payer la pauvre fille incognito, par mon ministère, si vous voulez.

LA COMTESSE.

Frontin, votre mémoire ridicule se monte à cinq ou six mille livres : vous ne m'aviez parlé que de deux mille.

FRONTIN.

Ne vous le disois-je pas ? Donnez-moi deux mille livres, vous y gagnerez les deux tiers.

Nous bornerons là notre examen. Les scènes que nous venons de citer sont celles des deux pièces qui ont le plus de ressemblance; elles pa-

# AVERTISSEMENT.

roissent en quelque sorte calquées les unes sur les autres. Quel est celui qui les a produites le premier ? c'est ce qu'on ne sauroit décider. Les préjugés cependant sont favorables à Regnard, sa comédie a paru la première, et la manière originale dont il a rendu ces scènes, sembleroit prouver qu'elles lui sont propres.

D'ailleurs, comme on l'a dit plus haut, en accordant à Dufresni le mérite de l'invention, il faut avouer que Regnard a tellement embelli ses pensées, qu'il leur a en quelque sorte donné une nouvelle existence; et Dufresni, en faisant paroître son *Chevalier joueur* après la comédie de Regnard, a été la dupe de son amour-propre.

Il a mis le public à portée de faire un parallèle qui ne lui étoit nullement avantageux ; et sa chute, comme s'expriment les auteurs du temps, n'a servi qu'à augmenter le triomphe de son adversaire.

Quelques années après (en 1709), Dufresni a donné une comédie intitulée : *la Joueuse*, dans laquelle il emploie la plupart des scènes de son *Chevalier joueur* ; mais cette pièce n'eut point de succès.

Tant de désagréments ne le rebutèrent pas. Il mit en vers cette dernière comédie, et se proposoit de la faire représenter de nouveau ; mais il a été surpris par la mort avant l'exécution de son projet, et cette pièce en vers est une de celles qu'il fit brûler sous ses yeux, quelques heures avant sa mort.

Le Joueur de Regnard est resté sur notre scène dont il fait un des plus beaux ornements. Cette comédie est une de celles que l'on donne le plus fréquemment, et que le public ne se lasse point de voir.

## NOMS DES ACTEURS

*Qui ont joué dans la comédie du* Joueur, *dans sa nouveauté, en* 1696.

Géronte, *le sieur Guérin* (1). Valère, *le sieur Beaubourg* (2). Angélique, *mademoiselle Dancourt* (3). La Comtesse, *mademoiselle Desbros-*

---

(1) Isaac-François Guérin d'Étriché a débuté au théâtre du Marais en 1673. Il est de ceux qui ont été conservés à la réunion des troupes en 1680. Il représentoit dans la tragédie les rôles de confident, et dans la comédie les rôles à manteau. Il s'est retiré du théâtre en 1718. C'est lui qui avoit épousé la veuve de Molière.

(2) Pierre Trochon, dit Beaubourg, a succédé à Baron, quand celui-ci se retira en 1691. Le personnage du Joueur étoit le rôle brillant de Beaubourg. Cet acteur a quitté le théâtre en 1718, et est mort en 1725.

(3) Cette actrice se nommait Thérèse Le Noir de la Tho-

## AVERTISSEMENT.

ses (1). Dorante, *le sieur Le Comte.* Le Marquis, *le sieur Poisson* (2). Nérine, *mademoiselle Beauval* (3). Madame la Ressource, *mademoiselle Chanvallon* (4).

---

rillière, et avoit épousé Dancourt, auteur et acteur. Elle étoit sœur du fameux la Thorillière qui a joué d'original le rôle d'Hector. Mademoiselle Dancourt a quitté le théâtre en 1720, et est morte cinq ans après.

(1) Jeanne de la Rue, femme de Jean Le Blond Desbrosses, étoit, dit-on, une actrice inimitable dans les rôles de folle, de vieille coquette, etc. Elle a quitté le théâtre en 1718, et est morte en 1722.

(2) L'acteur dont il s'agit ici est Paul Poisson, fils de Raymond. Il a succédé à son père, et jouoit les mêmes rôles. Paul Poisson s'est retiré du théâtre en 1711, y a remonté en 1715, et l'a quitté pour la dernière fois en 1724. Il est mort le 29 décembre 1735.

(3) Jeanne Olivier Bourguignon, femme de Jean Pitel, dit Beauval. Cette actrice a été du nombre des comédiens conservés lors de la réunion des troupes en 1680. Elle réunissoit deux talents très-rares; elle représentoit avec un talent égal les reines dans les tragédies, et les soubrettes dans les comédies. Mademoiselle Beauval s'est retirée du théâtre en 1704, et est morte le 20 mars 1720, âgée de 73 ans.

(4) Judith Chabot de la Rinville, femme de Jean-Baptiste de Last, dit Chanvallon, a débuté en 1695, dans la tragédie; ensuite elle a doublé mademoiselle Desbrosses, et l'a remplacée après sa retraite. Mademoiselle de Chanvallon s'est elle-même retirée en 1722, et est morte en 1742.

## AVERTISSEMENT.

Hector, *le sieur la Thorillière* (1). M. Toutabas, *le sieur Desmares* (2).

---

(1) Ce charmant acteur, dont la mémoire sera toujours chère aux amateurs du théâtre, se nommoit Pierre Le Noir, dit la Thorillière. Tout le monde sait qu'il a excellé dans les rôles de valet : celui d'Hector étoit un de ceux qui lui plaisoient le plus, et où son talent brilloit avec le plus d'avantage. Cet inimitable comédien est mort en 1731.

(2) Nicolas Desmares, reçu dans la troupe du roi en 1685, excelloit, dit-on, dans les rôles de paysan. Il s'est retiré du théâtre en 1712, et est mort en 1714.

# PRÉFACE DE L'AUTEUR,

*Imprimée en tête de la première édition de la comédie du* JOUEUR, *en* 1697 (1).

Cette comédie eut beaucoup plus de succès que l'auteur et les acteurs n'avoient osé l'espérer. Il y avoit contre elle une cabale très-forte, et d'autant plus à craindre qu'elle étoit composée des plus séditieux frondeurs des spectacles, et suscitée par les injustes plaintes d'un plagiaire qui produisoit une autre pièce en prose sous le même titre, et qui la lisoit tous les jours dans les cafés de Paris. Les personnes qui s'intéressent à la réussite de cette seconde comédie du *Joueur*, ont publié d'abord que la première étoit très-mauvaise. La cour et la ville en ont jugé plus favorablement, et il seroit à souhaiter pour eux que l'ouvrage qu'ils protègent eût une destinée aussi heureuse.

---

(1) Cette préface a été supprimée dans les éditions données depuis, des OEuvres de Regnard.

## PERSONNAGES.

GÉRONTE, père de Valère.

VALÈRE, amant d'Angélique.

ANGÉLIQUE, amante de Valère.

LA COMTESSE, sœur d'Angélique.

DORANTE, oncle de Valère, et amant d'Angélique.

LE MARQUIS.

NÉRINE, suivante d'Angélique.

Madame LA RESSOURCE, revendeuse à la toilette.

HECTOR, valet de Valère.

M. TOUTABAS, maître de trictrac.

M. GALONNIER, tailleur.

Madame ADAM, sellière.

Un Laquais d'Angélique.

Trois Laquais du Marquis.

*La scène est à Paris, dans un hôtel garni.*

# LE JOUEUR.

J. M. Moreau le jeune. Del.  J. L. Delignon. Sculp.

Vingt fois le premier pris! Dans mon cœur il l'élève
Des mouvemens de rage............ Act. 4.° Scè. XII.

# LE JOUEUR,
## COMÉDIE.

## ACTE PREMIER.

### SCÈNE PREMIÈRE.

HECTOR, *dans un fauteuil, près d'une toilette.*

Il est, parbleu, grand jour. Déjà de leur ramage
Les coqs ont éveillé tout notre voisinage.
Que servir un joueur est un maudit métier !
Ne serai-je jamais laquais d'un sous-fermier ?
Je ronflerois mon soûl la grasse matinée,
Et je m'enivrerois le long de la journée :
Je ferois mon chemin ; j'aurois un bon emploi ;
Je serois dans la suite un conseiller du roi,
Rat-de-cave ou commis ; et que sait-t-on ? peut-être
Je deviendrois un jour aussi gras que mon maître :
J'aurois un bon carrosse à ressorts bien liants ;
De ma rotondité j'emplirois le dedans :
Il n'est que ce métier pour brusquer la fortune ;
Et tel change de meuble et d'habit chaque lune,

Qui, Jasmin autrefois, d'un drap du Sceau couvert,
Bornoit sa garde-robe à son justaucorps vert.
Quelqu'un vient.

## SCÈNE II.

### NÉRINE, HECTOR.

HECTOR.

Si matin, Nérine, qui t'envoie ?

NÉRINE.

Que fait Valère ?

HECTOR.

Il dort.

NÉRINE.

Il faut que je le voie.

HECTOR.

Va, mon maître ne voit personne quand il dort.

NÉRINE.

Je veux lui parler.

HECTOR.

Paix, ne parle pas si fort.

NÉRINE.

Oh ! j'entrerai, te dis-je.

HECTOR.

Ici je suis de garde,

Et je ne puis t'ouvrir que la porte bâtarde.
### NÉRINE.
Tes sots raisonnements sont pour moi superflus.
### HECTOR.
Voudrois-tu voir mon maître *in naturalibus ?*
### NÉRINE.
Quand se lèvera-t-il ?
### HECTOR.
Mais, avant qu'il se lève,
Il faudra qu'il se couche; et franchement....
### NÉRINE.
Achève.
### HECTOR.
Je ne dis mot.
### NÉRINE.
Oh! parle, ou de force, ou de gré.
### HECTOR.
Mon maître, en ce moment, n'est pas encor rentré.
### NÉRINE.
Il n'est pas rentré ?
### HECTOR.
Non ; il ne tardera guère ;
Nous n'ouvrons pas matin. Il a plus d'une affaire,
Ce garçon-là.
### NÉRINE.
J'entends. Autour d'un tapis vert,

LE JOUEUR,

Dans un maudit brelan, ton maître joue et perd ;
Ou bien, réduit à sec, d'une âme familière,
Peut-être il parle au ciel d'une étrange manière.
Par ordre très-exprès d'Angélique, aujourd'hui,
Je viens pour rompre ici tout commerce avec lui.
Des serments les plus forts appuyant sa tendresse,
Tu sais qu'il a cent fois promis à ma maîtresse
De ne toucher jamais cornet, carte, ni dé,
Par quelque espoir de gain dont son cœur fût guidé ;
Cependant.....

HECTOR.

Je vois bien qu'un rival domestique
Consigne entre tes mains pour avoir Angélique.

NÉRINE.

Et quand cela seroit, n'aurois-je pas raison ?
Mon cœur ne peut souffrir de lâche trahison.
Angélique, entre nous, seroit extravagante
De rejeter l'amour qu'a pour elle Dorante ;
Lui, c'est un homme d'ordre, et qui vit congrûment.

HECTOR.

L'amour se plaît un peu dans le déréglement.

NÉRINE.

Un amant fait et mûr.

HECTOR.

Les filles, d'ordinaire,
Aiment mieux le fruit vert.

## ACTE I, SCÈNE II.

NÉRINE.

D'un fort bon caractère,
Qui ne sut de ses jours ce que c'est que le jeu.

HECTOR.

Mais mon maître est aimé.

NÉRINE.

Dont j'enrage. Morbleu!
Ne verrai-je jamais les femmes détrompées
De ces colifichets, de ces fades poupées,
Qui n'ont, pour imposer, qu'un grand air débraillé,
Un nez de tous côtés de tabac barbouillé,
Une lèvre qu'on mord pour rendre plus vermeille,
Un chapeau chiffonné qui tombe sur l'oreille,
Une longue steinkerque à replis tortueux,
Un haut-de-chausse bas prêt à tomber sous eux;
Qui, faisant le gros dos, la main dans la ceinture,
Viennent, pour tout mérite, étaler leur figure?

HECTOR.

C'est le goût d'à-présent; tes cris sont superflus,
Mon enfant.

NÉRINE.

Je veux, moi, réformer cet abus.
Je ne souffrirai pas qu'on trompe ma maîtresse,
Et qu'on profite ainsi d'une tendre foiblesse;
Qu'elle épouse un joueur, un petit brelandier,
Un franc dissipateur, et dont tout le métier
Est d'aller de cent lieux faire la découverte

Où de jeux et d'amour on tient boutique ouverte,
Et qui le conduiront tout droit à l'hôpital.

HECTOR.

Ton sermon me paroît un tant soit peu brutal.
Mais, tant que tu voudras, parle, prêche, tempête,
Ta maîtresse est coiffée.

NÉRINE.

Et crois-tu, dans ta tête,
Que l'amour sur son cœur ait un si grand pouvoir ?
Elle est fille d'esprit ; peut-être dès ce soir
Dorante, par mes soins, l'épousera.

HECTOR.

Tararé !
Elle est dans nos filets.

NÉRINE.

Et moi, je te déclare
Que je l'en tirerai dès aujourd'hui.

HECTOR.

Bon, bon !

NÉRINE.

Que Dorante a pour lui Nérine et la raison.

HECTOR.

Et nous avons l'amour. Tu sais que d'ordinaire,
Quand l'amour veut parler, la raison doit se taire,
Dans les femmes s'entend.

NÉRINE.

Tu verras que chez nous,

## ACTE I, SCÈNE II.

Quand la raison agit, l'amour a le dessous.
Ton maître est un amant d'une espèce plaisante !
Son amour peut passer pour fièvre intermittente ;
Son feu pour Angélique est un flux et reflux.

### HECTOR.

Elle est, après le jeu, ce qu'il aime le plus.

### NÉRINE.

Oui, c'est la passion qui seule le dévore :
Dès qu'il a de l'argent, son amour s'évapore.

### HECTOR.

Mais en revanche aussi, quand il n'a pas un sou,
Tu m'avoûras qu'il est amoureux comme un fou.

### NÉRINE.

Oh ! j'empêcherai bien....

### HECTOR.

Nous ne te craignons guère ;
Et ta maîtresse, encor hier, promit à Valère
De lui donner dans peu, pour prix de son amour,
Son portrait enrichi de brillants tout autour.
Nous l'attendons, ma chère, avec impatience :
Nous aimons les bijoux avec concupiscence.

### NÉRINE.

Ce portrait est tout prêt, mais ce n'est pas pour lui,
Et Dorante en sera possesseur aujourd'hui.

### HECTOR.

A d'autres.

NÉRINE.

N'est-ce pas une honte à Valère,
Étant fils de famille, ayant encor son père,
Qu'il vive comme il fait, et que, comme un banni,
Depuis un an il loge en cet hôtel garni ?

HECTOR.

Et vous y logez bien, et vous et votre clique !

NÉRINE.

Est-ce de même, dis? Ma maîtresse Angélique,
Et la veuve sa sœur, ne sont dans ce pays
Que pour un temps; et n'ont point de père à Paris.

HECTOR.

Valère a déserté la maison paternelle,
Mais ce n'est point à lui qu'il faut faire querelle;
Et si monsieur son père avoit voulu sortir,
Nous y serions encore, à ne t'en point mentir.
Ces pères, bien souvent, sont obstinés en diable.

NÉRINE.

Il a tort, en effet, d'être si peu traitable.
Quoi qu'il en soit, enfin, je ne t'abuse pas,
Je fais la guerre ouverte; et je vais, de ce pas,
Dire ce que je vois, avertir ma maîtresse
Que Valère toujours est faux dans sa promesse;
Qu'il ne sera jamais digne de ses amours;
Qu'il a joué, qu'il joue, et qu'il joûra toujours.
Adieu.

HECTOR.

Bonjour.

## SCENE III.

#### HECTOR, seul.

AUTANT que je m'y puis connoître,
Cette Nérine-ci n'est pas trop pour mon maître.
A-t-elle grand tort? Non. C'est un panier percé,
Qui....

## SCÈNE IV.

#### VALÈRE, HECTOR.

(Valère paroît en désordre, comme un homme qui a joué toute la nuit.)

#### HECTOR.

MAIS je l'aperçois. Qu'il a l'air harassé!
On soupçonne aisément, à sa triste figure,
Qu'il cherche en vain quelqu'un qui prête à triple usure.

#### VALÈRE.

Quelle heure est-il?

#### HECTOR.

Il est.... Je ne m'en souviens pas.

#### VALÈRE.

Tu ne t'en souviens pas?

#### HECTOR.

Non, Monsieur.

VALÈRE.

Je suis las
De tes mauvais discours; et tes impertinences....

HECTOR, à part.

Ma foi, la vérité répond aux apparences.

VALÈRE.

Ma robe de chambre. (à part.) Euh!

HECTOR, à part.

Il jure entre ses dents.

VALÈRE.

Eh bien! me faudra-t-il attendre encor long-temps?
(Il se promène.)

HECTOR.

Eh! la voilà, Monsieur.
(Il suit son maître, tenant sa robe de chambre toute déployée.)

VALÈRE, se promenant.

Une école maudite
Me coûte, en un moment, douze trous tout de suite.
Que je suis un grand chien! Parbleu, je te saurai,
Maudit jeu de trictrac, ou bien je ne pourrai.
Tu peux me faire perdre, ô fortune ennemie!
Mais me faire payer, parbleu, je t'en défie;
Car je n'ai pas un sou.

HECTOR, tenant toujours la robe.

Vous plairoit-il, Monsieur....

VALÈRE, se promenant.

Je me ris de tes coups, j'incague ta fureur.

## ACTE I, SCENE IV.

HECTOR.

Votre robe de chambre est, Monsieur, toute prête.

VALÈRE.

Va te coucher, maraud, ne me romps point la tête.
Va-t'en.

HECTOR.

Tant mieux.

## SCÈNE V.

VALÈRE, se mettant dans un fauteuil.

Je veux dormir dans ce fauteuil.
Que je suis malheureux ! Je ne puis fermer l'œil.
Je dois de tous côtés, sans espoir, sans ressource,
Et n'ai pas, grâce au ciel, un écu dans ma bourse.
Hector.... Que ce coquin est heureux de dormir !
Hector....

## SCÈNE VI.

VALÈRE, HECTOR.

HECTOR, derrière le théâtre.

Monsieur !

VALÈRE.

Eh bien ! bourreau, veux-tu venir ?
(Hector entre à moitié déshabillé.)

N'es-tu pas las encor de dormir, misérable?

HECTOR.

Las de dormir, Monsieur ? Hé ! je me donne au diable,
Je n'ai pas eu le temps d'ôter mon justaucorps.

VALÈRE.

Tu dormiras demain.

HECTOR, à part.

Il a le diable au corps.

VALÈRE.

Est-il venu quelqu'un ?

HECTOR.

Il est, selon l'usage,
Venu maint créancier; de plus, un gros visage,
Un maître de trictrac qui ne m'est pas connu.
Le maître de musique est encore venu.
Ils reviendront bientôt.

VALÈRE.

Bon. Pour cette autre affaire,
M'as-tu déterré ?...

HECTOR.

Qui? cette honnête usurière
Qui nous prête, par heure, à vingt sous par écu ?

VALÈRE.

Justement, elle-même.

HECTOR.

Oui, Monsieur, j'ai tout vu.
Qu'on vend cher maintenant l'argent à la jeunesse !

## ACTE I, SCÈNE VI.

Mais enfin, j'ai tant fait, avec un peu d'adresse,
Qu'elle m'a reconduit d'un air fort obligeant ;
Et vous aurez, je crois, au plus tôt votre argent.

VALÈRE.

J'aurois les mille écus ! O ciel ! quel coup de grâce !
Hector, mon cher Hector, viens-çà que je t'embrasse.

HECTOR.

Comme l'argent rend tendre !

VALÈRE.

Et tu crois qu'en effet,
Je n'ai, pour en avoir, qu'à donner mon billet?

HECTOR.

Qui le refuseroit seroit bien difficile :
Vous êtes aussi bon que banquier de la ville.
Pour la réduire au point où vous la souhaitez,
Il a fallu lever bien des difficultés :
Elle est d'accord de tout, du temps, des arrérages ;
Il ne faut maintenant que lui donner des gages.

VALÈRE.

Des gages?

HECTOR.

Oui, Monsieur.

VALÈRE.

Mais y penses-tu bien?
Où les prendrois-je, dis?

HECTOR.

Ma foi, je n'en sais rien.

Pour nippes, nous n'avons qu'un grand fonds d'espérance
Sur les produits trompeurs d'une réjouissance;
Et dans ce siècle-ci, messieurs les usuriers
Sur de pareils effets prêtent peu volontiers.

VALÈRE.

Mais quel gage, dis-moi, veux-tu que je lui donne ?

HECTOR.

Elle viendra tantôt elle-même en personne,
Vous vous ajusterez ensemble en quatre mots.
Mais, Monsieur, s'il vous plaît, pour changer de propos.
Aimeriez-vous toujours la charmante Angélique ?

VALÈRE.

Si je l'aime? Ah! ce doute et m'outrage et me pique
Je l'adore.

HECTOR.

Tant pis : c'est un signe fâcheux.
Quand vous êtes sans fonds, vous êtes amoureux ;
Et quand l'argent renaît, votre tendresse expire.
Votre bourse est, Monsieur, puisqu'il faut vous le dire,
Un thermomètre sûr, tantôt bas, tantôt haut,
Marquant de votre cœur ou le froid ou le chaud.

VALÈRE.

Ne crois pas que le jeu, quelque sort qu'il me donne,
Me fasse abandonner cette aimable personne.

HECTOR.

Oui, mais j'ai bien peur, moi, qu'on ne vous plante là.

##### VALÈRE.

Et sur quel fondement peux-tu juger cela?

##### HECTOR.

Nérine sort d'ici, qui m'a dit qu'Angélique
Pour Dorante votre oncle en ce moment s'explique;
Que vous jouez toujours, malgré tous vos serments,
Et qu'elle abjure enfin ses tendres sentiments.

##### VALÈRE.

Dieux! que me dis-tu là?

##### HECTOR.

     Ce que je viens d'entendre.

##### VALÈRE.

Bon! cela ne se peut, on t'a voulu surprendre.

##### HECTOR.

Vous êtes assez riche en bonne opinion,
A ce qu'il me paroît.

##### VALÈRE.

    Point. Sans présomption,
On sait ce que l'on vaut.

##### HECTOR.

     Mais si, sans vouloir rire,
Tout alloit comme j'ai l'honneur de vous le dire,
Et qu'Angélique enfin pût changer....

##### VALÈRE.

       En ce cas,
Je prends le parti.... Mais cela ne se peut pas.

HECTOR.

Si cela se pouvoit, qu'une passion neuve?....

VALÈRE.

En ce cas, je pourrois rabattre sur la veuve,
La Comtesse sa sœur.

HECTOR.

Ce dessein me plaît fort.
J'aime un amour fondé sur un bon coffre-fort.
Si vous vouliez un peu vous aider avec elle,
Cette veuve, je crois, ne seroit point cruelle;
Ce seroit une éponge à presser au besoin.

VALÈRE.

Cette éponge, entre nous, ne vaudroit pas ce soin.

HECTOR.

C'est, dans son caractère, une espèce parfaite,
Un ambigu nouveau de prude et de coquette,
Qui croit mettre les cœurs à contribution,
Et qui veut épouser; c'est là sa passion.

VALÈRE.

Epouser?

HECTOR.

Un marquis de même caractère,
Grand épouseur aussi, la galope et la flaire.

VALÈRE.

Et quel est ce marquis?

HECTOR.

C'est, à vous parler net,

Un marquis de hasard fait par le lansquenet ;
Fort brave, à ce qu'il dit, intrigant, plein d'affaires,
Qui croit de ses appas les femmes tributaires ;
Qui gagne au jeu beaucoup, et qui, dit-on, jadis
Étoit valet de chambre avant d'être marquis.
Mais sauvons-nous, Monsieur, j'aperçois votre père.

## SCÈNE VII.

### GÉRONTE, VALÈRE, HECTOR.

#### GÉRONTE.

Doucement ; j'ai deux mots à vous dire, Valère.
(à Hector.)
Pour toi, j'ai quelques coups de canne à te prêter.

#### HECTOR.

Excusez-moi, Monsieur, je ne puis m'arrêter.

#### GÉRONTE.

Demeure là, maraud.

#### HECTOR, à part.

Il n'est pas temps de rire.

#### GÉRONTE.

Pour la dernière fois, mon fils, je viens vous dire
Que votre train de vie est si fort scandaleux,
Que vous m'obligerez à quelque éclat fâcheux.
Je ne puis retenir ma bile davantage,
Et ne saurois souffrir votre libertinage.

Vous êtes pilier-né de tous les lansquenets,
Qui sont, pour la jeunesse, autant de trébuchets;
Un bois plein de voleurs est un plus sûr passage;
Dans ces lieux, jour et nuit, ce n'est que brigandage.
Il faut opter des deux, être dupe ou fripon.

### HECTOR.

Tous ces jeux de hasard n'attirent rien de bon.
J'aime les jeux galants où l'esprit se déploie.
(à Géronte.)
C'est, Monsieur, par exemple, un joli jeu que l'oie.

### GÉRONTE, à Hector.

(à Valère.)
Tais-toi. Non, à présent le jeu n'est que fureur :
On joue argent, bijoux, maisons, contrats, honneur;
Et c'est ce qu'une femme, en cette humeur à craindre,
Risque plus volontiers, et perd plus sans se plaindre.

### HECTOR.

Oh! nous ne risquons pas, Monsieur, de tels bijoux.

### GÉRONTE.

Votre conduite enfin m'enflamme de courroux;
Je ne puis vous souffrir vivre de cette sorte :
Vous m'avez obligé de vous fermer ma porte;
J'étois las, attendant chez moi votre retour,
Qu'on fît du jour la nuit, et de la nuit le jour.

### HECTOR.

C'est bien fait. Ces joueurs qui courent la fortune,
Dans leurs déréglements ressemblent à la lune,
Se couchant le matin, et se levant le soir.

## ACTE I, SCÈNE VII.

GÉRONTE.

Vous me poussez à bout ; mais je vous ferai voir
Que si vous ne changez de vie et de manière,
Je saurai me servir de mon pouvoir de père,
Et que de mon courroux vous sentirez l'effet.

HECTOR, à Valère.

Votre père a raison.

GÉRONTE.

Comme le voilà fait !
Débraillé, mal peigné, l'œil hagard ! A sa mine
On croiroit qu'il viendroit, dans la forêt voisine,
De faire un mauvais coup.

HECTOR, à part.

On croiroit vrai de lui :
Il a fait trente fois coupe-gorge aujourd'hui.

GÉRONTE.

Serez-vous bientôt las d'une telle conduite ?
Parlez, que dois-je enfin espérer dans la suite ?

VALÈRE.

Je reviens aujourd'hui de mon égarement,
Et ne veux plus jouer, mon père, absolument.

HECTOR, à part.

Voilà du fruit nouveau dont son fils le régale.

GÉRONTE.

Quand ils n'ont pas un sou, voilà de leur morale.

VALÈRE.

J'ai de l'argent encore ; et, pour vous contenter,

De mes dettes je veux aujourd'hui m'acquitter.

GÉRONTE.

S'il est ainsi, vraiment, j'en ai bien de la joie.

HECTOR, bas à Valère.

Vous acquitter, Monsieur! Avec quelle monnoie?

VALÈRE, bas à Hector.
(Haut à son père.)

Te tairas-tu? Mon oncle aspire dans ce jour
A m'ôter d'Angélique et la main et l'amour :
Vous savez que pour elle il a l'âme blessée,
Et qu'il veut m'enlever....

GÉRONTE.

Oui, je sais sa pensée,
Et je serai ravi de le voir confondu.

HECTOR, à Géronte.

Vous n'avez qu'à parler, c'est un homme tondu.

GÉRONTE.

Je voudrois bien déjà que l'affaire fût faite.
Angélique est fort riche, et point du tout coquette,
Maîtresse de son choix. Avec ce bon dessein,
Va te mettre en état de mériter sa main,
Payer tes créanciers....

VALÈRE.

J'y vais, j'y cours....
(Il va pour sortir, parle bas à Hector, et revient.)

Mon père....

GÉRONTE.

Hé! plaît-il!

ACTE I, SCÈNE VII.

VALÈRE.

Pour sortir entièrement d'affaire,
Il me manque environ quatre ou cinq mille francs.
Si vous vouliez, Monsieur....

GÉRONTE.

Ah! ah! je vous entends.
Vous m'avez mille fois bercé de ces sornettes.
Non; comme vous pourrez allez payer vos dettes.

VALÈRE.

Mais, mon père, croyez....

GÉRONTE.

A d'autres, s'il vous plaît.

VALÈRE.

Prêtez-moi mille écus.

HECTOR, à Géronte.

Nous paîrons l'intérêt.
Au denier un.

VALÈRE.

Monsieur....

GÉRONTE.

Je ne puis vous entendre.

VALÈRE.

Je ne veux point, mon père, aujourd'hui vous surprendre;
Et pour vous faire voir quels sont mes bons desseins,
Retenez cet argent, et payez par vos mains.

HECTOR.

Ah! parbleu, pour le coup, c'est être raisonnable.

GÉRONTE.

Et de combien encore êtes-vous redevable?

VALÈRE.

La somme n'y fait rien.

GÉRONTE.

La somme n'y fait rien?

HECTOR.

Non. Quand vous le verrez vivre en homme de bien,
Vous ne regretterez nullement la dépense,
Et nous ferons, Monsieur, la chose en conscience.

GÉRONTE.

Écoutez : je veux bien faire un dernier effort;
Mais, après cela, si....

VALÈRE.

Modérez ce transport;
Que sur mes sentiments votre âme se repose.
Je vais voir Angélique; et mon cœur se propose
D'arrêter son courroux déjà près d'éclater.

## SCÈNE VIII.

GÉRONTE, HECTOR.

HECTOR.

Je m'en vais travailler, moi, pour vous contenter,
A vous faire, en raisons claires et positives,

Le mémoire succinct de nos dettes passives,
Et que j'aurai l'honneur de vous montrer dans peu.

## SCÈNE IX.

### GÉRONTE, seul.

Mon frère en son amour n'aura pas trop beau jeu.
Non, quand ce ne seroit que pour le contredire,
Je veux rompre l'hymen où son amour aspire;
Et j'aurai deux plaisirs à la fois, si je puis,
De chagriner mon frère, et marier mon fils.

## SCÈNE X.

### M. TOUTABAS; GÉRONTE.

#### TOUTABAS.

Avec tous les respects d'un cœur vraiment sincère,
Je viens pour vous offrir mon petit ministère.
Je suis, pour vous servir, gentilhomme auvergnac,
Docteur dans tous les jeux, et maître de trictrac:
Mon nom est Toutabas, vicomte de la Case,
Et votre serviteur, pour terminer ma phrase.

#### GÉRONTE, à part.

Un maître de trictrac! Il me prend pour mon fils.

(Haut.)
Quoi! vous montrez, Monsieur, un tel art dans Paris?
Et l'on ne vous a pas fait présent, en galère,
D'un brevet d'espalier?

TOUTABAS, à part.

A quel homme ai-je affaire?
(Haut.)
Comment! je vous soutiens que dans tous les états
On ne peut de mon art assez faire de cas;
Qu'un enfant de famille, et qu'on veut bien instruire,
Devroit savoir jouer avant que savoir lire.

GÉRONTE.

Monsieur le professeur, avecque vos raisons,
Il faudroit vous loger aux Petites-Maisons.

TOUTABAS.

De quoi sert, je vous prie, une foule inutile
De chanteurs, de danseurs, qui montrent par la ville?
Un jeune homme en est-il plus riche, quand il sait
Chanter ré mi fa sol, ou danser un menuet?
Paîra-t-on des marchands la cohorte pressante
Avec un vaudeville ou bien une courante?
Ne vaut-il pas bien mieux qu'un jeune cavalier
Dans mon art au plus tôt se fasse initier?
Qu'il sache, quand il perd, d'une âme non commune,
A force de savoir, rappeler la fortune?
Qu'il apprenne un métier qui, par de sûrs secrets,
En le divertissant, l'enrichisse à jamais?

## ACTE I, SCÈNE X.

GÉRONTE.

Vous êtes riche, à voir ?

TOUTABAS.

Le jeu fait vivre à l'aise
Nombre d'honnêtes gens, fiacres, porteurs de chaise,
Mille usuriers fournis de ces obscurs brillants,
Qui vont de doigts en doigts tous les jours circulants;
Des Gascons à souper dans les brelans fidèles ;
Des chevaliers sans ordre ; et tant de demoiselles
Qui, sans le lansquenet et son produit caché,
De leur foible vertu feroient fort bon marché,
Et dont, tous les hivers, la cuisine se fonde
Sur l'impôt établi d'une infaillible ronde.

GÉRONTE.

S'il est quelque joueur qui vive de son gain,
On en voit tous les jours mille mourir de faim,
Qui, forcés à garder une longue abstinence,
Pleurent d'avoir trop mis à la réjouissance.

TOUTABAS.

Et c'est de là que vient la beauté de mon art.
En suivant mes leçons on court peu de hasard.
Je sais, quand il le faut, par un peu d'artifice,
Du sort injurieux corriger la malice ;
Je sais dans un trictrac, quand il faut un sonnez,
Glisser des dés heureux, ou chargés, ou pipés;
Et quand mon plein est fait, gardant mes avantages,
J'en substitue aussi d'autres prudents et sages,

Qui, n'offrant à mon gré que des as à tous coups,
Me font en un instant enfiler douze trous.

GÉRONTE.

Eh ! monsieur Toutabas, vous avez l'insolence
De venir dans ces lieux montrer votre science ?

TOUTABAS.

Oui, Monsieur, s'il vous plaît.

GÉRONTE.

Et vous ne craignez pas
Que j'arme contre vous quatre paires de bras,
Qui le long de vos reins ?...

TOUTABAS.

Monsieur, point de colère ;
Je ne suis point ici venu pour vous déplaire.

GÉRONTE le pousse.

Maître juré filou, sortez de la maison.

TOUTABAS.

Non, je n'en sors qu'après vous avoir fait leçon.

GÉRONTE.

A moi, leçon ?

TOUTABAS.

Je veux, par mon savoir extrême,
Que vous escamotiez un dé comme moi-même.

GÉRONTE.

Je ne sais qui me tient, tant je suis animé,
Que quelques bons soufflets donnés à poing fermé....

Va-t'en.
(Il le prend par les épaules.)

TOUTABAS.

Puisque aujourd'hui votre humeur pétulante
Vous rend l'âme aux leçons un peu récalcitrante,
Je reviendrai demain pour la seconde fois.

GÉRONTE.

Reviens.

TOUTABAS.

Vous plairoit-il de m'avancer le mois?

GÉRONTE, le poussant tout-à-fait dehors.

Sortiras-tu d'ici, vrai gibier de potence?

## SCÈNE XI.

GÉRONTE, seul.

Je ne puis respirer, et j'en mourrai, je pense.
Heureusement mon fils n'a point vu ce fripon :
Il me prenoit pour lui dans cette occasion.
Sachons ce qu'il a fait; et, sans plus de mystère,
Concluons son hymen, et finissons l'affaire.

FIN DU PREMIER ACTE.

# ACTE SECOND.

## SCÈNE PREMIÈRE.

ANGÉLIQUE, NÉRINE.

ANGÉLIQUE.

Mon cœur seroit bien lâche, après tant de serments,
D'avoir encor pour lui de tendres mouvements.
Nérine, c'en est fait, pour jamais je l'oublie ;
Je ne veux ni l'aimer, ni le voir de ma vie ;
Je sens la liberté de retour dans mon cœur.
Ne me viens pas, au moins, parler en sa faveur.

NÉRINE.

Moi, parler pour Valère ! Il faudroit être folle.
Que plutôt à jamais je perde la parole !

ANGÉLIQUE.

Ne viens point désormais, pour calmer mon dépit,
Rappeler à mes sens son air et son esprit ;
Car tu sais qu'il en a.

NÉRINE.

      De l'esprit, lui, Madame ?
Il est plus journalier mille fois qu'une femme :
Il rêve à tout moment ; et sa vivacité
Dépend presque toujours d'une carte ou d'un dé.

## ACTE II, SCÈNE I.

ANGÉLIQUE.

Mon cœur est maintenant certain de sa victoire.

NÉRINE.

Madame, croyez-moi, je connois le grimoire;
Souvent tous ces dépits sont des hoquets d'amour.

ANGÉLIQUE.

Non; l'amour de mon cœur est banni sans retour.

NÉRINE.

Cet hôte dans un cœur a bientôt fait son gîte;
Mais il se garde bien d'en déloger si vite.

ANGÉLIQUE.

Ne crains rien de mon cœur.

NÉRINE.

S'il venoit à l'instant,
Avec cet air flatteur, soumis, insinuant,
Que vous lui connoissez; que d'un ton pathétique,
<br>(Elle se met à ses pieds.)
Il vous dît, à vos pieds : « Non, charmante Angélique,
» Je ne veux opposer à tout votre courroux
» Qu'un seul mot : Je vous aime, et je n'aime que vous.
» Votre âme en ma faveur n'est-elle point émue?
» Vous ne me dites rien! vous détournez la vue!
<br>(Elle se relève.)
» Vous voulez donc ma mort? il faut vous contenter. »
Peut-être en ce moment pour vous épouvanter,
Il se soufflettera d'une main mutinée,
Se donnera du front contre une cheminée,

S'arrachera de rage un toupet de cheveux
Qui ne sont pas à lui. Mais de ces airs fougueux
Ne vous étonnez pas ; comptez qu'en sa colère
Il ne se fera pas grand mal.

ANGÉLIQUE.

Laisse-moi faire.

NÉRINE.

Vous voilà, grâce au ciel, bien instruite sur tout ;
Ne vous démentez point, tenez bon jusqu'au bout.

## SCÈNE II.

LA COMTESSE, ANGÉLIQUE, NÉRINE.

LA COMTESSE.

On dit partout, ma sœur, qu'un peu moins prévenue,
Vous épousez Dorante.

ANGÉLIQUE.

Oui, j'y suis résolue.

LA COMTESSE.

Mon cœur en est ravi. Valère est un vrai fou,
Qui joûroit votre bien jusques au dernier sou.

ANGÉLIQUE.

D'accord.

LA COMTESSE.

J'aime à vous voir vaincre votre tendresse.

## ACTE II, SCÈNE II.

Cet amour, entre nous, étoit une foiblesse.
Il faut se dégager de ces attachements,
Que la raison condamne et qui flattent nos sens.

ANGÉLIQUE.

Il est vrai.

LA COMTESSE.

Rien n'est plus à craindre dans la vie,
Qu'un époux qui du jeu ressent la tyrannie.
J'aimerois mieux qu'il fût gueux, avaricieux,
Coquet, fâcheux, mal fait, brutal, capricieux,
Ivrogne, sans esprit, débauché, sot, colère,
Que d'être un emporté joueur comme est Valère.

ANGÉLIQUE.

Je sais que ce défaut est le plus grand de tous.

LA COMTESSE.

Vous ne voulez donc plus en faire votre époux ?

ANGÉLIQUE.

Moi ? Non. Dans ce dessein nos humeurs sont conformes.

NÉRINE.

Il a, ma foi, reçu son congé dans les formes.

LA COMTESSE.

C'est bien fait. Puisque enfin vous renoncez à lui,
Je vais l'épouser, moi.

ANGÉLIQUE.

L'épouser ?

LA COMTESSE.

Aujourd'hui.

ANGÉLIQUE.

Ce joueur, qu'à l'instant!....

LA COMTESSE.

Je saurai le réduire.
On sait sur les maris ce que l'on a d'empire.

ANGÉLIQUE.

Quoi ! vous voulez, ma sœur, avec cet air si doux,
Ce maintien réservé, prendre un nouvel époux ?

LA COMTESSE.

Eh pourquoi non, ma sœur ? Fais-je donc un grand crime
De rallumer les feux d'un amour légitime ?
J'avois fait vœu de fuir tout autre engagement.
Pour garder du défunt le souvenir charmant,
Je portois son portrait ; et cette vive image
Me soulageoit un peu des chagrins du veuvage :
Mais qu'est-ce qu'un portrait, quand on aime bien fort ?
C'est un époux vivant qui console d'un mort.

NÉRINE.

Madame n'aime pas les maris en peinture.

LA COMTESSE.

Cela racquitte-t-il d'une perte aussi dure ?

NÉRINE.

C'est irriter le mal, au lieu de l'adoucir.

ANGÉLIQUE.

Connoisseuse en maris, vous deviez mieux choisir.
Vous unir à Valère !

## ACTE II, SCÈNE II.

LA COMTESSE.

Oui, ma sœur, à lui-même.

ANGÉLIQUE.

Mais vous n'y pensez pas. Croyez-vous qu'il vous aime?

LA COMTESSE.

S'il m'aime, lui! s'il m'aime! Ah! quel aveuglement!
On a certains attraits, un certain enjoûment,
Que personne ne peut me disputer, je pense.

ANGÉLIQUE.

Après un si long temps de pleine jouissance,
Vos attraits sont à vous sans contestation.

LA COMTESSE.

Et je puis en user à ma discrétion.

ANGÉLIQUE.

Sans doute. Et je vois bien qu'il n'est pas impossible
Que Valère pour vous ait eu le cœur sensible.
L'or est d'un grand secours pour acheter un cœur;
Ce métal, en amour, est un grand séducteur.

LA COMTESSE.

En vain vous m'insultez avec un tel langage;
La modération fut toujours mon partage :
Mais ce n'est point par l'or que brillent mes attraits;
Et jamais, en aimant, je ne fis de faux frais.
Mes sentiments, ma sœur, sont différents des vôtres;
Si je connois l'amour, ce n'est que dans les autres.
J'ai beau m'armer de fier, je vois de toutes parts

Mille cœurs amoureux suivre mes étendards :
Un conseiller de robe, un seigneur de finance,
Dorante, le Marquis briguent mon alliance ;
Mais si d'un nouveau nœud je veux bien me lier,
Je prétends à Valère offrir un cœur entier.
Je fais profession d'une vertu sévère.

### ANGÉLIQUE.

Qui peut vous assurer de l'amour de Valère ?

### LA COMTESSE.

Qui peut m'en assurer ? Mon mérite, je crois.

### ANGÉLIQUE.

D'autres sur lui, ma sœur, auroient les mêmes droits.

### LA COMTESSE.

Il n'eut jamais pour vous qu'une estime stérile,
Un petit feu léger, vagabond, volatile.
Quand on veut inspirer une solide amour,
Il faut avoir vécu, ma sœur, bien plus d'un jour ;
Avoir un certain poids, une beauté formée
Par l'usage du monde, et des ans confirmée.
Vous n'en êtes pas là.

### ANGÉLIQUE.

    J'attendrai bien du temps.

### NÉRINE.

Madame est prévoyante, elle a pris les devants.
Mais on vient.

## SCÈNE III.

LA COMTESSE, ANGÉLIQUE, NÉRINE,
UN LAQUAIS.

UN LAQUAIS, à la Comtesse.

Le Marquis, Madame, est là qui monte.

LA COMTESSE.

Le Marquis ? Hé! non, non ; il n'est pas sur mon compte.

## SCÈNE IV.

LE MARQUIS, LA COMTESSE, ANGÉLIQUE,
NÉRINE.

LE MARQUIS, se rajustant, à la Comtesse.

Je suis tout en désordre : un maudit embarras
M'a fait quitter ma chaise à deux ou trois cents pas ;
Et j'y serois encor dans des peines mortelles,
Si l'Amour, pour vous voir, ne m'eût prêté ses ailes.

LA COMTESSE.

Que monsieur le Marquis est galant sans fadeur !

LE MARQUIS.

Oh! point du tout, je suis votre humble serviteur.
Mais, à vous parler net, sans que l'esprit fatigue,

Près du sexe je sais me démêler d'intrigue.
(Apercevant Angélique.)
Ah! juste ciel! quel est cet admirable objet?

LA COMTESSE.

C'est ma sœur.

LE MARQUIS.

Votre sœur! vraiment, c'est fort bien fait.
Je vous sais gré d'avoir une sœur aussi belle ;
On la prendroit, parbleu, pour votre sœur jumelle.

LA COMTESSE.

Comme à tout ce qu'il dit il donne un joli tour !
Qu'il est sincère ! On voit qu'il est homme de cour.

LE MARQUIS.

Homme de cour, moi? non. Ma foi, la cour m'ennuie;
L'esprit de ce pays n'est qu'en superficie ;
Sitôt que vous voulez un peu l'approfondir,
Vous rencontrez le tuf. J'y pourrois m'agrandir ;
J'ai de l'esprit, du cœur, plus que seigneur en France;
Je joue, et j'y ferois fort bonne conténance;
Mais je n'y vais jamais que par nécessité,
Et pour y rendre au roi quelque civilité.

NÉRINE.

Il vous est obligé, Monsieur, de tant de peine.

LE MARQUIS.

Je n'y suis pas plus tôt, soudain je perds haleine.
Ces fades complimens sur de grands mots montés,
Ces protestations qui sont futilités,

Ces serrements de mains dont on vous estropie,
Ces grands embrassements dont un flatteur vous lie,
M'ôtent à tout moment la respiration :
On ne s'y dit bonjour que par convulsion.

ANGÉLIQUE, au Marquis.

Les dames de la cour sont bien mieux votre affaire?

LE MARQUIS.

Point. Il faut être au moins gros fermier pour leur plaire:
Leur sotte vanité croit ne pouvoir trop haut
A des faveurs de cour mettre un injuste taux.
Moi, j'aime à pourchasser des beautés mitoyennes.
L'hiver, dans un fauteuil, avec des citoyennes,
Les pieds sur les chenets étendus sans façons,
Je pousse la fleurette et conte mes raisons.
Là, toute la maison s'offre à me faire fête;
Valets, filles de chambre, enfants, tout est honnête:
L'époux même discret, quand il entend minuit,
Me laisse avec madame, et va coucher sans bruit.
Voilà comme je vis, quand parfois dans la ville
Je veux bien déroger....

NÉRINE.

    La manière est facile;
Et ce commerce-là me paroît assez doux.

LE MARQUIS, à la Comtesse.

C'est ainsi que je veux en user avec vous.
Je suis tout naturel, et j'aime la franchise :
Ma bouche ne dit rien que mon cœur n'autorise :

Et quand de mon amour je vous fais un aveu,
Madame, il est trop vrai que je suis tout en feu.

LA COMTESSE.

Fi donc, petit badin, un peu de retenue;
Vous me parlez, Marquis, une langue inconnue :
Le mot d'amour me blesse et me fait trouver mal.

LE MARQUIS.

L'effet n'en seroit pas peut-être si fatal.

NÉRINE.

Elle veut qu'en détours la chose s'enveloppe;
Et ce mot dit à cru lui cause une syncope.

ANGÉLIQUE.

Dans la bouche d'un autre il deviendroit plus doux.

LA COMTESSE.

Comment? qu'est-ce? plaît-il? parlez; expliquez-vous.
Parlez donc, parlez donc. Apprenez, je vous prie,
Que mortel, quel qu'il soit, ne me dit de ma vie
Un mot douteux qui pût effleurer mon honneur.

LE MARQUIS.

Croiroit-on qu'une veuve auroit tant de pudeur?

ANGÉLIQUE.

Mais Valère vous aime, et souvent....

LE MARQUIS.

Qu'est-ce à dire,
Valère? Un autre ici conjointement soupire?
Ah! si je le savois, je lui ferois, morbleu!...
Où loge-t-il?...

## ACTE II, SCÈNE IV.

NÉRINE.

Ici.

LE MARQUIS fait semblant de s'en aller et revient.

Nous nous verrons dans peu.

LA COMTESSE.

Mais quel droit avez-vous sur moi ?

LE MARQUIS.

Quel droit, ma reine ?
Le droit de bienséance avec celui d'aubaine.
Vous me convenez fort, et je vous conviens mieux.
Sur vous l'on sait assez que je jette les yeux.

LA COMTESSE.

Vous êtes fou, Marquis, de parler de la sorte.

LE MARQUIS.

Je sais ce que je dis, ou le diable m'emporte.

LA COMTESSE.

Sommes-nous donc liés par quelque engagement ?

LE MARQUIS.

Non pas autrement.... mais....

LA COMTESSE.

Qu'est-ce à dire ? Comment !...
Parlez.

LE MARQUIS.

Je ne sais point prendre en main des trompettes,
Pour publier partout les faveurs qu'on m'a faites.

ANGÉLIQUE.

Hé, ma sœur !

NÉRINE.

Des faveurs !

LE MARQUIS.

Suffit, je suis discret,
Et sais, quand il le faut, oublier un secret.

LA COMTESSE.

On ne connoît que trop ma retenue austère.
Il veut rire.

LE MARQUIS.

Ah ! parbleu, je saurai de Valère
Quel est, en vous aimant, le but de ses désirs,
Et de quel droit il vient chasser sur mes plaisirs.

## SCÈNE V.

ANGÉLIQUE, LA COMTESSE, LE MARQUIS,
NÉRINE, UN LAQUAIS.

LE LAQUAIS, rendant un billet au Marquis.

MONSIEUR, c'est de la part de la grosse Comtesse.

LE MARQUIS, le mettant dans sa poche.

Je le lirai tantôt.

(Le laquais sort.)

## SCÈNE VI.

ANGÉLIQUE, LA COMTESSE, LE MARQUIS, NÉRINE, UN SECOND LAQUAIS.

LE SECOND LAQUAIS.

Cette jeune Duchesse
Vous attend à vingt pas pour vous mener au jeu.

LE MARQUIS.

Qu'elle attende.
(Le second laquais sort.)

## SCÈNE VII.

ANGÉLIQUE, LA COMTESSE, LE MARQUIS, NÉRINE, UN TROISIÈME LAQUAIS.

LE TROISIÈME LAQUAIS.

Monsieur....

LE MARQUIS.

Encore! ah! palsembleu,
Il faut que de la ville enfin je me dérobe.

LE TROISIÈME LAQUAIS.

Je viens de voir, Monsieur, cette femme de robe,
Qui dit que cette nuit son mari couche aux champs,
Et que ce soir, sans bruit....

## LE JOUEUR,

LE MARQUIS.

Il suffit, je t'entends.
Tu prendras ce manteau, fait pour bonne fortune,
De couleur de muraille ; et tantôt, sur la brune,
Va m'attendre en secret où tu fus avant-hier,
Là....

LE TROSIÈME LAQUAIS.

Je sais.
(Il sort.)

## SCÈNE VIII.

ANGÉLIQUE, LA COMTESSE, LE MARQUIS,
NÉRINE.

LE MARQUIS.

Il faudroit avoir un corps de fer
Pour résister à tout. J'ai de l'ouvrage à faire,
Comme vous le voyez ; mais je m'en veux distraire.
(à la Comtesse.)
Vous ferez désormais tous mes soins les plus doux.

LA COMTESSE.

Si mon cœur étoit libre, il pourroit être à vous.

LE MARQUIS.

Adieu, charmant objet, à regret je vous quitte.
C'est un pesant fardeau d'avoir un gros mérite.

## SCÈNE IX.

LA COMTESSE, ANGÉLIQUE, NÉRINE.

NÉRINE, à la Comtesse.

Cet homme-là vous aime épouvantablement.

ANGÉLIQUE, à la Comtesse.

Je ne vous croyois pas un tel engagement.

LA COMTESSE.

Il est vif.

ANGÉLIQUE.

Il vous aime, et son ardeur est belle.

LA COMTESSE.

L'amour qu'il a pour moi lui tourne la cervelle ;
Il ne m'a pourtant vue encore que deux fois.

NÉRINE.

Il en a donc bien fait la première....

## SCÈNE X.

VALÈRE, LA COMTESSE, ANGÉLIQUE, NÉRINE.

NÉRINE.

Je crois
Voir Valère.

## LE JOUEUR,

LA COMTESSE.
L'amour auprès de moi le guide.
NÉRINE.
Il tremble en approchant.
LA COMTESSE.
J'aime un amant timide,
(à Valère.)
Cela marque un bon fond. Approchez, approchez;
Ouvrez de votre cœur les sentiments cachés.
(à Angélique.)
Vous allez voir, ma sœur.
VALÈRE, à la Comtesse.
Ah! quel bonheur, Madame,
Que vous me permettiez d'ouvrir toute mon âme!
(à Angélique.)
Et quel plaisir de dire, en des transports si doux,
Que mon cœur vous adore, et n'adore que vous!
LA COMTESSE.
L'amour le trouble. Eh quoi! que faites-vous, Valère?
VALÈRE.
Ce que vous-même ici m'avez permis de faire.
NÉRINE, à part.
Voici du quiproquo.
VALÈRE, à Angélique.
Que je serois heureux,
S'il vous plaisoit encor de recevoir mes vœux!
LA COMTESSE, à Valère.
Vous vous méprenez.

## ACTE II, SCENE X.

VALÈRE, à la Comtesse.

Non. Enfin, belle Angélique,
Entre mon oncle et moi que votre cœur s'explique;
Le mien est tout à vous, et jamais dans un cœur....

LA COMTESSE.

Angélique !

VALÈRE.

On ne vit une plus noble ardeur.

LA COMTESSE.

Ce n'est donc pas pour moi que votre cœur soupire ?

VALÈRE.

Madame, en ce moment, je n'ai rien à vous dire.
Regardez votre sœur, et jugez si ses yeux
Ont laissé dans mon cœur de place à d'autres feux.

LA COMTESSE.

Quoi! d'aucun feu pour moi votre âme n'est éprise !

VALÈRE.

Quelques civilités que l'usage autorise....

LA COMTESSE.

Comment ?

ANGÉLIQUE.

Il ne faut pas avec sévérité
Exiger des amants trop de sincérité.
Ma sœur, tout doucement avalez la pilule.

LA COMTESSE.

Taisez-vous, s'il vous plaît, petite ridicule.

VALÈRE, à la Comtesse.

Vous avez cent vertus, de l'esprit, de l'éclat ;
Vous êtes belle, riche, et....

LA COMTESSE.

Vous êtes un fat.

ANGÉLIQUE.

La modération qui fut votre partage,
Vous ne la mettez pas, ma sœur, trop en usage.

LA COMTESSE.

Monsieur vaut-il le soin qu'on se mette en courroux ?
C'est un extravagant ; il est tout fait pour vous.

## SCÈNE XI.

VALÈRE, ANGÉLIQUE, NÉRINE.

NÉRINE, à part.

Elle connoît ses gens.

VALÈRE.

Oui, pour vous je soupire,
Et je voudrois avoir cent bouches pour le dire.

NÉRINE, bas à Angélique.

Allons, Madame, allons, ferme ; voici le choc :
Point de foiblesse au moins, ayez un cœur de roc.

ANGÉLIQUE, bas à Nérine.

Ne m'abandonne point.

## ACTE II, SCÈNE XI.

NÉRINE, bas à Angélique.

Non, non; laissez-moi faire.

VALÈRE.

Mais que me sert, hélas! que mon cœur vous préfère?
Que sert à mon amour un si sincère aveu?
Vous ne m'écoutez point, vous dédaignez mon feu:
De vos beaux yeux pourtant, cruelle, il est l'ouvrage.
Je sais qu'à vos beautés c'est faire un dur outrage
De nourrir dans mon cœur des désirs partagés;
Que la fureur du jeu se mêle où vous régnez;
Mais....

ANGÉLIQUE.

Cette passion est trop forte en votre âme,
Pour croire que l'amour d'aucun feu vous enflamme.
Suivez, suivez l'ardeur de vos emportements;
Mon cœur n'en aura point de jaloux sentiments.

NÉRINE, bas à Angélique.

*Optimè.*

VALÈRE.

Désormais, plein de votre tendresse,
Nulle autre passion n'a rien qui m'intéresse:
Tout ce qui n'est point vous me paroît odieux.

ANGÉLIQUE, d'un ton plus tendre.

Non, ne vous présentez jamais devant mes yeux.

NÉRINE, bas à Angélique.

Vous mollissez.

VALÈRE.

Jamais! quelle rigueur extrême!
Jamais! ah! que ce mot est cruel quand on aime!
Hé quoi! rien ne pourra fléchir votre courroux?
Vous voulez donc me voir mourir à vos genoux?

ANGÉLIQUE.

Je prends peu d'intérêt, Monsieur, à votre vie.

NÉRINE, bas à Angélique.

Nous allons bientôt voir jouer la comédie.

VALÈRE.

Ma mort sera l'effet de mon cruel dépit.

NÉRINE, bas à Angélique.

Qu'un amant mort pour nous, nous mettroit en crédit!

VALÈRE.

Vous le voulez? Eh bien! il faut vous satisfaire,
Cruelle! il faut mourir.
(Il veut tirer son épée.)

ANGÉLIQUE, l'arrêtant.

Que faites-vous, Valère?

NÉRINE, bas à Angélique.

Eh bien! ne voilà pas votre tendre maudit
Qui vous prend à la gorge! Euh!

ANGÉLIQUE, bas à Nérine.

Tu ne m'as pas dit,
Nérine, qu'il viendroit se percer à ma vue,
Et je tremble de peur quand une épée est nue.

## ACTE II, SCÈNE XI.

NÉRINE, à part.

Que les amants sont sots!

VALÈRE.

Puisqu'un soin généreux
Vous intéresse encore aux jours d'un malheureux,
Non, ce n'est point assez de me rendre la vie,
Il faut que par l'amour, désarmée, attendrie,
Vous me rendiez encor ce cœur si précieux,
Ce cœur sans qui le jour me devient odieux.

ANGÉLIQUE, bas à Nérine.

Nérine, qu'en dis-tu?

NÉRINE, bas à Angélique.

Je dis qu'en la mêlée
Vous avez moins de cœur qu'une poule mouillée.

VALÈRE.

Madame, au nom des dieux, au nom de vos attraits....

ANGÉLIQUE.

Si vous me promettiez....

VALÈRE.

Oui, je vous le promets,
Que la fureur du jeu sortira de mon âme,
Et que j'aurai pour vous la plus ardente flamme....

NÉRINE, à part.

Pour faire des serments il est toujours tout prêt.

ANGÉLIQUE.

Il faut encore, ingrat, vouloir ce qu'il vous plaît.
Oui, je vous rends mon cœur.

VALÈRE, baisant la main d'Angélique.

     Ah! quelle joie extrême!

ANGÉLIQUE.

Et pour vous faire voir à quel point je vous aime,
Je joins à ce présent celui de mon portrait.
   (Elle lui donne son portrait enrichi de diamants.)

NÉRINE, à part.

Hélas! de mes sermons voilà quel est l'effet!

VALÈRE.

Quel excès de faveurs!

ANGÉLIQUE.

    Gardez-le, je vous prie.

VALÈRE, le baisant.

Que je le garde, ô ciel! le reste de ma vie....
Que dis-je? je prétends que ce portrait si beau
Soit mis avecque moi dans le même tombeau,
Et que même la mort jamais ne nous sépare.

NÉRINE, à part.

Que l'esprit d'une fille est changeant et bizarre!

ANGÉLIQUE.

Ne me trompez donc plus, Valère; et que mon cœur
Ne se repente point de sa facile ardeur.

VALÈRE.

Fiez-vous aux serments de mon âme amoureuse.

NÉRINE, à part.

Ah! que voilà pour l'oncle une époque fâcheuse!

## SCÈNE XII.

#### VALÈRE, seul.

Est-il dans l'univers de mortel plus heureux ?
Elle me rend son cœur, elle comble mes vœux,
M'accable de faveurs....

## SCÈNE XIII.

#### VALÈRE, HECTOR.

HECTOR.

Monsieur, je viens vous dire....

VALÈRE.

Je suis tout transporté ! Vois, considère, admire :
Angélique m'a fait ce généreux présent.

HECTOR.

Que les brillants sont gros ! Pour être plus content,
Je vous amène encore un lénitif de bourse,
Une usurière.

VALÈRE.

Et qui ?

HECTOR.

Madame La Ressource.

## SCÈNE XIV.

M^me LA RESSOURCE, VALÈRE, HECTOR.

VALÈRE, *embrassant madame La Ressource.*
Hé ! bonjour, mon enfant : tu ne peux concevoir
Jusqu'où va, dans mon cœur, le plaisir de te voir.

M^me LA RESSOURCE.
Je vous suis obligée on ne peut davantage.

HECTOR.
Elle est jolie encor. Mais quel sombre équipage !
Vous voilà, sans mentir, aussi noire qu'un four.

VALÈRE.
Ne vois-tu pas, Hector, que c'est un deuil de cour ?

M^me LA RESSOURCE.
Oh ! Monsieur, point du tout. Je suis une bourgeoise
Qui sais me mesurer justement à ma toise.
J'en connois bien pourtant qui ne me valent pas,
Qui se font teindre en noir du haut jusques en bas :
Mais pour moi je n'ai point cette sotte manie ;
Et si mon pauvre époux étoit encore en vie....
(Elle pleure.)

VALÈRE.
Quoi ! monsieur La Ressource est mort ?

M^me LA RESSOURCE.
Subitement.

## ACTE II, SCÈNE XIV.

HECTOR, *pleurant.*

Subitement ? Hélas ! j'en suis fâché vraiment.
(Bas à Valère.)
Au fait.

VALÈRE.

J'aurois besoin, madame La Ressource,
De mille écus.

M^me LA RESSOURCE.

Monsieur, disposez de ma bourse.

VALÈRE.

Je fais, bien entendu, mon billet au porteur.

HECTOR.

Et je veux l'endosser.

M^me LA RESSOURCE.

Avec les gens d'honneur
On ne perd jamais rien.

VALÈRE.

Je veux que tu le prennes.
Nous faisons ici-bas des routes incertaines ;
Je pourrois bien mourir. Ce maraud m'avoit dit
Que sur des gages sûrs tu prêtois à crédit.

M^me LA RESSOURCE.

Sur des gages, Monsieur ? C'est une médisance ;
Je sais que ce seroit blesser ma conscience.
Pour des nantissements qui valent bien leur prix,
De la vieille vaisselle au poinçon de Paris,
Des diamants usés et qu'on ne sauroit vendre,
Sans risquer mon honneur, je crois que j'en puis prendre.

VALÈRE.

Je n'ai, pour te donner, vaisselle ni bijoux.

HECTOR.

Oh! parbleu, nous marchons sans crainte des filoux.

M^me LA RESSOURCE.

Eh bien! nous attendrons, Monsieur, qu'il vous en vienne.

VALÈRE.

Compte, ma pauvre enfant, que ma mort est certaine,
Si je n'ai dans ce jour mille écus.

M^me LA RESSOURCE.

Ah! Monsieur!
Je voudrois les avoir, ce seroit de grand cœur.

VALÈRE.

Ma charmante, mon cœur, ma reine, mon aimable,
Ma belle, ma mignonne, et ma tout adorable!

HECTOR, à genoux.

Par pitié.

M^me LA RESSOURCE.

Je ne puis.

HECTOR.

Ah! que nous sommes fous!
Tous ces gens-là, Monsieur, ont des cœurs de cailloux;
Sans des nantissements il ne faut rien prétendre.

VALÈRE.

Dis-moi donc, si tu veux, où je les pourrai prendre.

HECTOR.

Attendez.... Mais comment, avec un cœur d'airain,

## ACTE II, SCÈNE XIV.

Refuser un billet endossé de ma main !

VALÈRE.

Mais vois donc.

HECTOR.

Laissez-moi ; je cherche en ma boutique.

VALÈRE, bas à Hector.

Écoute.... Nous avons le portrait d'Angélique.
Dans le temps difficile il faut un peu s'aider.

HECTOR, bas à Valère.

Ah ! que dites-vous là ? Vous devez le garder.

VALÈRE, bas à Hector.

D'accord : honnêtement je ne puis m'en défaire.

M<sup>me</sup> LA RESSOURCE.

Adieu. Quelque autre fois nous finirons l'affaire.

VALÈRE, à madame La Ressource.
(bas à Hector.)

Attendez donc. Tu sais jusqu'où vont mes besoins.
N'ayant pas son portrait, l'en aimerai-je moins ?

HECTOR, bas à Valère.

Fort bien. Mais voulez-vous que cette perfidie ?...

VALÈRE, bas à Hector.

Il est vrai. J'ai tantôt cette grosse partie
De ces joueurs en fonds qui doivent s'assembler.

M<sup>me</sup> LA RESSOURCE.

Adieu.

VALÈRE, à madame La Ressource.

Demeurez donc : où voulez-vous aller ?

(bas à Hector.)
Je ferai de l'argent, ou celui de mon père,
Quoi qu'il puisse arriver, nous tirera d'affaire.

HECTOR, bas à Valère.
Que peut dire Angélique alors qu'elle apprendra
Que de son cher portrait ?...

VALÈRE, bas à Hector.
Et qui le lui dira ?
Dans une heure au plus tard nous irons le reprendre.

HECTOR, bas à Valère.
Dans une heure ?

VALÈRE, bas à Hector.
Oui, vraiment.

HECTOR, bas à Valère.
Je commence à me rendre.

VALÈRE, bas à Hector.
Je me mettrois en gage en mon besoin urgent.

HECTOR, bas à Valère, en le considérant.
Sur cette nippe-là vous auriez peu d'argent.

VALÈRE, bas à Hector.
On ne perd pas toujours, je gagnerai sans doute.

HECTOR, bas à Valère.
Votre raisonnement met le mien en déroute.
Je sais que ce micmac ne vaut rien dans le fond.

VALÈRE, bas à Hector.
Je m'en tirerai bien, Hector, je t'en réponds.

## ACTE II, SCÈNE XIV.

(à madame La Ressource, montrant le portrait d'Angélique.)
Peut-on sur ce bijou, sans trop de complaisance?...

###### M^me LA RESSOURCE.

Oui, je puis maintenant prêter en conscience;
Je vois des diamants qui répondent du prêt,
Et qui peuvent porter un modeste intérêt.
Voilà les mille écus comptés dans cette bourse.

###### VALÈRE.

Je vous suis obligé, madame La Ressource.
Au moins, ne manquez pas de revenir tantôt;
Je prétends retirer mon portrait au plus tôt.

###### M^me LA RESSOURCE.

Volontiers. Nous aimons à changer de la sorte.
Plus notre argent fatigue, et plus il nous rapporte.
Adieu, Messieurs. Je suis tout à vous à ce prix.
(Elle sort.)

###### HECTOR, à madame La Ressource.

Adieu, juif, le plus juif qui soit dans tout Paris.

## SCÈNE XV.

### VALÈRE, HECTOR.

###### HECTOR.

Vous faites là, Monsieur, une action inique.

## VALÈRE.

Aux maux désespérés il faut de l'émétique :
Et cet argent, offert par les mains de l'amour,
Me dit que la fortune est pour moi dans ce jour.

**FIN DU SECOND ACTE.**

# ACTE TROISIÈME.

## SCÈNE PREMIÈRE.

### DORANTE, NÉRINE.

DORANTE.

Quel est donc le sujet pourquoi ton cœur soupire ?

NÉRINE.

Nous n'avons pas, Monsieur, tous deux sujet de rire.

DORANTE.

Dis-moi donc, si tu veux, le sujet de tes pleurs.

NÉRINE.

Il faut aller, Monsieur, chercher fortune ailleurs.

DORANTE.

Chercher fortune ailleurs ! As-tu fait quelque pièce
Qui t'auroit fait sitôt chasser de ta maîtresse ?

NÉRINE, *pleurant plus fort.*

Non : c'est de votre sort dont j'ai compassion,
Et c'est à vous d'aller chercher condition.

DORANTE.

Que dis-tu ?

NÉRINE.

Qu'Angélique est une âme légère,
Et s'est mieux que jamais rengagée à Valère.

DORANTE.

Quoique pour mon amour ce coup soit assommant,

Je ne suis point surpris d'un pareil changement.
Je sais que cet amant tout entière l'occupe :
De ses ardeurs pour moi je ne suis point la dupe ;
Et lorsque de ses feux je sens quelque retour,
Je dois tout au dépit, et rien à son amour.
Je ne veux point, Nérine, éclater en injures,
Ni rappeler ici ses serments, ses parjures ;
Ainsi que mon amour, je calme mon courroux.

NÉRINE.

Si vous saviez, Monsieur, ce que j'ai fait pour vous!

DORANTE.

Tiens, reçois cette bague, et dis à ta maîtresse
Que, malgré ses dédains, elle aura ma tendresse,
Et que la voir heureuse est mon plus grand bonheur.

NÉRINE, *prenant la bague en pleurant.*

Ah! ah! je n'en puis plus ; vous me fendez le cœur.

## SCÈNE II.

GÉRONTE, HECTOR, DORANTE, NÉRINE.

HECTOR, à Géronte.

Oui, Monsieur, Angélique épousera Valère.
Ils ont signé la paix.

GÉRONTE.

(à Hector.)     (à Dorante.)
Tant mieux. Bonjour, mon frère.

Qu'est-ce? Eh bien! qu'avez-vous? Vous êtes tout changé!
Allons, gai. Vous a-t-on donné votre congé?

DORANTE.

Vous êtes bien instruit des chagrins qu'on me donne!
On ne me verra point violenter personne;
Et quand je perds un cœur qui cherche à s'éloigner,
Mon frère, je prétends moins perdre que gagner.

GÉRONTE.

Voilà les sentiments d'un héros de Cassandre.
Entre nous, vous aviez fort grand tort de prétendre
Que sur votre neveu vous pussiez l'emporter.

DORANTE.

Non; je ne sus jamais jusque-là me flatter.
La jeunesse toujours eut des droits sur les belles;
L'Amour est un enfant qui badine avec elles :
Et quand, à certain âge, on veut se faire aimer,
C'est un soin indiscret qu'on devroit réprimer.

GÉRONTE.

Je suis, en vérité, ravi de vous entendre,
Et vous prenez la chose ainsi qu'il la faut prendre.

NÉRINE.

Si l'on m'en avoit cru, tout n'en iroit que mieux.

DORANTE.

Ma présence est assez inutile en ces lieux.
Je vais de mon amour tâcher à me défaire.

(Il sort.)

## LE JOUEUR,

GÉRONTE.

Allez, consolez-vous; c'est fort bien fait, mon frère.
Adieu.

## SCÈNE III.

GÉRONTE, NÉRINE, HECTOR.

GÉRONTE.

Le pauvre enfant! son sort me fait pitié.

NÉRINE, s'en allant.

J'en ai le cœur saisi.

HECTOR.

Moi, j'en pleure à moitié.

Le pauvre homme!

## SCÈNE IV.

GÉRONTE, HECTOR.

HECTOR, tirant un papier roulé avec plusieurs autres papiers.

Voila, Monsieur, un petit rôle
Des dettes de mon maître. Il vous tient sa parole,
Comme vous le voyez; et croit qu'en tout ceci
Vous voudrez bien, Monsieur, tenir la vôtre aussi.

### GÉRONTE.

Çà, voyons, expédie au plus tôt ton affaire.

### HECTOR.

J'aurai fait en deux mots. L'honnête homme de père!
Ah! qu'à notre secours à propos vous venez!
Encore un jour plus tard nous étions ruinés.

### GÉRONTE.

Je le crois.

### HECTOR.

N'allez pas sur les points vous débattre :
Foi d'honnête garçon, je n'en puis rien rabattre :
Les choses sont, Monsieur, tout au plus juste prix;
De plus, je vous promets que je n'ai rien omis.

### GÉRONTE.

Finis donc.

### HECTOR.

Il faut bien se mettre sur ses gardes.
« Mémoire juste et bref de nos dettes criardes,
» Que Mathurin Géronte auroit tantôt promis
» Et promet maintenant de payer pour son fils. »

### GÉRONTE.

Que je les paye ou non, ce n'est pas ton affaire.
Lis toujours.

### HECTOR.

C'est, Monsieur, ce que je m'en vais faire.
« *Item*, doit à Richard cinq cents livres dix sous,
» Pour gages de cinq ans, frais, mises, loyaux-coûts. »

GÉRONTE.

Quel est ce Richard ?

HECTOR.

Moi, fort à votre service.
Ce nom n'étant point fait du tout à la propice
D'un valet de joueur, je me suis de nouveau
Donné celui d'Hector, du valet de carreau.

GÉRONTE.

Le beau nom !

HECTOR.

C'est un nom d'une nouvelle espèce,
Qui part de mon esprit, fécond en gentillesse.
« Secondement, il doit à Jérémie Aaron,
« Usurier de métier, juif de religion.... »

GÉRONTE.

Tout beau ! n'embrouillons point, s'il vous plaît, les affaires;
Je ne veux point payer les dettes usuraires.

HECTOR.

Eh bien ! soit. « Plus, il doit à maints particuliers,
« Ou quidams, dont les noms, qualités et métiers
« Sont décrits plus au long avecque les parties,
« Et assignations dont je tiens les copies,
« Dont tous lesdits quidams, ou du moins peu s'en faut,
« Ont obtenu déjà sentence par défaut,
« La somme de dix mille une livre une obole,
« Pour l'avoir, sans relâche, un an, sur sa parole,
« Habillé, voituré, coiffé, chaussé, ganté,

## ACTE III, SCÈNE IV.

« Alimenté, rasé, désaltéré, porté. »

GÉRONTE, faisant sauter les papiers que tient Hector.

Désaltéré, porté! Que le diable t'emporte,
Et ton maudit mémoire écrit de telle sorte.

HECTOR, après avoir ramassé les papiers.

Si vous ne m'en croyez, demain, pour vous trouver,
J'enverrai les quidams tous à votre lever.

GÉRONTE.

La belle cour!

HECTOR.

« De plus, à Madame une telle,
« Pour certaine maison que nous occupons d'elle,
« Sise vers le rempart, deux cent cinquante écus,
« Pour parfait payement de cinq quartiers échus. »

GÉRONTE.

Quelle est cette maison?

HECTOR.

Monsieur, c'est un asile
Où nous nous retirons du fracas de la ville;
Où mon maître, la nuit, pour noyer son chagrin,
Fait entrer sans payer quelques quartauts de vin.

GÉRONTE.

Et tu prétends, bourreau!...

HECTOR, tournant le rôle.

Monsieur, point d'invectives;
Voici le contenu de nos dettes actives :
Et vous allez bien voir que le compte suivant,

Payé fidèlement, se monte à presque autant.

GÉRONTE.

Voyons.

HECTOR.

« Premièrement, Isaac de la Serre.... »
Il est connu de vous.

GÉRONTE.

Et de toute la terre.
C'est ce négociant, ce banquier si fameux.

HECTOR.

Nous ne vous donnons pas de ces effets véreux;
Cela sent comme baume. Or donc ce de la Serre,
Si bien connu de vous et de toute la terre,
Ne nous doit rien.

GÉRONTE.

Comment!

HECTOR.

Mais un de ses parents,
Mort aux champs de Fleurus, nous doit dix mille francs.

GÉRONTE.

Voilà certainement un effet fort bizarre.

HECTOR.

Oh! s'il n'étoit pas mort, c'étoit de l'or en barre.
« Plus, à mon maître est dû, du chevalier Fijac,
« Les droits hypothéqués sur un tour de trictrac. »

GÉRONTE.

Que dis-tu?

## ACTE III, SCÈNE IV.

HECTOR.

La partie est de deux cents pistoles;
C'est une dupe; il fait en un tour vingt écoles:
Il ne faut plus qu'un coup.

GÉRONTE, lui donnant un soufflet.

Tiens, maraud, le voilà,
Pour m'offrir un mémoire égal à celui-là.
Va porter cet argent à celui qui t'envoie.

HECTOR.

Il ne voudra jamais prendre cette monnoie.

GÉRONTE.

Impertinent maraud! va, je t'apprendrai bien
Avecque ton trictrac....

HECTOR.

Il a dix trous à rien.

## SCÈNE V.

HECTOR, seul.

Sa main est à frapper, non à donner, légère;
Et mon maître a bien fait de faire ailleurs affaire.

## SCÈNE VI.

### VALÈRE, HECTOR.

(Valère entre en comptant beaucoup d'argent dans son chapeau.)

#### HECTOR, à part.

Mais le voici qui vient poussé d'un heureux vent :
Il a les yeux sereins et l'accueil avenant.
   (Haut.)
Par votre ordre, Monsieur, j'ai vu monsieur Géronte,
Qui de notre mémoire a fait fort peu de compte :
Sa monnoie est frappée avec un vilain coin,
Et de pareil argent nous n'avons pas besoin.
J'ai vu, chemin faisant, aussi monsieur Dorante :
Morbleu ! qu'il est fâché !

#### VALÈRE, comptant toujours.

    Mille deux cent cinquante.

#### HECTOR, à part.

La flotte est arrivée avec les galions ;
Cela va diablement hausser nos actions.
   (Haut.)
J'ai vu pareillement, par votre ordre, Angélique ;
Elle m'a dit....

#### VALÈRE, frappant du pied.

    Morbleu ! ce dernier coup me pique ;
Sans les cruels revers de deux coups inouïs,

## ACTE III, SCÈNE VI.

J'aurois encor gagné plus de deux cents louis.

HECTOR.

Cette fille, Monsieur, de votre amour est folle.

VALÈRE, à part.

Damon m'en doit encor deux cents sur sa parole.

HECTOR, le tirant par la manche.

Monsieur, écoutez-moi; calmez un peu vos sens;
Je parle d'Angélique, et depuis fort long-temps.

VALÈRE, avec distraction.

Ah! d'Angélique? Eh bien! comment suis-je avec elle?

HECTOR.

On n'y peut être mieux. Ah! Monsieur, qu'elle est belle!
Et que j'ai de plaisir à vous voir raccroché!

VALÈRE, avec distraction.

A te dire le vrai, je n'en suis pas fâché.

HECTOR.

Comment! quelle froideur s'empare de votre âme!
Quelle glace! Tantôt vous étiez tout de flamme.
Ai-je tort quand je dis que l'argent de retour
Vous fait faire toujours banqueroute à l'amour?
Vous vous sentez en fonds, *ergo* plus de maîtresse.

VALÈRE.

Ah! juge mieux, Hector, de l'amour qui me presse.
J'aime autant que jamais; mais sur ma passion
J'ai fait, en te quittant, quelque réflexion.
Je ne suis point du tout né pour le mariage.

Des parents, des enfants, une femme, un ménage,
Tout cela me fait peur. J'aime ma liberté.

HECTOR.

Et le libertinage.

VALÈRE.

Hector, en vérité,
Il n'est point dans le monde un état plus aimable
Que celui d'un joueur : sa vie est agréable ;
Ses jours sont enchaînés par des plaisirs nouveaux ;
Comédie, opéra, bonne chère, cadeaux :
Il traîne en tous les lieux la joie et l'abondance :
On voit régner sur lui l'air de magnificence ;
Tabatières, bijoux : sa poche est un trésor :
Sous ses heureuses mains le cuivre devient or.

HECTOR.

Et l'or devient à rien.

VALÈRE.

Chaque jour mille belles
Lui font la cour par lettre, et l'invitent chez elles :
La porte, à son aspect, s'ouvre à deux grands battants :
Là, vous trouvez toujours des gens divertissants ;
Des femmes qui jamais n'ont pu fermer la bouche,
Et qui sur le prochain vous tirent à cartouche ;
Des oisifs de métier, et qui toujours sur eux
Portent de tout Paris le lardon scandaleux ;
Des Lucrèces du temps, là, de ces filles veuves,
Qui veulent imposer et se donner pour neuves ;

De vieux seigneurs toujours prêts à vous cajoler ;
Des plaisants qui font rire avant que de parler.
Plus agréablement peut-on passer la vie ?

#### HECTOR.

D'accord. Mais quand on perd, tout cela vous ennuie.

#### VALÈRE.

Le jeu rassemble tout ; il unit à la fois
Le turbulent marquis, le paisible bourgeois.
La femme du banquier, dorée et triomphante,
Coupe orgueilleusement la duchesse indigente.
Là, sans distinction, on voit aller de pair
Le laquais d'un commis avec un duc et pair ;
Et quoi qu'un sort jaloux nous ait fait d'injustices,
De sa naissance ainsi l'on venge les caprices.

#### HECTOR.

A ce qu'on peut juger de ce discours charmant,
Vous voilà donc en grâce avec l'argent comptant.
Tant mieux. Pour se conduire en bonne politique,
Il faudroit retirer le portrait d'Angélique.

#### VALÈRE.

Nous verrons.

#### HECTOR.

  Vous savez....

#### VALÈRE.

      Je dois jouer tantôt.

#### HECTOR.

Tirez-en mille écus.

## VALÈRE.
Oh! non, c'est un dépôt....

## HECTOR.
Pour mettre quelque chose à l'abri des orages,
S'il vous plaisoit du moins de me payer mes gages.

## VALÈRE.
Quoi! je te dois?

## HECTOR.
Depuis que je suis avec vous,
Je n'ai pas, en cinq ans, encor reçu cinq sous.

## VALÈRE.
Mon père te paîra, l'article est au mémoire.

## HECTOR.
Votre père? Ah! Monsieur, c'est une mer à boire.
Son argent n'a point cours, quoiqu'il soit bien de poids.

## VALÈRE.
Va, j'examinerai ton compte une autre fois.
J'entends venir quelqu'un.

## HECTOR.
Je vois votre sellière.
Elle a flairé l'argent.

## VALÈRE, mettant promptement son argent dans sa poche.
Il faut nous en défaire.

## HECTOR.
Et monsieur Galonier, votre honnête tailleur.

## VALÈRE.
Quel contre-temps!

## SCÈNE VII.

#### M<sup>me</sup> ADAM, M. GALONIER, VALÈRE, HECTOR.

##### VALÈRE.

Je suis votre humble serviteur.
Bonjour, madame Adam. Quelle joie est la mienne !
Vous voir! c'est du plus loin, parbleu, qu'il me souvienne.

##### M<sup>me</sup> ADAM.

Je viens pourtant ici souvent faire ma cour ;
Mais vous jouez la nuit, et vous dormez le jour.

##### VALÈRE.

C'est pour cette calèche à velours à ramage ?

##### M<sup>me</sup> ADAM.

Oui, s'il vous plaît.

##### VALÈRE.

Je suis fort content de l'ouvrage,
(Bas à Hector.)
Il faut vous le payer.... Songe par quel moyen
Tu pourras me tirer de ce triste entretien.
(Haut.)
Vous, monsieur Galonier, quel sujet vous amène?

##### M. GALONIER.

Je viens vous demander....

##### HECTOR, à M. Galonier.

Vous prenez trop de peine.

M. GALONIER, à Valère.

Vous....

HECTOR, à M. Galonier.

Vous faites toujours mes habits trop étroits.

M. GALONIER, à Valère.

Si....

HECTOR, à M. Galonier.

Ma culotte s'use en deux ou trois endroits.

M. GALONIER, à Valère.

Je....

HECTOR, à M. Galonier.

Vous cousez si mal....

M$^{me}$ ADAM.

Nous marions ma fille.

VALÈRE.

Quoi! vous la mariez? Elle est vive et gentille,
Et son époux futur doit en être content.

M$^{me}$ ADAM.

Nous aurions grand besoin d'un peu d'argent comptant.

VALÈRE.

Je veux, madame Adam, mourir à votre vue,
Si j'ai....

M$^{me}$ ADAM.

Depuis long-temps cette somme m'est due.

VALÈRE.

Que je sois un maraud, déshonoré cent fois,
Si l'on m'a vu toucher un sou depuis six mois.

## ACTE III, SCÈNE VII.

HECTOR.

Oui, nous avons tous deux, par piété profonde,
Fait vœu de pauvreté : nous renonçons au monde.

M. GALONIER.

Que votre cœur pour moi se laisse un peu toucher.
Notre femme est, Monsieur, sur le point d'accoucher.
Donnez-moi cent écus sur et tant moins des dettes.

HECTOR, à M. Galonier.

Et de quoi diable aussi, du métier dont vous êtes,
Vous avisez-vous-là de faire des enfants?
Faites-moi des habits.

M. GALONIER.

Seulement deux cents francs.

VALÈRE.

Eh! mais.... si j'en avois.... Comptez que dans la vie
Personne de payer n'eut jamais tant d'envie.
Demandez....

HECTOR.

S'il avoit quelques deniers comptants,
Ne me paîroit-il pas mes gages de cinq ans?
Votre dette n'est pas meilleure que la mienne.

Mme ADAM.

Mais quand faudra-t-il donc, Monsieur, que je revienne?

VALÈRE.

Mais... quand il vous plaira... Dès demain; que sait-on?

HECTOR.

Je vous avertirai quand il y fera bon.

M. GALONIER.

Pour moi, je ne sors point d'ici qu'on ne m'en chasse.

HECTOR, à part.

Non, je ne vis jamais d'animal si tenace.

VALÈRE.

Écoutez, je vous dis un secret qui, je croi,
Vous plaira dans la suite autant et plus qu'à moi.
Je vais me marier tout-à-fait; et mon père
Avec mes créanciers doit me tirer d'affaire.

HECTOR.

Pour le coup....

M<sup>me</sup> ADAM.

Il me faut de l'argent cependant.

HECTOR.

Cette raison vaut mieux que de l'argent comptant.
Montrez-nous les talons.

M. GALONIER.

Monsieur, ce mariage
Se fera-t-il bientôt?

HECTOR.

Tout au plus tôt. J'enrage!

M<sup>me</sup> ADAM.

Sera-ce dans ce jour?

HECTOR.

Nous l'espérons. Adieu.
Sortez. Nous attendons la future en ce lieu :
Si l'on vous trouve ici, vous gâterez l'affaire.

### ACTE III, SCÈNE VII.

M<sup>me</sup> ADAM.

Vous me promettez donc....

HECTOR.

Allez, laissez-moi faire.

M<sup>me</sup> ADAM et M. GALONIER, ensemble.

Mais, Monsieur....

HECTOR, les mettant dehors.

Que de bruit! oh! parbleu, détalez.

## SCENE VIII.

### VALÈRE, HECTOR.

HECTOR, riant.

Voilà des créanciers assez bien régalés.
Vous devriez pourtant, en fonds comme vous êtes....

VALÈRE.

Rien ne porte malheur comme payer ses dettes.

HECTOR.

Ah! je ne dois donc plus m'étonner désormais
Si tant d'honnêtes gens ne les paient jamais.

## SCÈNE IX.

LE MARQUIS, trois laquais, VALÈRE, HECTOR.

HECTOR.

Mais voici le marquis, ce héros de tendresse.

VALÈRE.

C'est là le soupirant?....

HECTOR.

Oui, de notre Comtesse.

LE MARQUIS, vers la coulisse.

Que ma chaise se tienne à deux cents pas d'ici.
Et vous, mes trois laquais, éloignez-vous aussi.
Je suis incognito.

(Les laquais sortent.)

## SCÈNE X.

LE MARQUIS, VALÈRE, HECTOR.

HECTOR, à Valère.

Que prétend-il donc faire?

LE MARQUIS, à Valère.

N'est-ce pas vous, Monsieur, qui vous nommez Valère?

## ACTE III, SCÈNE X.

#### VALÈRE.

Oui, Monsieur; c'est ainsi qu'on m'a toujours nommé.

#### LE MARQUIS.

Jusques au fond du cœur j'en suis, parbleu, charmé.
Faites que ce valet à l'écart se retire.

#### VALÈRE, à Hector.

Va-t'en.

#### HECTOR.

Monsieur....

#### VALÈRE.

Va-t'en : faut-il te le redire?

---

## SCÈNE XI.

### LE MARQUIS, VALÈRE.

#### LE MARQUIS.

Savez-vous qui je suis?

#### VALÈRE.

Je n'ai pas cet honneur.

#### LE MARQUIS, à part.

Courage; allons, Marquis, montre de la vigueur :
  (Bas.)  (Haut.)
Il craint. Je suis pourtant fort connu dans la ville;
Et, si vous l'ignorez, sachez que je faufile
Avec ducs, archiducs, princes, seigneurs, marquis,

Et tout ce que la cour offre de plus exquis ;
Petits-maîtres de robe à courte et longue queue.
J'évente les beautés et leur plais d'une lieue.
Je m'érige aux repas en maître architriclin ;
Je suis le chansonnier et l'âme du festin.
Je suis parfait en tout. Ma valeur est connue ;
Je ne me bats jamais qu'aussitôt je ne tue :
De cent jolis combats je me suis démêlé :
J'ai la botte trompeuse et le jeu très-brouillé.
Mes aïeux sont connus ; ma race est ancienne ;
Mon trisaïeul étoit vice-bailli du Maine.
J'ai le vol du chapon : ainsi, dès le berceau,
Vous voyez que je suis gentilhomme Manceau.

VALÈRE.

On le voit à votre air.

LE MARQUIS.

J'ai sur certaine femme,
Jeté, sans y songer, quelque amoureuse flamme.
J'ai trouvé la matière assez sèche de soi ;
Mais la belle est tombée amoureuse de moi.
Vous le croyez sans peine ; on est fait d'un modèle
A prétendre hypothèque, à fort bon droit, sur elle ;
Et vouloir faire obstacle à de telles amours,
C'est prétendre arrêter un torrent dans son cours.

VALÈRE.

Je ne crois pas, Monsieur, qu'on fût si téméraire.

## ACTE III, SCÈNE XI.

LE MARQUIS.

On m'assure pourtant que vous le voulez faire.

VALÈRE.

Moi?

LE MARQUIS.

Que, sans respecter ni rang, ni qualité,
Vous nourrissez dans l'âme une velléité
De me barrer son cœur.

VALÈRE.

C'est pure médisance;
Je sais ce qu'entre nous le sort mit de distance.

LE MARQUIS.

(Bas.) (Haut.)
Il tremble. Savez-vous, monsieur du Lansquenet,
Que j'ai de quoi rabattre ici votre caquet?

VALÈRE.

Je le sais.

LE MARQUIS.

Vous croyez, en votre humeur caustique,
En agir avec moi comme avec l'as de pique.

VALÈRE.

Moi, Monsieur?

LE MARQUIS.

(Bas.) (Haut.)
Il me craint. Vous faites le plongeon,
Petit noble à nasarde, enté sur sauvageon.
( *Valère enfonce son chapeau.* )

(Bas.) (Haut.)
Je crois qu'il a du cœur. Je retiens ma colère:
Mais....

VALÈRE, mettant la main sur son épée.

Vous le voulez donc? Il faut vous satisfaire.

LE MARQUIS.

Bon! bon! je ris.

VALÈRE.

Vos ris ne sont point de mon goût,
Et vos airs insolents ne plaisent point du tout.
Vous êtes un faquin.

LE MARQUIS.

Cela vous plaît à dire.

VALÈRE.

Un fat, un malheureux.

LE MARQUIS.

Monsieur, vous voulez rire.

VALÈRE, mettant l'épée à la main.

Il faut voir sur-le-champ si les vice-baillis
Sont si francs du collier que vous l'avez promis.

LE MARQUIS.

Mais faut-il nous brouiller pour un sot point de gloire?

VALÈRE.

Oh! le vin est tiré: Monsieur, il le faut boire.

LE MARQUIS, criant.

Ah! ah! je suis blessé.

## SCÈNE XII.

### LE MARQUIS, VALÈRE, HECTOR.

HECTOR, accourant.

Quels desseins emportés?....

LE MARQUIS, mettant l'épée à la main.

Ah! c'est trop endurer.

HECTOR, au Marquis.

Ah! Monsieur, arrêtez.

LE MARQUIS, à Hector.

Laissez-moi donc.

HECTOR, au Marquis.

Tout beau.

VALÈRE, à Hector.

Cesse de le contraindre :
Va, c'est un malheureux qui n'est pas bien à craindre.

HECTOR, au Marquis.

Quel sujet?....

LE MARQUIS, fièrement à Hector.

Votre maître a certains petits airs....
(Valère s'approche du Marquis.)
(Le Marquis effrayé dit doucement :)
Et prend mal à propos les choses de travers.
On vient civilement pour s'éclaircir d'un doute,
Et Monsieur prend la chèvre; il met tout en déroute,

Fait le petit mutin. Oh! cela n'est pas bien.

HECTOR, au Marquis.

Mais encor quel sujet?

LE MARQUIS, à Hector.

Quel sujet? Moins que rien.
L'amour de la Comtesse auprès de lui m'appelle....

HECTOR, au Marquis.

Ah! diable, c'est avoir une vieille querelle.
Quoi! vous osez, Monsieur, d'un cœur ambitieux,
Sur notre patrimoine ainsi jeter les yeux!
Attaquer la Comtesse, et nous le dire encore!

LE MARQUIS, à Hector.

Bon! je ne l'aime pas; c'est elle qui m'adore.

VALÈRE, au Marquis.

Oh! vous pouvez l'aimer autant qu'il vous plaira;
C'est un bien que jamais on ne vous envîra :
Vous êtes en effet un amant digne d'elle :
Je vous cède les droits que j'ai sur cette belle.

HECTOR.

Oui, les droits sur le cœur; mais sur la bourse, non.

LE MARQUIS, à part, mettant son épée dans le fourreau.

Je le savois bien, moi, que j'en aurois raison;
Et voilà comme il faut se tirer d'une affaire.

HECTOR, au Marquis.

N'auriez-vous point besoin d'un peu d'eau vulnéraire?

LE MARQUIS, à Valère.

Je suis ravi de voir que vous avez du cœur,

# ACTE III, SCÈNE XII.

Et que le tout se soit passé dans la douceur.
Serviteur. Vous et moi nous en valons deux autres.
Je suis de vos amis.

VALÈRE.

Je ne suis pas des vôtres.

## SCENE XIII.
### VALÈRE, HECTOR.

VALÈRE.

Voila donc ce Marquis, cet homme dangereux?

HECTOR.

Oui, Monsieur, le voilà.

VALÈRE.

C'est un grand malheureux.
Je crains que mes joueurs ne soient sortis du gîte;
Ils ont trop attendu ; j'y retourne au plus vite.
J'ai dans le cœur, Hector, un bon pressentiment;
Et je dois aujourd'hui gagner, assurément.

HECTOR.

Votre cœur est, Monsieur, toujours insatiable.
Ces inspirations viennent souvent du diable ;
Je vous en avertis, c'est un futé matois.

VALÈRE.

Elles m'ont réussi déjà plus d'une fois.

HECTOR.

Tant va la cruche à l'eau....

VALÈRE.

Paix. Tu veux contredire:
A mon âge, crois-tu m'apprendre à me conduire?

HECTOR.

Vous ne me parlez point, Monsieur, de votre amour.

VALÈRE.

Non.

## SCÈNE XIV.

HECTOR, seul.

Il m'en parlera peut-être à son retour.

FIN DU TROISIÈME ACTE.

# ACTE QUATRIÈME.

## SCÈNE PREMIÈRE.
### ANGÉLIQUE, NÉRINE.

#### NÉRINE.

En vain vous m'opposez une indigne tendresse,
Je n'ai vu de mes jours avoir tant de mollesse.
Je ne puis sur ce point m'accorder avec vous.
Valère n'est point fait pour être votre époux;
Il ressent pour le jeu des fureurs nonpareilles,
Et cet homme perdra quelque jour ses oreilles.

#### ANGÉLIQUE.
Le temps le guérira de cet aveuglement.

#### NÉRINE.
Le temps augmente encore un tel attachement.

#### ANGÉLIQUE.
Ne combats plus, Nérine, une ardeur qui m'enchante :
Tu prendrois pour l'éteindre une peine impuissante.
Il est des nœuds formés sous des astres malins,
Qu'on chérit malgré soi. Je cède à mes destins.
La raison, les conseils ne peuvent m'en distraire,
Je vois le bon parti; mais je prends le contraire.

#### NÉRINE.
Eh bien! Madame, soit; contentez votre ardeur,

J'y consens. Acceptez pour époux un joueur,
Qui, pour porter au jeu son tribut volontaire,
Vous laissera manquer même du nécessaire ;
Toujours triste ou fougueux, pestant contre le jeu,
Ou d'avoir perdu trop, ou bien gagné trop peu.
Quel charme qu'un époux qui, flattant sa manie,
Fait vingt mauvais marchés tous les jours de sa vie;
Prend pour argent comptant, d'un usurier fripon,
Des singes, des pavés, un chantier, du charbon;
Qu'on voit à chaque instant prêt à faire querelle
Aux bijoux de sa femme, ou bien à sa vaisselle,
Qui va, revient, retourne, et s'use à voyager
Chez l'usurier, bien plus qu'à donner à manger,
Quand, après quelque temps, d'intérêts surchargée,
Il la laisse où d'abord elle fut engagée,
Et prend, pour remplacer ses meubles écartés,
Des diamants du Temple, et des plats argentés ;
Tant que, dans sa fureur, n'ayant plus rien à vendre,
Empruntant tous les jours, et ne pouvant plus rendre,
Sa femme signe enfin, et voit en moins d'un an
Ses terres en décret, et son lit à l'encan !

ANGÉLIQUE.

Je ne veux point ici m'affliger par avance ;
L'événement souvent confond la prévoyance.
Il quittera le jeu.

NÉRINE.

Quiconque aime, aimera ;

Et quiconque a joué, toujours joue, et joûra.
Certain docteur l'a dit, ce n'est point menterie;
Et, si vous le voulez, contre vous je parie
Tout ce que je possède, et mes gages d'un an,
Qu'à l'heure que je parle il est dans un brelan.

## SCÈNE II.

ANGÉLIQUE, NÉRINE, HECTOR.

NÉRINE.

Nous le saurons d'Hector qu'ici je vois paroître.

ANGÉLIQUE, à Hector.

Te voilà bien soufflant. En quels lieux est ton maître ?

HECTOR, embarrassé.

En quelque lieu qu'il soit, je réponds de son cœur;
Il sent toujours pour vous la plus sincère ardeur.

NÉRINE.

Ce n'est point là, maraud, ce que l'on te demande.

HECTOR, voulant s'échapper.

Maraud! je vois qu'ici je suis de contrebande.

NÉRINE.

Non, demeure un moment.

HECTOR.

Le temps me presse. Adieu.

NÉRINE.

Tout doux. N'est-il pas vrai qu'il est en quelque lieu

Où, courant le hasard....

HECTOR.

Parlez mieux, je vous prie.
Mon maître n'a hanté de tels lieux de sa vie.

ANGÉLIQUE, à Hector.

Tiens, voilà dix louis. Ne me ments pas ; dis-moi
S'il n'est pas vrai qu'il joue à présent.

HECTOR.

Oh! ma foi,
Il est bien revenu de cette folle rage,
Et n'aura pas de goût pour le jeu davantage.

ANGÉLIQUE.

Avec tes faux soupçons, Nérine, eh bien, tu vois !

HECTOR.

Il s'en donne aujourd'hui pour la dernière fois.

ANGÉLIQUE.

Il joûroit donc ?

HECTOR.

Il joue, à dire vrai, Madame ;
Mais ce n'est proprement que par noblesse d'âme :
On voit qu'il se défait de son argent exprès,
Pour n'être plus touché que de vos seuls attraits.

NÉRINE, à Angélique.

Eh bien ! ai-je raison ?

HECTOR.

Son mauvais sort, vous dis-je,
Mieux que tous vos discours aujourd'hui le corrige.

ACTE IV, SCÈNE II.

ANGÉLIQUE.

Quoi!...

HECTOR.

N'admirez-vous pas cette fidélité ?
Perdre exprès son argent pour n'être plus tenté !
Il sait que l'homme est foible, il se met en défense.
Pour moi, je suis charmé de ce trait de prudence..

ANGÉLIQUE.

Quoi ! ton maître joûroit au mépris d'un serment ?

HECTOR.

C'est la dernière fois, Madame, absolument.
On le peut voir encor sur le champ de bataille,
Il frappe à droite, à gauche, et d'estoc et de taille ;
Il se défend, Madame, encor comme un lion.
Je l'ai vu, dans l'effort de la convulsion,
Maudissant les hasards d'un combat trop funeste :
De sa bourse expirante il ramassoit le reste ;
Et paroissant encor plus grand dans son malheur,
Il vendoit cher son sang et sa vie au vainqueur.

NÉRINE.

Pourquoi l'as-tu quitté dans cette décadence ?

HECTOR.

Comme un aide-de-camp, je viens en diligence
Appeler du secours : il faut faire approcher
Notre corps de réserve, et je m'en vais chercher
Deux cents louis qu'il a laissés dans sa cassette.

NÉRINE.

Eh bien! Madame, eh bien! êtes-vous satisfaite?

HECTOR.

Les partis sont aux mains; à deux pas on se bat,
Et les moments sont chers en ce jour de combat.
Nous allons nous servir de nos armes dernières,
Et des troupes qu'au jeu l'on nomme auxiliaires.

## SCENE III.

ANGÉLIQUE, NÉRINE.

NÉRINE.

Vous l'entendez, Madame! Après cette action,
Pour Valère armez-vous de belle passion;
Cédez à votre étoile; épousez-le. J'enrage
Lorsque j'entends tenir ce discours à votre âge.
Mais Dorante qui vient....

ANGÉLIQUE.

     Ah! sortons de ces lieux :
Je ne puis me résoudre à paroître à ses yeux.

## SCÈNE IV.

### DORANTE, ANGÉLIQUE, NÉRINE.

DORANTE, à Angélique qui sort.

Hé quoi! vous me fuyez? Daignez au moins m'apprendre...

## SCÈNE V.

### DORANTE, NÉRINE.

DORANTE.

Et toi, Nérine, aussi, tu ne veux pas m'entendre ?
Veux-tu de ta maîtresse imiter la rigueur ?

NÉRINE.

Non, Monsieur; je vous sers toujours avec vigueur.
Laissez-moi faire.

## SCÈNE VI.

### DORANTE, seul.

O ciel ! ce trait me désespère.
Je veux approfondir un si cruel mystère.

( Il va pour sortir.)

## SCÈNE VII.

### LA COMTESSE, DORANTE.

LA COMTESSE.

Ou courez-vous, Dorante ?

DORANTE, à part.

O contre-temps fâcheux !
Cherchons à l'éviter.

LA COMTESSE.

Demeurez en ces lieux,
J'ai deux mots à vous dire, et votre âme contente....
Mais non, retirez-vous ; un homme m'épouvante.
L'ombre d'un tête-à-tête, et dedans et dehors,
Me fait, même en été, frissonner tout le corps.

DORANTE, allant pour sortir.

J'obéis....

LA COMTESSE.

Revenez. Quelque espoir qui vous guide,
Le respect à l'amour saura servir de bride,
N'est-il pas vrai ?

DORANTE.

Madame....

LA COMTESSE.

En ce temps, les amants
Près du sexe d'abord sont si gesticulants....

Quoiqu'on soit vertueuse, il faut telle paroître,
Et cela quelquefois coûte bien plus qu'à l'être.

### DORANTE.

Madame....

### LA COMTESSE.

En vérité, j'ai le cœur douloureux
Qu'Angélique si mal reconnoisse vos feux,
Et si je n'avois pas une vertu sévère
Qui me fait renfermer dans un veuvage austère,
Je pourrois bien.... Mais non, je ne puis vous ouïr ;
Si vous continuez, je vais m'évanouir.

### DORANTE.

Madame....

### LA COMTESSE.

Vos discours, votre air soumis et tendre
Ne feront que m'aigrir, au lieu de me surprendre.
Bannissons la tendresse ; il faut la supprimer.
Je ne puis, en un mot, me résoudre d'aimer.

### DORANTE.

Madame, en vérité, je n'en ai nulle envie,
Et veux bien avec vous n'en parler de ma vie.

### LA COMTESSE.

Voilà, je vous l'avoue, un fort sot compliment.
Me trouvez-vous, Monsieur, femme à manquer d'amant ?
J'ai mille adorateurs qui briguent ma conquête,
Et leur encens trop fort me fait mal à la tête.
Ah ! vous le prenez là sur un fort joli ton,

En vérité !
#### DORANTE.
Madame....
#### LA COMTESSE.
Et je vous trouve bon !
#### DORANTE.
Le respect....
#### LA COMTESSE.
Le respect est là mal en sa place,
Et l'on ne me dit point pareille chose en face.
Si tous mes soupirants pouvoient me négliger,
Je ne vous prendrois pas pour m'en dédommager.
Du respect ! du respect ! Ah ! le plaisant visage !
#### DORANTE.
J'ai cru que vous pouviez l'inspirer à votre âge.
Mais monsieur le Marquis, qui paroît en ces lieux,
Ne sera pas peut-être aussi respectueux.

## SCÈNE VIII.

### LA COMTESSE, seule.

Je suis au désespoir : je n'ai vu de ma vie
Tant de relâchement dans la galanterie.
Le Marquis vient ; il faut m'assurer un parti,
Et je n'en prétends pas avoir le démenti.

## SCÈNE IX.

#### LE MARQUIS, LA COMTESSE.

LE MARQUIS.

A mon bonheur enfin, Madame, tout conspire :
Vous êtes tout à moi.

LA COMTESSE.

Que voulez-vous donc dire,
Marquis ?

LE MARQUIS.

Que mon amour n'a plus de concurrent,
Que je suis et serai votre seul conquérant ;
Que si vous ne battez au plus tôt la chamade,
Il faudra vous résoudre à souffrir l'escalade.

LA COMTESSE.

Moi ! que l'on m'escalade ?

LE MARQUIS.

Entre nous, sans façon,
A Valère de près j'ai serré le bouton :
Il m'a cédé le droit qu'il avoit sur votre âme.

LA COMTESSE.

Hé ! le petit poltron !

LE MARQUIS.

Oh ! palsembleu, Madame,
Il seroit un Achille, un Pompée, un César,

Je vous le conduirois poings liés à mon char.
Il ne faut point avoir de mollesse en sa vie.
Je suis vert.

LA COMTESSE.

Dans le fond, j'en ai l'âme ravie.
Vous ne connoissez pas, Marquis, tout votre mal ;
Vous avez à combattre encor plus d'un rival.

LE MARQUIS.

Le don de votre cœur couvre un peu trop de gloire,
Pour n'être que le prix d'une seule victoire.
Vous n'avez qu'à nommer....

LA COMTESSE.

Non, non, je ne veux pas
Vous exposer sans cesse à de nouveaux combats.

LE MARQUIS.

Est-ce ce financier de noblesse mineure,
Qui s'est fait depuis peu gentilhomme en une heure ;
Qui bâtit un palais sur lequel on a mis
Dans un grand marbre noir, en or, *Hôtel Damis* ;
Lui qui voyoit jadis imprimé sur sa porte :
Bureau du pied-fourché, chair salée et chair morte ;
Qui dans mille portraits expose ses aïeux,
Son père, son grand-père, et les place en tous lieux,
En sa maison de ville, en celle de campagne,
Les fait venir tout droit des comtes de Champagne,
Et de ceux de Poitou, d'autant que, pour certain,
L'un s'appeloit Champagne et l'autre Poitevin ?

## ACTE IV, SCÈNE IX.

LA COMTESSE.

A vos transports jaloux un autre se dérobe.

LE MARQUIS.

C'est donc ce sénateur, cet Adonis de robe,
Ce docteur en soupers, qui se tait au palais,
Et sait sur des ragoûts prononcer des arrêts;
Qui juge sans appel sur un vin de Champagne,
S'il est de Reims, du Clos, ou bien de la Montagne;
Qui, de livres de droit toujours débarrassé,
Porte cuisine en poche, et poivre concassé.

LA COMTESSE.

Non, Marquis, c'est Dorante, et j'ai su m'en défaire.

LE MARQUIS.

Quoi! Dorante! cet homme à maintien débonnaire,
Ce croquant, qu'à l'instant je viens de voir sortir?

LA COMTESSE.

C'est lui-même.

LE MARQUIS.

Hé! parbleu, vous deviez m'avertir,
Nous nous serions parlé sans sortir de la salle.
Je ne suis pas méchant : mais sans bruit, sans scandale,
Sans lui donner le temps seulement de crier,
Pour lui votre fenêtre eût servi d'escalier.

LA COMTESSE.

Vous êtes turbulent. Si vous étiez plus sage,
On pourroit....

LE MARQUIS.
La sagesse est tout mon apanage.
LA COMTESSE.
Quoiqu'un engagement m'ait toujours fait horreur,
On auroit avec vous quelque affaire de cœur.
LE MARQUIS.
Ah! parbleu, volontiers. Vous me chatouillez l'âme.
Par affaire de cœur, qu'entendez-vous, Madame?
LA COMTESSE.
Ce que vous entendez vous-même; et je prétends
Qu'un hymen bien scellé....
LE MARQUIS.
C'est comme je l'entends,
Et ce n'est qu'en époux que je prétends vous plaire.
LA COMTESSE.
Je ne donne mon cœur que par-devant notaire.
Je veux un bon contrat sur de bon parchemin,
Et non pas un hymen qu'on rompt le lendemain.
LE MARQUIS.
Vous aimez chastement, je vous en félicite,
Et je me donne à vous avec tout mon mérite,
Quoique cent fois le jour on me mette à la main
Des partis à fixer un empereur romain.
LA COMTESSE.
Je crois que nos deux cœurs seront toujours fidèles.
LE MARQUIS.
Oh! parbleu, nous vivrons comme deux tourterelles.

## ACTE IV, SCÈNE IX.

Pour vous porter, Madame, un cœur tout dégagé,
Je vais dans ce moment signifier congé
A des beautés sans nombre à qui mon cœur renonce,
Et vous aurez dans peu ma dernière réponse.

### LA COMTESSE.

Adieu. Fasse le ciel, Marquis, que dans ce jour
Un hymen soit le sceau d'un si parfait amour!

## SCÈNE X.

### LE MARQUIS, seul.

Eh bien! Marquis, tu vois, tout rit à ton mérite;
Le rang, le cœur, le bien, tout pour toi sollicite :
Tu dois être content de toi par tout pays :
On le seroit à moins. Allons, saute Marquis.
Quel bonheur est le tien! Le ciel, à ta naissance,
Répandit sur tes jours sa plus douce influence;
Tu fus, je crois, pétri par les mains de l'Amour.
N'es tu pas fait à peindre? Est-il homme à la cour
Qui de la tête aux pieds porte meilleure mine,
Une jambe mieux faite, une taille plus fine?
Et pour l'esprit, parbleu, tu l'as des plus exquis :
Que te manque-t-il donc? Allons, saute Marquis.
La nature, le ciel, l'amour et la fortune
De tes prospérités font leur cause commune;
Tu soutiens ta valeur avec mille hauts faits;

Tu chantes, danses, ris, mieux qu'on ne fit jamais :
Les yeux à fleur de tête, et les dents assez belles ;
Jamais en ton chemin trouvas-tu de cruelles?
Près du sexe tu vins, tu vis et tu vainquis ;
Que ton sort est heureux !

## SCÈNE XI.

### HECTOR, LE MARQUIS.

LE MARQUIS.

Allons, saute Marquis.

HECTOR.

Attendez un moment. Quelle ardeur vous transporte!
Hé quoi! Monsieur, tout seul vous sautez de la sorte!

LE MARQUIS.

C'est un pas de ballet que je veux repasser.

HECTOR.

Mon maître, qui me suit, vous le fera danser,
Monsieur, si vous voulez.

LE MARQUIS.

Qué dis-tu là? ton maître!

HECTOR.

Oui, Monsieur, à l'instant vous l'allez voir paroître.

LE MARQUIS.

En ces lieux je ne puis plus long-temps m'arrêter;
Pour cause nous devons tous deux nous éviter.
Quand ma verve me prend, je ne suis plus traitable;

Il est brutal, je suis emporté comme un diable;
Il manque de respect pour les vice-baillis,
Et nous aurions du bruit. Allons, saute Marquis.

## SCÈNE XII.

#### HECTOR, seul.

Allons, saute Marquis. Un tour de cette sorte
Est volé d'un Gascon, ou le diable m'emporte :
Il vient de la Garonne. Oh! parbleu, dans ce temps
Je n'aurois jamais cru les marquis si prudents.
Je ris : et cependant mon maître à l'agonie
Cède en un lansquenet à son mauvais génie.

## SCÈNE XIII.

#### VALÈRE, HECTOR.

##### HECTOR.

Le voici. Ses malheurs sur son front sont écrits :
Il a tout le visage et l'air d'un premier pris.

##### VALÈRE.

Non, l'enfer en courroux et toutes ses furies
N'ont jamais exercé de telles barbaries.
Je te loue, ô destin! de tes coups redoublés;

Je n'ai plus rien à perdre, et tes vœux sont comblés.
Pour assouvir encor la fureur qui t'anime,
Tu ne peux rien sur moi, cherche une autre victime.

HECTOR, à part.

Il est sec.

VALÈRE.

De serpents mon cœur est dévoré;
Tout semble en un moment contre moi conjuré.
( Il prend Hector à la cravatte. )
Parle. As-tu jamais vu le sort et son caprice
Accabler un mortel avec plus d'injustice,
Le mieux assassiner ? Perdre tous les paris,
Vingt fois le coupe-gorge, et toujours premier pris !
Réponds-moi donc, bourreau.

HECTOR.

Mais ce n'est pas ma faute.

VALÈRE.

As-tu vu, de tes jours, trahison aussi haute ?
Sort cruel, ta malice a bien su triompher,
Et tu ne me flattois que pour mieux m'étouffer.
Dans l'état où je suis, je puis tout entreprendre;
Confus, désespéré, je suis prêt à me pendre.

HECTOR.

Heureusement pour vous, vous n'avez pas un sou
Dont vous puissiez, Monsieur, acheter un licou.
Voudriez-vous souper ?

## ACTE IV, SCÈNE XIII.

VALÈRE.

Que la foudre t'écrase.
Ah! charmante Angélique, en l'ardeur qui m'embrase,
A vos seules bontés je veux avoir recours !
Je n'aimerai que vous ; m'aimeriez-vous toujours ?
Mon cœur, dans les transports de sa fureur extrême,
N'est point si malheureux, puisque enfin il vous aime.

HECTOR, à part.

Notre bourse est à fond ; et, par un sort nouveau,
Notre amour recommence à revenir sur l'eau.

VALÈRE.

Calmons le désespoir où la fureur me livre.
Approche ce fauteuil.
(Hector approche un fauteuil.) (Valère assis.)
Va me chercher un livre.

HECTOR.

Quel livre voulez-vous lire en votre chagrin ?

VALÈRE.

Celui qui te viendra le premier sous la main ;
Il m'importe peu ; prends dans ma bibliothéque.

HECTOR sort, et rentre tenant un livre.

Voilà Sénèque.

VALÈRE.

Lis.

HECTOR.

Que je lise Sénèque ?

VALÈRE.

Oui. Ne sais-tu pas lire ?

HECTOR.

Hé ! vous n'y pensez pas,
Je n'ai lu de mes jours que dans des almanachs.

VALÈRE.

Ouvre, et lis au hasard.

HECTOR.

Je vais le mettre en pièces.

VALÈRE.

Lis donc.

HECTOR lit.

« Chapitre six. Du mépris des richesses.
« La fortune offre aux yeux des brillants mensongers :
« Tous les biens d'ici-bas sont faux et passagers ;
« Leur possession trouble, et leur perte est légère :
« Le sage gagne assez quand il peut s'en défaire. »
Lorsque Sénèque fit ce chapitre éloquent,
Il avoit, comme vous, perdu tout son argent.

VALÈRE, se levant.

Vingt fois le premier pris ! Dans mon cœur il s'élève
(Il s'assied.)
Des mouvements de rage. Allons, poursuis, achève.

HECTOR.

« L'or est comme une femme ; on n'y sauroit toucher,
« Que le cœur, par amour, ne s'y laisse attacher.
« L'un et l'autre en ce temps, sitôt qu'on les manie,

# ACTE IV, SCÈNE XIII.

« Sont deux grands rémoras pour la philosophie. »
N'ayant plus de maîtresse, et n'ayant pas un sou,
Nous philosopherons maintenant tout le soûl.

VALÈRE.

De mon sort désormais vous serez seule arbitre,
Adorable Angélique..... Achève ton chapitre.

HECTOR.

« Que faut-il ?..... »

VALÈRE.

Je bénis le sort et ses revers,
Puisqu'un heureux malheur me rengage en vos fers.
Finis donc.

HECTOR.

« Que faut-il à la nature humaine ?
« Moins on a de richesse, et moins on a de peine.
« C'est posséder les biens que savoir s'en passer. »
Que ce mot est bien dit ! et que c'est bien penser !
Ce Sénèque, Monsieur, est un excellent homme.
Étoit-il de Paris ?

VALÈRE.

Non, il étoit de Rome.
Dix fois à carte triple être pris le premier !

HECTOR.

Ah ! Monsieur, nous mourrons un jour sur un fumier.

VALÈRE.

Il faut que de mes maux enfin je me délivre :
J'ai cent moyens tout prêts pour m'empêcher de vivre,

La rivière, le feu, le poison et le fer.

### HECTOR.

Si vous vouliez, Monsieur, chanter un petit air,
Votre maître à chanter est ici : la musique
Peut-être calmeroit cette humeur frénétique.

### VALÈRE.

Que je chante !

### HECTOR.

Monsieur....

### VALÈRE.

Que je chante, bourreau !
Je veux me poignarder ; la vie est un fardeau
Qui pour moi désormais devient insupportable.

### HECTOR.

Vous la trouviez pourtant tantôt bien agréable.
Qu'un joueur est heureux ! sa poche est un trésor ;
Sous ses heureuses mains le cuivre devient or,
Disiez-vous.

### VALÈRE.

Ah ! je sens redoubler ma colère.

## SCÈNE XIV.

### GÉRONTE, VALÈRE, HECTOR.

#### HECTOR.

Monsieur, contraignez-vous, j'aperçois votre père.

#### GÉRONTE.

Pour quel sujet, mon fils, criez-vous donc si fort ?
(à Hector.)
Est-ce toi, malheureux, qui causes ce transport ?

#### VALÈRE.

Non pas, Monsieur.

#### HECTOR, à Géronte.

            Ce sont des vapeurs de morale
Qui nous vont à la tête, et que Sénèque exhale.

#### GÉRONTE.

Qu'est-ce à dire Sénèque !

#### HECTOR.

                Oui, Monsieur : maintenant
Que nous ne jouons plus, notre unique ascendant
C'est la philosophie, et voilà notre livre ;
C'est Sénèque.

#### GÉRONTE.

        Tant mieux : il apprend à bien vivre.
Son livre est admirable et plein d'instructions,
Et rend l'homme brutal maître des passions.

HECTOR.

Ah ! si vous aviez lu son traité des richesses,
Et le mépris qu'on doit faire de ses maîtresses ;
Comme la femme ici n'est qu'un vrai rémora,
Et que, lorsqu'on y touche.... on en demeure là....
Qu'on gagne quand on perd... que l'amour dans nos âmes...
Ah ! que ce livre-là connoissoit bien les femmes !

GÉRONTE.

Hector en peu de temps est devenu docteur.

HECTOR.

Oui, Monsieur ; je saurai tout Sénèque par cœur.

GÉRONTE, à Valère.

Je vous cherche en ces lieux avec impatience,
Pour vous dire, mon fils, que votre hymen s'avance.
Je quitte le notaire, et j'ai vu les parents,
Qui, d'une et d'autre part, me paroissent contents.
Vous avez vu, je crois, Angélique ? et j'espère
Que son consentement.....

VALÈRE.

Non, pas encor, mon père.
Certaine affaire m'a.....

GÉRONTE.

Vraiment, pour un amant,
Vous faites voir, mon fils, bien peu d'empressement.
Courez-y : dites-lui que ma joie est extrême ;
Que, charmé de ce nœud, dans peu j'irai moi-même
Lui faire compliment, et l'embrasser.....

## ACTE IV, SCÈNE XIV.

HECTOR, à Géronte.

Tout doux.
Monsieur fera cela tout aussi bien que vous.

VALÈRE, à Géronte.

Pénétré des bontés de celui qui m'envoie,
Je vais de cet emploi m'acquitter avec joie.

## SCÈNE XV.

GÉRONTE, HECTOR.

HECTOR.

Il vous plaira toujours d'être mémoratif
D'un papier que tantôt d'un air rébarbatif,
Et même avec scandale.....

GÉRONTE.

Oui-dà ! laisse-moi faire.
Le mariage fait, nous verrons cette affaire.

HECTOR.

J'irai donc, sur ce pied, vous visiter demain.

## SCÈNE XVI.

### GÉRONTE, seul.

Graces au ciel, mon fils est dans le bon chemin ;
Par mes soins paternels il surmonte la pente
Où l'entraînoit du jeu la passion ardente.
Ah ! qu'un père est heureux, qui voit en un moment
Un cher fils revenir de son égarement !

FIN DU QUATRIÈME ACTE.

# ACTE CINQUIÈME.

## SCÈNE PREMIÈRE.

DORANTE, ANGÉLIQUE, NÉRINE.

#### DORANTE.

Hé! Madame, cessez d'éviter ma présence.
Je ne viens point, armé contre votre inconstance,
Faire éclater ici mes sentiments jaloux,
Ni par des mots piquants exhaler mon courroux.
Plus que vous ne pensez mon cœur vous justifie.
Votre légèreté veut que je vous oublie :
Mais loin de condamner votre cœur inconstant,
Je suis assez vengé si j'en puis faire autant.

#### ANGÉLIQUE.

Que votre emportement en reproches éclate,
Je mérite les noms de volage, d'ingrate;
Mais enfin de l'amour l'impérieuse loi
A l'hymen que je crains m'entraîne malgré moi :
J'en prévois les dangers; mais un sort tyrannique.....

#### DORANTE.

Votre cœur est hardi, généreux, héroïque :
Vous voyez devant vous un abîme s'ouvrir,
Et vous ne laissez pas, Madame, d'y courir.

### NÉRINE.

Quand j'en devrois mourir, je ne puis plus me taire.
Je vous empêcherai de terminer l'affaire :
Ou si dans cet amour votre cœur engagé
Persiste en ses desseins, donnez-moi mon congé.
Je suis fille d'honneur; je ne veux point qu'on dise
Que vous ayez sous moi fait pareille sottise.
Valère est un indigne, et, malgré son serment,
Vous voyez tous les jours qu'il joue impunément.

### ANGÉLIQUE.

En faveur de mon foible il faut lui faire grâce :
De la fureur du jeu veux-tu qu'il se défasse,
Hélas! quand je ne puis me défaire aujourd'hui
Du lâche attachement que mon cœur a pour lui?

### DORANTE.

Ces feux sont trop charmants pour vouloir les éteindre.
Je ne suis point, Madame, ici pour vous contraindre.
Mon neveu vous épouse, et je viens seulement
Donner à votre hymen un plein consentement.

## SCÈNE II.

M<sup>me</sup> LA RESSOURCE, ANGÉLIQUE
DORANTE, NÉRINE.

### NÉRINE.

Madame La Ressource ici! Qu'y viens-tu faire?

##### Mme LA RESSOURCE.
Je cherche un cavalier pour finir une affaire....
On tâche autant qu'on peut, dans son petit trafic,
A gagner ses dépens en servant le public.
##### ANGÉLIQUE.
Cette Nérine-là connoît toute la France.
##### NÉRINE.
Pour vivre il faut avoir plus d'une connoissance.
C'est une illustre au moins, et qui sait en secret
Couler adroitement un amoureux poulet :
Habile en tous métiers, intrigante parfaite ;
Qui prête, vend, revend, brocante, troque, achète,
Met à perfection un hymen ébauché,
Vend son argent bien cher, marie à bon marché.
##### Mme LA RESSOURCE.
Votre bonté pour moi toujours se renouvelle,
Vous avez si bon cœur !
##### NÉRINE.
                Il fait bon avec elle,
Je vous en avertis. En bijoux et brillants,
En poche elle a toujours plus de vingt mille francs.
##### DORANTE, à madame La Ressource.
Mais ne craignez-vous point qu'un soir dans le silence?...
##### NÉRINE.
Bon, bon ! tous les filous sont de sa connoissance.
##### Mme LA RESSOURCE.
Nérine rit toujours..

NÉRINE, à madame La Ressource.

Montrez-nous votre écrin.

M<sup>me</sup> LA RESSOURCE.

Volontiers. J'ai toujours quelque hasard en main.
Regardez ce brillant ; je vais en faire affaire
Avec et pardevant un conseiller-notaire.
Pour certaine chanteuse on dit qu'il en tient là.

NÉRINE.

Le drôle veut passer quelque acte à l'Opéra.

## SCÈNE III.

LA COMTESSE, ANGÉLIQUE, DORANTE, NÉRINE, M<sup>me</sup> LA RESSOURCE.

NÉRINE.

Mais voici la Comtesse.

M<sup>me</sup> LA RESSOURCE.

On m'attend ; je vous quitte.

NÉRINE.

Non, non ; sur vos bijoux j'ai des droits de visite.

LA COMTESSE, à Angélique.

Votre choix est-il fait ? Peut-on enfin savoir
A qui vous prétendez vous marier ce soir ?

ANGÉLIQUE.

Oui, ma sœur, il est fait ; et ce choix doit vous plaire,
Puisque avant moi pour vous vous avez su le faire.

## ACTE I, SCÈNE III.

LA COMTESSE.

Apparemment Monsieur est ce mortel heureux,
Ce fidèle aspirant dont vous comblez les vœux?

DORANTE.

A ce bonheur charmant je n'ose pas prétendre :
Si Madame eût gardé son cœur pour le plus tendre,
Plus que tout autre amant j'aurois pu l'espérer.

LA COMTESSE.

La perte n'est pas grande et se peut réparer.

## SCÈNE IV.

LE MARQUIS, LA COMTESSE, ANGÉLIQUE, DORANTE, M<sup>me</sup> LA RESSOURCE, NÉRINE.

LE MARQUIS, à la Comtesse.

CHARMÉ de vos beautés, je viens enfin, Madame,
Ici mettre à vos pieds et mon corps et mon âme.
Vous serez, par ma foi, marquise cette fois,
Et j'ai sur vous enfin laissé tomber mon choix.

M<sup>me</sup> LA RESSOURCE, à part.

Cet homme m'est connu.

LA COMTESSE.

     Monsieur, je suis ravie
De m'unir avec vous le reste de ma vie.
Vous êtes gentilhomme, et cela me suffit.

LE MARQUIS.

Je le suis du déluge.

M^me LA RESSOURCE, à part.

Oui, c'est lui qui le dit.

LE MARQUIS.

En faisant avec moi cette heureuse alliance,
Vous pourrez vous vanter que gentilhomme en France
Ne tirera de vous, si vous me l'ordonnez,
Des enfants de tout point mieux conditionnés.

(Apercevant madame La Ressource.)

Vous verrez si je mens. Ah! vous voilà, Madame.

(à la Comtesse.)

Et que faites-vous donc ici de cette femme?

NÉRINE, au Marquis.

Vous la connoissez?

LE MARQUIS.

Moi? je ne sais ce que c'est.

M^me LA RESSOURCE, au Marquis.

Ah! je vous connois trop, moi, pour mon intérêt.
Quand vous résoudrez-vous, Monsieur le gentilhomme
Fait du temps du déluge, à me payer ma somme,
Mes quatre cents écus prêtés depuis cinq ans?

LE MARQUIS.

Pour me les demander vous prenez bien le temps.

M^me LA RESSOURCE.

Je veux, aux yeux de tous, vous en faire avanie,
A toute heure, en tous lieux.

## ACTE V, SCÈNE IV.

LE MARQUIS.

Hé ! vous rêvez, ma mie.

M<sup>me</sup> LA RESSOURCE.

Voici le grand merci d'obliger des ingrats.
Après l'avoir tiré d'un aussi vilain pas....
Baste....

LA COMTESSE, à madame La Ressource.

Parlez, parlez.

M<sup>me</sup> LA RESSOURCE.

Non, non ; il est trop rude
D'aller de ses parents montrer la turpitude.

LA COMTESSE.

Comment donc ?

LE MARQUIS, à part.

Ah ! je grille.

M<sup>me</sup> LA RESSOURCE.

Au Châtelet, sans moi,
On le verroit encor vivre aux dépens du Roi.

NÉRINE.

Quoi ! monsieur le Marquis....

M<sup>me</sup> LA RESSOURCE.

Lui, marquis ! c'est l'Épine.
Je suis marquise donc, moi qui suis sa cousine ?
Son père étoit huissier à verge dans le Mans.

LE MARQUIS.
(à part.)

Vous en avez menti. Maugrebleu des parents !

M<sup>me</sup> LA RESSOURCE.

Mon oncle n'étoit pas huissier? Qu'il t'en souvienne.

LE MARQUIS.

Son nom étoit connu dans le haut et bas Maine.

NÉRINE.

Votre père étoit donc un marquis exploitant?

ANGÉLIQUE.

Vous aviez là, ma sœur, un fort illustre amant.

M<sup>me</sup> LA RESSOURCE.

C'est moi qui l'ai nourri quatre mois sans reproche,
Quand il vint à Paris en guêtres, par le coche.

LE MARQUIS.

D'accord, puisqu'on le sait, mon père étoit huissier,
Mais huissier à cheval; c'est comme chevalier.
Cela n'empêche pas que dans ce jour, Madame,
Nous ne mettions à fin une si belle flamme :
Jamais ce feu pour vous ne fut si violent,
Et jamais tant d'appas....

LA COMTESSE.

   Taisez-vous, insolent.

LE MARQUIS.

Insolent! moi qui dois honorer votre couche,
Et par qui vous devez quelque jour faire souche!

LA COMTESSE.

Sors d'ici, malheureux; porte ailleurs ton amour.

LE MARQUIS.

Oui! l'on agit de même avec les gens de cour!

On reconnoît si mal le rang et le mérite !
J'en suis, parbleu, ravi. Pour le coup je vous quitte.
J'ai, pour briller ailleurs, mille talents acquis ;
Je vais m'en consoler. Allons, saute Marquis.
(Il sort.)

## SCÈNE V.

### LA COMTESSE, ANGÉLIQUE, DORANTE, NÉRINE, M<sup>me</sup> LA RESSOURCE.

LA COMTESSE.

Je n'y puis plus tenir, ma sœur, et je vous laisse.
Avec qui vous voudrez finissez de tendresse ;
Coupez, taillez, rognez, je m'en lave les mains.
Désormais pour toujours je renonce aux humains.

## SCÈNE VI.

### DORANTE, ANGÉLIQUE, NÉRINE, M<sup>me</sup> LA RESSOURCE.

DORANTE.

Ils prennent leur parti.

M<sup>me</sup> LA RESSOURCE.

                    La rencontre est plaisante !

Je l'ai démarquisé bien loin de son attente :
J'en voudrois faire autant à tous les faux marquis.

###### NÉRINE.

Vous auriez, par ma foi, bien à faire à Paris.
Il est tant de traitants qu'on voit, depuis la guerre
En modernes seigneurs sortir de dessous terre,
Qu'on ne s'étonne plus qu'un laquais, un pied-plat,
De sa vieille mandille achète un marquisat.

###### ANGÉLIQUE, à madame La Ressource.

Vous avez découvert ici bien du mystère.

###### M<sup>me</sup> LA RESSOURCE.

De quoi s'avise-t-il de me rompre en visière ?
Mais, aux grands mouvements qu'en ce lieu je puis voir,
Madame se marie.

###### NÉRINE.

Oui vraiment, dès ce soir.

###### M<sup>me</sup> LA RESSOURCE, fouillant dans sa poche.

J'en ai bien de la joie. Il faut que je lui montre
Deux pendants de brillants que j'ai là de rencontre.
J'en ferai bon marché. Je crois que les voilà ;
Ils sont des plus parfaits. Non, ce n'est pas cela ;
C'est un portrait de prix, mais il n'est pas à vendre.

###### NÉRINE.

Faites-le voir.

###### M<sup>me</sup> LA RESSOURCE.

Non, non ; on doit me le reprendre.

## ACTE V, SCÈNE VI.

NÉRINE, le lui arrachant.

Oh! je suis curieuse; il faut me montrer tout.
Que les brillants sont gros! Ils sont fort de mon goût.
Mais que vois-je, grands dieux! quelle surprise extrême!
Aurois-je la berlue? Eh! ma foi, c'est lui-même.
Ah!....

(Elle fait un grand cri.)

ANGÉLIQUE.

Qu'as-tu donc, Nérine, et te trouves-tu mal?

NÉRINE.

Votre portrait, Madame, en propre original.

ANGÉLIQUE.

Mon portrait! Es-tu folle?

NÉRINE, pleurant.

Ah! ma pauvre maîtresse,
Faut-il vous voir ainsi durement mise en presse?

M<sup>me</sup> LA RESSOURCE.

Que veut dire ceci?

ANGÉLIQUE, à Nérine.

Tu te trompes. Vois mieux.

NÉRINE.

Regardez donc vous-même, et voyez par vos yeux

ANGÉLIQUE.

Tu ne te trompes point, Nérine; c'est lui-même;
C'est mon portrait, hélas! qu'en mon ardeur extrême
Je viens de lui donner pour prix de ses amours,
Et qu'il m'avoit juré de conserver toujours.

## M^me LA RESSOURCE.

Votre portrait! Il est à moi, sans vous déplaire,
Et j'ai prêté dessus mille écus à Valère.

## ANGÉLIQUE.

Juste ciel!

## NÉRINE.

Le fripon!

## DORANTE, prenant le portrait.

Je veux aussi le voir.

## M^me LA RESSOURCE.

Ce portrait m'appartient, et je prétends l'avoir.

## DORANTE, à madame La Ressource.

Laissez-moi le garder un moment, je vous prie :
C'est la seule faveur qu'on m'ait faite en ma vie.

## ANGÉLIQUE.

C'en est fait : pour jamais je le veux oublier.

## NÉRINE, à Angélique.

S'il met votre portrait ainsi chez l'usurier,
Étant encore amant, il vous vendra, Madame,
A beaux deniers comptants, quand vous serez sa femme.

(à madame La Ressource.)

Mais le voici qui vient. A trois ou quatre pas,
De grâce, éloignez-vous, et ne vous montrez pas.

## M^me LA RESSOURCE.

Mais pourquoi?....

## DORANTE.

Du portrait ne soyez plus en peine.

M<sup>me</sup> LA RESSOURCE, se retirant au fond de la scène.
Lorsque je le verrai, j'en serai plus certaine.

## SCÈNE VII.

VALÈRE, ANGÉLIQUE, DORANTE, HECTOR, NÉRINE, M<sup>me</sup> LA RESSOURCE, au fond du théâtre.

VALÈRE.

Quel bonheur est le mien! Enfin voici le jour,
Madame, où je dois voir triompher mon amour.
Mon cœur tout pénétré.... Mais, ciel! quelle tristesse,
Nérine, a pu saisir ta charmante maîtresse?
Est-ce ainsi que tantôt?....

NÉRINE.

Bon, ne savez-vous pas?
Les filles sont, Monsieur, tantôt haut, tantôt bas.

VALÈRE.

Hé quoi, changer si tôt!

ANGÉLIQUE.

Ne craignez point, Valère,
Les funestes revers de mon humeur légère :
Le portrait dont ma main vous a fait possesseur,
Vous est un sûr garant que vous avez mon cœur.

VALÈRE.

Que ce tendre discours me charme et me rassure!

NÉRINE, à part.

Tu ne seras heureux, par ma foi, qu'en peinture.

ANGÉLIQUE.

Quiconque a mon portrait, sans crainte de rival,
Doit, avec la copie, avoir l'original.

VALÈRE.

Madame, en ce moment, que mon âme est contente !

ANGÉLIQUE.

Ne consentez-vous pas à ce parti, Dorante ?

DORANTE.

Je veux ce qu'il vous plaît : vos ordres sont pour moi
Les décrets respectés d'une suprême loi.
Votre bouche, Madame, a prononcé sans feindre,
Et mon cœur subira votre arrêt sans se plaindre.

HECTOR, bas à Valère.

De l'arrêt tout du long il va payer les frais.

ANGÉLIQUE.

Valère, vous voyez pour vous ce que je fais.

VALÈRE.

Jamais tant de bontés....

ANGÉLIQUE.

Montrez donc, sans attendre,
Le portrait que de moi vous avez voulu prendre,
Et que votre rival sache à quoi s'en tenir.

VALÈRE, fouillant dans sa poche.

Soit.... Mais permettez-moi de vous désobéir.
C'est mon oncle : en voyant de votre amour ce gage,

Il joûroit, à vos yeux, un mauvais personnage.
Vous savez bien qui l'a.

ANGÉLIQUE.

Vous pouvez le montrer :
Il verra mon portrait sans se désespérer.

DORANTE.

Madame au plus heureux accordant la victoire,
Le triomphe est trop beau pour n'en pas faire gloire.

VALÈRE, fouillant toujours dans sa poche.

Puisque vous le voulez, il faut vous le chercher;
Mais je n'aurai du moins rien à me reprocher.
Vous voulez un témoin, il faut vous satisfaire.

HECTOR, apercevant madame La Ressource.

Ah! nous sommes perdus, j'aperçois l'usurière.

VALÈRE.

(à Hector.)

C'est votre faute, si.... Qu'as-tu fait du portrait?

HECTOR.

Du portrait?

VALÈRE.

Oui, maraud; parle, qu'en as-tu fait?

HECTOR, tendant la main par derrière, dit bas à madame
La Ressource :

Madame La Ressource, un moment, sans paroître,
Prêtez-nous notre gage.

VALÈRE.

Ah, chien! ah, double traître!
Tu l'as perdu.

## LE JOUEUR,

HECTOR.

Monsieur....

VALÈRE, mettant l'épée à la main.

Il faut que ton trépas....

HECTOR, à genoux.

Ah! Monsieur, arrêtez, et ne me tuez pas.
Voyant dans ce portrait Madame si jolie,
Je l'ai mis chez un peintre; il m'en fait la copie.

VALÈRE.

Tu l'as mis chez un peintre?

HECTOR.

Oui, Monsieur.

VALÈRE.

Ah! maraud!
Va, cours me le chercher, et reviens au plus tôt.

DORANTE, montrant le portrait.

Épargnez-lui ces pas. Il n'est plus temps de feindre.
Le voici.

HECTOR, à part.

Nous voilà bien achevés de peindre!
Ah! carogne!

VALÈRE, à Angélique.

Le peintre....

ANGÉLIQUE, à Valère.

Avec de vains détours,
Ingrat, ne croyez pas qu'on m'abuse toujours.

## ACTE V, SCÈNE VII.

VALÈRE.

Madame, en vérité, de telles épithètes
Ne me vont point du tout.

ANGÉLIQUE.

Perfide que vous êtes !
Ce portrait, que tantôt je vous avois donné,
Pour le gage d'un cœur le plus passionné,
Malgré tous vos serments, parjure, à la même heure,
Vous l'avez mis en gage !

VALÈRE.

Ah ! qu'à vos yeux je meure....

ANGÉLIQUE.

Ah ! cessez de vouloir plus long-temps m'outrager,
Cœur lâche.

HECTOR, bas à Valère.

Nous devions tantôt le dégager ;
Et, contre mon avis, vous avez fait la chose.

M<sup>me</sup> LA RESSOURCE.

De tous vos débats, moi, je ne suis point la cause,
Et je prétends avoir mon portrait, s'il vous plaît.

DORANTE.

Laissez-le-moi garder ; j'en paîrai l'intérêt
Si fort qu'il vous plaira.

## SCÈNE VIII.

GÉRONTE, ANGÉLIQUE, VALÈRE, DORANTE, NÉRINE, M^me LA RESSOURCE, HECTOR.

GÉRONTE, à Angélique.

Que mon âme est ravie
De voir qu'avec mon fils un tendre hymen vous lie !
J'attends depuis long-temps ce fortuné moment.

NÉRINE.

Son cœur ressent, je crois, le même empressement.

GÉRONTE.

De vous trouver ici je suis ravi, mon frère.
Vous prenez, croyez-moi, comme il faut cette affaire ;
Et l'hymen de Madame, à vous en parler net,
N'étoit, en vérité, point du tout votre fait.

DORANTE.

Il est vrai.

GÉRONTE, à Angélique.

Le notaire en ce lieu va se rendre ;
Avec lui nous prendrons le parti qu'il faut prendre.

NÉRINE.

Oh! par ma foi, Monsieur, vous ne prendrez qu'un rat,
Et le notaire peut remporter son contrat.

GÉRONTE.

Comment donc ?

## ACTE V, SCÈNE VIII.

ANGÉLIQUE.

Autrefois mon cœur eut la foiblesse
De rendre à votre fils tendresse pour tendresse ;
Mais la fureur du jeu dont il est possédé,
Pour mon portrait enfin son lâche procédé,
Me font ouvrir les yeux, et, contre mon attente,
En ce moment, Monsieur, je me donne à Dorante.
Acceptez-vous ma main?

DORANTE.

Ah! je suis trop heureux
Que vous vouliez encor....

GÉRONTE, à Hector.

Parle, toi, si tu veux ;
Explique ce mystère.

HECTOR.

Oh! par ma foi, je n'ose ;
Ce récit est trop triste, en vers ainsi qu'en prose.

GÉRONTE.

Parle donc.

HECTOR.

Pour avoir mis, sans réflexion,
Le portrait de Madame une heure en pension
(montrant madame La Ressource.)
Chez cette chienne-là, que Lucifer confonde,
On nous donne un congé le plus cruel du monde.

GÉRONTE.

Sans vouloir davantage ici l'interroger,

LE JOUEUR,

Sa folle passion m'en fait assez juger.
J'ai peine à retenir le courroux qui m'agite.
Fils indigne de moi, va, je te déshérite ;
Je ne veux plus te voir, après cette action,
Et te donne cent fois ma malédiction.

( Il sort.)

## SCÈNE IX.

ANGÉLIQUE, VALÈRE, DORANTE, NÉRINE,
M<sup>me</sup> LA RESSOURCE, HECTOR.

#### HECTOR.

Le beau présent de noce !

**ANGÉLIQUE**, à Valère, donnant la main à Dorante.

A jamais je vous laisse.
Si vous êtes heureux au jeu comme en maîtresse,
Et si vous conservez aussi mal ses présents,
Vous ne ferez, je crois, fortune de long-temps.

M<sup>me</sup> LA RESSOURCE, à Dorante.

Et mon portrait, Monsieur, vous plaît-il me le rendre ?

#### DORANTE.

Vous n'aurez rien perdu dans ces lieux pour attendre,
Ni toi, Nérine, aussi. Suivez-moi toutes deux.
(à Valère.)
Quelque autre fois, Monsieur, vous serez plus heureux.

( Il sort.)

## SCÈNE X.

### M^me LA RESSOURCE, VALÈRE, NÉRINE, HECTOR.

M^me LA RESSOURCE, *faisant la révérence à Valère.*

En toute occasion soyez sûr de mon zèle.
( Elle sort. )

HECTOR, *à madame La Ressource.*

Adieu, tison d'enfer, fesse-matthieu femelle.

## SCÈNE XI.

### NÉRINE, VALÈRE, HECTOR.

NÉRINE, *à Valère.*

Grace au ciel, ma maîtresse a tiré son enjeu.
Vous épouser, Monsieur, c'étoit jouer gros jeu.
( Elle sort en lui faisant la révérence.)

## SCÈNE XII.

### VALÈRE, HECTOR.

(Hector fait la révérence à son maître, et va pour sortir.)

#### VALÈRE.

Ou vas-tu donc ?

#### HECTOR.

Je vais à la bibliothéque
Prendre un livre, et vous lire un traité de Sénèque.

#### VALÈRE.

Va, va, consolons-nous, Hector, et quelque jour
Le jeu m'acquittera des pertes de l'amour.

**FIN DU JOUEUR.**

# VARIANTES

## DU JOUEUR.

### ACTE III, SCÈNE IV.

Dans les éditions faites du vivant de l'auteur, au lieu des quatre vers, page 208, ligne 6, on lisoit ceux-ci :

Mon maître, de nouveau,
M'a mis celui d'Hector, du valet de carreau.

GÉRONTE.

Le beau nom ! Il devoit appeler Angélique
Pallas, du nom connu de la dame de pique.

### MÊME ACTE, MÊME SCÈNE.

Page 209, ligne 11, au lieu de ces mots :

De plus, à Madame une telle, etc.

on lit ce qui suit, dans les premières éditions :

HECTOR.

De plus, à Margot de la Plante,
Personne de ses droits usante et jouissante,
Est dû loyalement deux cent cinquante écus

Pour ses appointements de deux quartiers échus.
### GÉRONTE.
Quelle est cette Margot?
### HECTOR.
Monsieur.... c'est une fille....
Chez laquelle mon maître.... Elle est vraiment gentille.
### GÉRONTE.
Deux cent cinquante écus !
### HECTOR.
Ce n'est, ma foi, pas cher;
Demandez : c'est, Monsieur, un prix fait en hiver.

A la représentation on suit cet ancien texte qui est celui de l'auteur. Les changements n'ont été faits qu'après sa mort, dans les dernières éditions de ses OEuvres.

---

ACTE IV, SCÈNE IX; après ce vers :

Par affaire de cœur, qu'entendez-vous, Madame?

on lit ce qui suit dans les premières éditions :

### LA COMTESSE.
Ce que vous entendez vous-même assurément.
### LE MARQUIS.
Est-ce pour mariage, ou bien pour autrement ?
### LA COMTESSE.
Quoi ! vous prétendriez, si j'avois la foiblesse....

LE MARQUIS.

Ah! ma foi, l'on n'a plus tant de délicatesse ;
On s'aime pour s'aimer tout autant que l'on peut :
Le mariage suit, et vient après, s'il veut.

LA COMTESSE.

Je prétends que l'hymen soit le but de l'affaire,
Et ne donne mon cœur que par-devant notaire, etc.

FIN DES VARIANTES DU JOUEUR.

# LE DISTRAIT,

COMÉDIE EN VERS ET EN CINQ ACTES,

Représentée pour la première fois le lundi 2 décembre 1697.

# AVERTISSEMENT

### DE L'ÉDITEUR,

### SUR LE DISTRAIT.

Cette comédie a été représentée, pour la première fois, le lundi 2 décembre 1697.

Elle a eu peu de succès dans sa nouveauté, et n'a été représentée que quatre fois. L'auteur, découragé, n'a pas osé la remettre sur la scène. Ce n'est qu'après sa mort (en 1731), que les comédiens hasardèrent de la reprendre. Cette pièce eut alors un succès complet, succès qui ne s'est pas démenti par la suite.

On a accusé Regnard d'avoir dû la réussite de sa pièce à La Bruyère, qui, dit-on, lui a fourni les principaux traits de son premier personnage; on ajoute qu'il n'a fait autre chose que de mettre une partie du morceau de La Bruyère en action, et l'autre partie en récit.

On ne nous saura sûrement pas mauvais gré de rapporter ici le portrait que donne La Bruyère du Distrait. On verra le parti que Regnard en a tiré, et l'on appréciera les obligations qu'il a à l'auteur qu'il a imité.

« Ménalque descend son escalier, ouvre sa porte
« pour sortir, il la referme : il s'aperçoit qu'il est
« en bonnet de nuit; et venant à mieux s'exami-
« ner, il se trouve rasé à moitié; il voit que son
« épée est mise du côté droit, que ses bas sont ra-
« battus sur ses talons, et que sa chemise est par-
« dessus ses chausses. S'il marche dans les places,
« il se sent tout d'un coup frapper rudement à
« l'estomac ou au visage; il ne soupçonne point
« ce que ce peut être, jusqu'à ce qu'ouvrant les
« yeux et se réveillant, il se trouve ou devant un
« limon de charrette, ou derrière un long ais de
« menuiserie que porte un ouvrier sur ses épaules.
« On l'a vu une fois heurter du front contre celui
« d'un aveugle, s'embarrasser dans ses jambes, et
« tomber avec lui, chacun de son côté, à la ren-
« verse. Il lui est arrivé plusieurs fois de se trou-
« ver tête pour tête à la rencontre d'un prince et
« sur son passage, se reconnoître à peine, et n'avoir
« que le loisir de se coller à un mur pour lui
« faire place. Il cherche, il brouille, il crie, il
« s'échauffe, *il appelle ses valets l'un après l'autre;*
« *on lui perd tout, on lui égare tout : il demande*
« *ses gants qu'il a dans ses mains* (1), semblable à
« cette femme qui prenoit le temps de demander

---

(1) *Voyez* les scènes III, IV et V du second acte.

# AVERTISSEMENT.

« son masque lorsqu'elle l'avoit sur son visage. Il
« entre à l'appartement et passe sous un lustre où
« sa perruque s'accroche, et demeure suspendue :
« tous les courtisans regardent et rient; Ménalque
« regarde aussi, et rit plus haut que les autres; il
« cherche des yeux dans toute l'assemblée où est
« celui qui montre ses oreilles, et à qui il manque
« une perruque. S'il va par la ville, après avoir
« fait quelque chemin, il se croit égaré; il s'émeut,
« et il demande où il est à des passants qui lui
« disent précisément le nom de sa rue : il entre
« ensuite dans sa maison d'où il sort précipitam-
« ment, croyant qu'il s'est trompé. *Il descend du*
« *Palais ; et trouvant au bas du grand degré un*
« *carrosse qu'il prend pour le sien, il se met dedans;*
« *le cocher touche, et croit ramener son maître dans*
« *sa maison. Ménalque se jette hors de la portière,*
« *traverse la cour, monte l'escalier, parcourt l'anti-*
« *chambre, la chambre, le cabinet; tout lui est*
« *familier, rien ne lui est nouveau; il s'assied, il*
« *se repose, il est chez soi. Le maître arrive, celui-*
« *ci se lève pour le recevoir, il le traite fort civile-*
« *ment, le prie de s'asseoir, et croit faire les hon-*
« *neurs de sa chambre; il parle, il rêve, il reprend*
« *la parole : le maître de la maison s'ennuie et de-*
« *meure étonné; Ménalque ne l'est pas moins, et*
« *ne dit pas ce qu'il en pense; il a affaire à un*

« *fâcheux, à un homme oisif qui se retirera à
« la fin ; il l'espère : et il prend patience ; la
« nuit arrive qu'il est à peine détrompé* (1). Une
« autre fois il rend visite à une femme ; et se
« persuadant bientôt que c'est lui qui la reçoit, il
« s'établit dans son fauteuil et ne songe nulle-

---

(1) Voici la manière dont Regnard a imité ce morceau. On verra qu'il a enchéri sur son original, et que l'aventure qu'il raconte est plus comique et a plus de vraisemblance. C'est Carlin, valet du Distrait, qui parle, scène première, acte second :

>Sortant d'une maison, l'autre jour, par bévue,
>Pour son carrosse il prit celui qui dans la rue
>Se trouva le premier. Le cocher touche, et croit
>Qu'il mène son vrai maître à son logis tout droit.
>Léandre arrive, il monte, il va, rien ne l'arrête ;
>Il entre en une chambre où la toilette est prête,
>Où la dame du lieu, qui ne s'endormoit pas,
>Attendoit son époux couchée entre deux draps.
>Il croit être en sa chambre, et d'un air de franchise,
>Assez diligemment il se met en chemise,
>Prend la robe de chambre et le bonnet de nuit ;
>Et bientôt il alloit se mettre dans le lit,
>Lorsque l'époux arrive. Il tempête, il s'emporte,
>Le veut faire sortir, mais non pas par la porte ;
>Quand mon maître étonné se sauva de ce lieu
>Tout en robe de chambre, ainsi qu'il plut à Dieu.
>Mais un moment plus tard, pour t'achever mon conte,
>Le maître du logis en avoit pour son compte.

# AVERTISSEMENT.

« ment à l'abandonner : il trouve ensuite que cette
« dame fait ses visites longues; il attend à tout
« moment qu'elle se lève, et le laisse en liberté;
« mais comme cela tire en longueur, qu'il a faim
« et que la nuit est déjà avancée, il la prie à sou-
« per; elle rit, et si haut, qu'elle le réveille. Lui-
« même se marie le matin, l'oublie le soir, et
« découche la nuit de ses noces; et quelques an-
« nées après il perd sa femme, elle meurt entre ses
« bras, il assiste à ses obsèques; et le lendemain,
« quand on lui vient dire qu'on a servi, il demande
« si sa femme est prête, et si on l'a avertie. C'est
« lui encore qui entre dans une église, et pre-
« nant l'aveugle qui est collé à la porte pour un
« pilier et sa tasse pour le bénitier, y plonge la
« main, la porte à son front, lorsqu'il entend tout
« d'un coup le pilier qui parle, et qui lui offre
« des oraisons. Il s'avance dans la nef, croit voir
« un prie-dieu; il se jette lourdement dessus, la
« machine plie, s'enfonce, et fait des efforts pour
« crier : Ménalque est surpris de se voir à genoux
« sur les jambes d'un fort petit homme, appuyé
« sur son dos, les deux bras posés sur ses épaules,
« et ses deux mains jointes et étendues qui lui
« prennent le nez et lui ferment la bouche; il se
« retire confus, et va s'agenouiller ailleurs. Il
« tire un livre pour faire sa prière, et c'est sa pan-

« toufle qu'il a prise pour ses heures et qu'il a
« mise dans sa poche avant de sortir. Il n'est pas
« hors de l'église qu'un homme de livrée court
« après lui, le joint, lui demande en riant s'il n'a
« point la pantoufle de Monseigneur; Ménalque lui
« montre la sienne, et lui dit : Voilà toutes les pan-
« toufles que j'ai sur moi. Il se fouille néanmoins,
« et tire celle de l'évêque de ***, qu'il vient de
« quitter et qu'il a trouvé malade auprès de son
« feu, et dont, avant de prendre congé de lui, il
« a ramassé la pantoufle, comme l'un de ses gants
« qui étoit à terre : ainsi Ménalque s'en retourne
« chez soi avec une pantoufle de moins. Il a une
« fois perdu au jeu tout l'argent qui est dans sa
« bourse, et voulant continuer de jouer, il entre
« dans son cabinet, ouvre une armoire, prend sa
« cassette, en tire ce qu'il lui plaît, et croit la
« remettre où il l'a prise : il entend aboyer dans
« son armoire, qu'il vient de fermer; étonné de
« ce prodige, il l'ouvre une seconde fois, et il
« éclate de rire d'y voir son chien qu'il a serré
« pour sa cassette. Il joue au trictrac; il demande
« à boire, on lui en apporte ; c'est à lui à jouer, il
« tient le cornet d'une main et le verre de l'autre ;
« et comme il a une grande soif, il avale les dés
« et presque le cornet, jette le verre d'eau dans le
« trictrac et inonde celui contre qui il joue : et

# AVERTISSEMENT.

« dans une chambre où il est familier, il crache
« sur le lit, et jette son chapeau à terre, en croyant
« faire le contraire. *Il se promène sur l'eau, et il*
« *demande quelle heure il est; on lui présente une*
« *montre, à peine l'a-t-il reçue, que ne songeant*
« *plus ni à l'heure, ni à la montre, il la jette dans*
« *la rivière comme une chose qui l'embarrasse* (1).
« *Lui-même écrit une longue lettre, met de la pou-*
« *dre dessus à plusieurs reprises, et jette toujours la*
« *poudre dans l'encrier. Ce n'est pas tout : il écrit*
« *une seconde lettre, et après les avoir achevées*
« *toutes les deux, il se trompe à l'adresse* (2); un
« duc et pair reçoit une de ces deux lettres, et en
« l'ouvrant il y lit ces mots : Maître Olivier, ne
« manquez pas, sitôt la présente reçue, de m'en-
« voyer ma provision de foin.... Son fermier re-
« çoit l'autre, il l'ouvre et se la fait lire; on y
« trouve ces mots : Monseigneur, j'ai reçu avec
« une soumission aveugle les ordres qu'il a plu à
« Votre Grandeur.... Lui-même encore écrit une
« lettre pendant la nuit, et après l'avoir cachetée,
« il éteint sa bougie; il ne laisse pas d'être sur-

---

(1) *Voyez* la scène VIII du troisième acte.

(2) Ce trait a peut-être donné à Regnard l'idée du jeu de théâtre de la scène IX du quatrième acte, et de la méprise des lettres.

« pris de ne voir goutte, et il sait à peine com-
« ment cela est arrivé. Ménalque descend l'escalier
« du Louvre, un autre le monte à qui il dit : C'est
« vous que je cherche. Il le prend par la main, le
« fait descendre avec lui, traverse plusieurs cours,
« entre dans les salles, en sort, il va, il revient
« sur ses pas : il regarde enfin celui qu'il traîne
« après soi depuis un quart d'heure; il est étonné
« que ce soit lui; il n'a rien à lui dire, il lui quitte
« la main et tourne d'un autre côté. Souvent il vous
« interroge, et il est déjà loin de vous quand vous
« songez à lui répondre, ou bien il vous demande
« en courant, comment se porte votre père, et
« comme vous lui dites qu'il est fort mal, il vous
« crie qu'il en est bien aise. Il vous trouve quelque
« autre fois sur son chemin, il est ravi de vous
« rencontrer, il sort de chez vous pour vous en-
« tretenir d'une certaine chose. Il contemple votre
« main : Vous avez là, dit-il, un beau rubis; est-il
« balais? Il vous quitte et continue sa route; voilà
« l'affaire importante dont il avoit à vous parler.
« Se trouve-t-il en campagne, il dit à quelqu'un
« qu'il le trouve heureux d'avoir pu se dérober
« à la cour pendant l'automne, et d'avoir passé
« dans ses terres tout le temps de Fontainebleau ;
« il tient à d'autres d'autres discours; puis revenant
« à celui-ci : Vous avez eu, lui dit-il, de beaux jours

# AVERTISSEMENT.

« à Fontainebleau; vous y avez sans doute beaucoup
« chassé. Il commence ensuite un conte qu'il ou-
« blie d'achever; il rit en lui-même, il éclate d'une
« chose qui lui passe par l'esprit, il répond à sa
« pensée, il chante entre ses dents, il siffle, il se
« renverse dans une chaise, il pousse un cri plain-
« tif, il bâille, il se croit seul. S'il se trouve à un
« repas, on voit le pain se multiplier sur son as-
« siette; il est vrai que ses voisins en manquent,
« aussi-bien que de couteaux et de fourchettes dont
« il ne les laisse pas jouir long-temps. On a inventé
« aux tables une grande cuiller pour la commo-
« dité du service; il la prend, la plonge dans le
« plat, l'emplit, la porte à sa bouche, et il ne
« sort pas d'étonnement de voir répandu sur son
« linge et sur ses habits le potage qu'il vient d'ava-
« ler. Il oublie de boire pendant tout le dîner; ou
« s'il s'en souvient et qu'il trouve qu'on lui donne
« trop de vin, il en flaque plus de la moitié au
« visage de celui qui est à sa droite; il boit le reste
« tranquillement, et ne comprend pas pourquoi
« tout le monde éclate de rire de ce qu'il a jeté à
« terre ce qu'on lui a versé de trop. Il est un jour
« retenu pour quelque incommodité; on lui rend
« visite; il y a un cercle d'hommes et de femmes
« dans sa ruelle qui l'entretiennent, et en leur
« présence il soulève sa couverture et crache dans

« ses draps. On le mène aux Chartreux, on lui
« fait voir un cloître orné d'ouvrages, tous de la
« main d'un excellent peintre; le religieux qui
« les explique, parle de saint Bruno, du chanoine
« et de son aventure, en fait une longue histoire,
« et la montre dans l'un de ces tableaux : Ménalque,
« qui, pendant la narration, est hors du cloître et
« bien loin au-delà, y revient enfin, et demande au
« père si c'est le chanoine ou saint Bruno qui est
« damné. Il se trouve par hasard avec une jeune
« veuve, il lui parle de son défunt mari, lui de-
« mande comment il est mort : cette femme, à qui
« ce discours renouvelle ses douleurs, pleure,
« sanglote et ne laisse pas de reprendre tous les
« détails de la maladie de son époux qu'elle con-
« duit depuis la veille de sa fièvre qu'il se portoit
« bien jusqu'à l'agonie. *Madame, lui demande*
« *Ménalque qui l'avoit apparemment écoutée avec*
« *attention, n'aviez-vous que celui-là* (1)? Il s'avise
« un matin de faire tout hâter dans sa cuisine; il
« se lève avant le fruit, et prend congé de la
« compagnie; on le voit ce jour-là en tous les
« endroits de la ville, hormis à celui où il a donné

---

(1) Scène VI, acte quatrième, Léandre répond au Chevalier qui lui parle de son père : Et n'avez-vous jamais
eu que ce père-là?

## AVERTISSEMENT.

« un rendez-vous précis pour cette affaire qui l'a
« empêché de dîner, et l'a fait sortir à pied de
« peur que son carrosse ne le fît attendre. *L'en-*
« *tendez-vous crier, gronder, s'emporter contre l'un*
« *de ses domestiques? il est étonné de ne le point*
« *voir; où peut-il être? dit-il; que fait-il? qu'est-il*
« *devenu? qu'il ne se présente plus devant moi, je*
« *le chasse dès à cette heure : le valet arrive, à qui*
« *il demande fièrement d'où il vient; il lui répond*
« *qu'il vient de l'endroit où il l'a envoyé, et il lui rend*
« *un fidèle compte de sa commission* (1). Vous le
« prendriez souvent pour ce qu'il n'est pas : pour
« un stupide; car il n'écoute point, et il parle
« encore moins : pour un fou ; car, outre qu'il
« parle tout seul, il est sujet à de certaines gri-
« maces et à des mouvements de tête involon-
« taires : pour un homme fier et incivil; car vous
« le saluez, et il passe sans vous regarder, ou il
« vous regarde sans vous rendre le salut : pour un
« inconsidéré ; car il parle de banqueroute au mi-
« lieu d'une famille où il y a cette tache ; d'exé-
« cution et d'échafaud devant un homme dont le
« père y a monté ; de roture devant les roturiers

---

(1) *Voyez* le commencement de la scène VIII du troisième acte.

« qui sont riches et qui se donnent pour nobles.
« De même il a dessein d'élever auprès de soi un
« fils naturel sous le nom et le personnage d'un
« valet ; et quoiqu'il veuille le dérober à la con-
« noissance de sa femme et de ses enfants, il lui
« échappe de l'appeler son fils dix fois le jour. Il
« a pris aussi la résolution de marier son fils à la
« fille d'un homme d'affaires, et il ne laisse pas de
« dire de temps en temps, en parlant de sa mai-
« son et de ses ancêtres, que les Ménalque ne se
« sont jamais mésalliés. Enfin il n'est ni présent,
« ni attentif dans une compagnie à ce qui fait le
« sujet de la conversation : il pense et il parle tout
« à la fois ; mais la chose dont il parle est rare-
« ment celle à laquelle il pense ; aussi ne parle-
« t-il guère conséquemment et avec suite : *Où il*
« *dit non, souvent il faut dire oui ; et où il dit oui,*
« *croyez qu'il faut dire non : il a, en vous répon-*
« *dant si juste, les yeux fort ouverts, mais il ne*
« *s'en sert point ; il ne regarde ni vous, ni per-*
« *sonne, ni rien qui soit au monde* (1). Tout ce

---

(1) *Voyez* le portrait que Carlin fait de son maitre, acte II, scène première :

Il rêve fort à rien, il s'égare sans cesse ;
Il cherche, il trouve, il brouille, il regarde sans voir,

# AVERTISSEMENT.

« que vous pouvez tirer de lui, et encore dans le
« temps qu'il est le plus appliqué et d'un meilleur
« commerce, ce sont ces mots : Oui vraiment :
« C'est vrai : Bon! Tout de bon? Oui-dà : Je pense
« que oui : Assurément : Ah, ciel! et quelques
« autres monosyllabes qui ne sont pas même pla-
« cés à propos. Jamais aussi il n'est avec ceux avec
« qui il paroît être; il appelle sérieusement son
« laquais Monsieur, et son ami il l'appelle la Ver-
« dure; il dit Votre Révérence à un prince du
« sang, et Votre Altesse à un jésuite. Il entend la
« messe; le prêtre vient à éternuer, il lui dit :
« Dieu vous assiste! Il se trouve avec un magis-
« trat; cet homme, grave par son caractère, véné-
« rable par son âge et par sa dignité, l'interroge
« sur un événement, et lui demande si cela est
« ainsi; Ménalque lui répond : Oui, Mademoi-
« selle. Il revient une fois de la campagne, ses
« laquais en livrée entreprennent de le voler et y
« réussissent; ils descendent de son carrosse, ils lui
« portent un bout de flambeau sous la gorge, lui
« demandent la bourse, et il la rend : arrivé chez
« soi, il raconte son aventure à ses amis qui ne

---

Quand on lui parle blanc, soudain il répond noir;
Il vous dit non pour oui, pour oui non; il appelle
Une femme Monsieur, et moi Mademoiselle.

« manquent pas de l'interroger sur les circon-
« stances, et il leur dit : Demandez à mes gens,
« ils y étoient. »

C'est moins un caractère particulier que donne
La Bruyère qu'un recueil de faits de distractions.
Regnard a fait usage de plusieurs de ces faits,
mais il en a d'autres qui lui appartiennent; et
l'on peut juger, par le rapprochement que nous
avons fait de ceux dont il a fait usage, combien il
est injuste de leur attribuer tout le succès de la
comédie, au point de dire que Regnard n'a fait
que mettre le morceau de La Bruyère, partie en
action, partie en récit.

Un reproche plus essentiel que l'on a fait à ce
poète, c'est d'avoir choisi un sujet vicieux et
d'avoir mis sur la scène un ridicule *prétendu*,
parce que, dit-on, il ne dépend point de nous
d'être ou de n'être point distraits; c'est, non un
ridicule, ni même un vice, mais un défaut purement physique; et l'on ajoute qu'il a été aussi déraisonnable de mettre sur la scène un distrait, qu'il
le seroit d'y mettre un boiteux, un aveugle, etc.

On convient que cette critique est juste à certains égards. Cependant on observe que la distraction est plus souvent un vice d'habitude, qu'un

défaut naturel. Nous sommes distraits, parce que notre imagination, trop fortement occupée d'un objet quelconque, ne nous permet pas la moindre attention sur les choses qui nous environnent; c'est pourquoi ce défaut est communément celui des personnes occupées de grandes affaires. Il est donc possible de prévenir ce défaut et de s'en corriger, et ce n'est point un rire barbare que celui qu'excitent les méprises plaisantes que la distraction peut produire.

Lors de la reprise du *Distrait*, en 1731, l'abbé Pélegrin fit imprimer, dans le *Mercure de France*, du mois de juillet de la même année, une critique de cette pièce qui ne mérite pas la peine d'être réfutée.

Il reproche à Regnard de n'avoir produit que des caractères vicieux. Le Chevalier est un petit-maître du plus mauvais ton, bas et crapuleux; Madame Grognac est une grondeuse insupportable et une mauvaise mère; Valère, une espèce d'imbécille qui a une affection déraisonnable pour son neveu, le Chevalier; enfin Léandre, qui est le principal personnage de la pièce, et celui dont il a voulu *étaler le principal ridicule*, n'est qu'une espèce de fou. L'intrigue de la pièce est misérable, et le dénoûment une mauvaise copie de celui de nos *Femmes savantes.* La critique finit par cette phrase : Cela n'empêche pas qu'on ne doive rendre à M. Regnard la justice qui lui est due ; c'est que personne n'a mieux possédé que lui le talent de faire rire ; *et c'est par là que ses pièces de théâtre sont plus aimées qu'elles ne sont estimées.*

C'est ainsi que s'exprimoit sur le compte d'un de nos poètes comiques les plus estimables, un misérable auteur qui n'étoit connu au théâtre que par ses chutes, et dont le nom, ainsi que celui de Cotin, ne servira jamais qu'à caractériser la médiocrité. Mais qu'en est-il arrivé? La critique de l'abbé est demeurée ensevelie dans le *Mercure*, où personne ne s'avisera jamais d'aller la lire, et la comédie de Regnard jouit et jouira toujours du succès le plus mérité.

Le caractère du Distrait est celui d'un homme vertueux et ridicule, qui intéresse par les qualités de son cœur, en même temps qu'il nous fait rire par les travers de son esprit ; ainsi Molière avoit produit auparavant les mêmes effets dans son rôle du Misanthrope.

Le chevalier est un libertin tel que l'étoient autrefois nos petits-maîtres, et le portrait chargé

## AVERTISSEMENT.

qu'en a fait Regnard, en étoit d'autant plus propre à les faire rougir de la bassesse de leurs inclinations et de la dépravation de leurs mœurs.

La foiblesse de Valère pour ce jeune débauché, provient de l'extrême pusillanimité de son caractère ; c'est un de ces timides vieillards qui savent étaler les meilleures maximes du monde et sont incapables d'agir. Ce caractère contraste avec celui de Madame Grognac. Celle-ci est une vieille quinteuse, bizarre, hargneuse, qui ne voit dans la soumission et dans la douceur de sa fille Isabelle, que de nouveaux sujets d'émouvoir sa bile.

L'intrigue n'est point aussi misérable que le prétend le critique ; tous les incidents sont heureusement amenés et très-plaisants. Le dénoûment est préparé ; on parle dès la première scène de l'oncle agonisant dont Léandre doit hériter : on n'est donc pas aussi étonné d'apprendre à la fin de la pièce qu'il a déshérité son neveu, qu'on est surpris, dans les *Femmes savantes*, d'entendre parler du jugement d'un procès, et d'une banqueroute, dont il n'avoit jusque-là été nullement question.

L'auteur des *Proverbes dramatiques* a su nous donner une petite pièce du *Distrait* très-plaisante, et dans laquelle il a mis en action des faits de distractions autres que ceux employés par Regnard.

La comédie de Regnard se joue très-souvent, et est toujours vue avec plaisir.

# AVERTISSEMENT.

## NOMS DES ACTEURS

*Qui ont joué dans la comédie du* Distrait *dans sa nouveauté, en* 1697.

Léandre, *le sieur Beaubourg.* Clarice, *mademoiselle Dancourt.* Madame Grognac, *mademoiselle Desbrosses.* Isabelle, *mademoiselle Raisin* (1). Le Chevalier, *le sieur Baron* (2). Valère, *le sieur Guérin.* Lisette, *mademoiselle Beauval.* Carlin, *le sieur la Thorillière.*

---

(1) Françoise Pitel de Long-Champ, femme de Jean-Baptiste Raisin, comédien, a été conservée lors de la réunion des troupes, en 1680. Cette actrice doubloit mademoiselle Dancourt, et jouoit aussi en second les amoureuses tragiques. Elle s'est retirée du théâtre en 1701, et est morte en 1721.

(2) Cet acteur étoit fils du fameux Baron : il se nommoit *Étienne Baron*, et remplissoit avec quelque succès les seconds rôles tragiques, et les premiers dans le haut comique. Il est mort en 1711.

# PERSONNAGES.

LÉANDRE, Distrait.
CLARICE, amante de Léandre.
M^me GROGNAC.
ISABELLE, fille de M^me Grognac.
LE CHEVALIER, frère de Clarice et amant d'Isabelle.
VALÈRE, oncle de Clarice et du Chevalier.
LISETTE, servante d'Isabelle.
CARLIN, valet de Léandre.
Un Laquais.

*La scène est à Paris, dans une maison commune.*

# LE DISTRAIT.

J.M. Moreau le jeune, Del.  Langlois le jeune, Sculp.
Et voila pour ta mort l'arret tout prononce.
Act. V. Sc. VI.

# LE DISTRAIT,
## COMÉDIE.

## ACTE PREMIER.

### SCÈNE PREMIÈRE.

VALÈRE, M.me GROGNAC.

VALÈRE.

Quoi ! toujours opposée à toute une famille ?

M.me GROGNAC.

Oui.

VALÈRE.

Vous ne voulez point marier votre fille ?

M.me GROGNAC.

Non.

VALÈRE.

Quand on vous en parle, on vous met en courroux.

M.me GROGNAC.

Oui.

VALÈRE.

Vous ne prendrez point des sentiments plus doux ?

M^me GROGNAC.

Non.

VALÈRE.

Fort bien ! Non, oui, non : beau discours ! vos répliques
Me paroissent, pour moi, tout-à-fait laconiques.
Mais, pour mieux raisonner avec vous là-dessus,
Et pour rendre un moment le discours plus diffus,
Dites-moi, s'il vous plaît, la véritable cause
Qui vous fait rejeter les partis qu'on propose.
Ce fameux partisan, par exemple, pourquoi....

M^me GROGNAC.

Hé fi, Monsieur, fi donc ; vous radotez, je croi ;
Il est trop riche.

VALÈRE.

Ah ! ah ! nouvelle est la maxime.

M^me GROGNAC.

Gagne-t-on en cinq ans un million sans crime ?
Je hais ces fort-vêtus qui, malgré tout leur bien,
Sont un jour quelque chose, et le lendemain rien.

VALÈRE.

Et ce jeune marquis, cet homme d'importance,
Vous ne lui pouvez pas reprocher sa naissance ;
Il a les airs de cour, parle haut, chante, rit ;
Il est bien fait ; il a du cœur et de l'esprit.

M^me GROGNAC.

Il est trop gueux.

## ACTE I, SCÈNE I.

VALÈRE.

Fort bien! La réponse est honnête,
Et vous avez toujours quelque défaite prête.
Il s'offre deux partis, vous les chassez tous deux :
Le premier est trop riche, et le second trop gueux.
Dans vos brusques humeurs je ne puis vous comprendre.
Comment prétendez-vous que soit fait votre gendre?

M<sup>me</sup> GROGNAC.

Je prétends qu'il soit fait comme on n'en trouve point;
Qu'il soit posé, discret, accompli de tout point;
Qu'il ait, avec du bien, une honnête naissance;
Qu'il ne fasse point voir ces traits de pétulance,
Ces actions de fou, ces airs évaporés,
Dignes productions des cerveaux mal timbrés;
Qu'il ait auprès du sexe un peu de politesse;
Qu'il mêle à ses discours certain air de sagesse;
Qu'il ne soit point enfin, pour tout dire de lui,
Comme les jeunes gens que je vois aujourd'hui.

VALÈRE.

Cet homme à rencontrer sera très-difficile,
Et, si vous le trouvez, je vous tiens fort habile.
Vous nous en faites voir un rare et beau portrait;
Et si vous ne voulez de gendre qu'ainsi fait,
Quoique Isabelle soit et riche et de famille,
Elle court grand hasard de vivre et mourir fille.

M<sup>me</sup> GROGNAC.

Non : Léandre est l'époux que je veux lui donner.

##### VALÈRE.

Léandre !

##### M<sup>me</sup> GROGNAC.

Ce parti semble vous étonner ;
Mais c'est un fait, Monsieur, dont peu je me soucie,
Et je le trouve, moi, selon ma fantaisie.
Je sais bien qu'à parler de lui sans passion,
Il est particulier en sa distraction ;
Il répond rarement à ce qu'on lui propose ;
On ne le voit jamais à lui dans nulle chose :
Mais ce n'est pas un crime enfin d'être ainsi fait.
On peut être, à mon sens, homme sage et distrait.

##### VALÈRE.

Je croyois, à parler aussi sans artifice,
Qu'il avoit quelque goût pour ma nièce Clarice.

##### M<sup>me</sup> GROGNAC.

Oh bien ! je vous apprends que vous vous abusiez ;
Et, pour vous détromper, il faut que vous sachiez
Que je suis dès long-temps liée à la famille,
Et que, pour m'engager à lui donner ma fille,
L'oncle dont il attend sa fortune et son bien,
D'un dédit mutuel cimenta ce lien.
Léandre est allé voir cet oncle à l'agonie,
Et j'attends son retour pour la cérémonie.
Si je n'avois en vue un tel engagement,
Il n'auroit pas chez moi pris un appartement.
Vous qui logez céans avecque votre nièce,

Vous êtes tous les jours témoin de sa tendresse.

VALÈRE.

Mais m'assurerez-vous que Léandre, en son cœur,
Malgré votre dédit, n'ait point une autre ardeur,
Et que, d'une autre part, votre fille Isabelle
A vos intentions n'ait pas un cœur rebelle ?

M<sup>me</sup> GROGNAC.

Léandre aime ma fille, et ma fille fera,
Lorsque j'aurai parlé, tout ce qu'il me plaira.
C'est une fille simple, à mes désirs sujette :
Et je voudrois bien voir qu'elle eût quelque amourette !

VALÈRE.

Il faut que sur ce point nous la fassions parler ;
Son cœur s'expliquera sans rien dissimuler.

M<sup>me</sup> GROGNAC.

D'accord. Lisette ; holà, Lisette. De la vie
On ne vit dans Paris femme si mal servie.
Lisette.

## SCÈNE II.

LISETTE, M<sup>me</sup> GROGNAC, VALÈRE.

LISETTE.

Eh bien, Lisette ! est-ce fait ? Me voilà.

M<sup>me</sup> GROGNAC.

Que fait ma fille ?

LISETTE.

Quoi ! ce n'est que pour cela ?
Vous avez bonne voix. Quel bruit ! A vous entendre,
J'ai cru qu'à la maison le feu venoit de prendre.

M^me GROGNAC.

Vous plairoit-il vous taire, et finir vos discours ?

LISETTE.

Oh ! vous grondez sans cesse.

M^me GROGNAC.

Et vous parlez toujours.
Répondez seulement à ce que l'on souhaite.
Que fait ma fille ?

LISETTE.

Elle est, Madame, à sa toilette.

M^me GROGNAC.

Toujours à sa toilette, et devant un miroir !
Voilà tout son emploi du matin jusqu'au soir.

LISETTE.

Vous parlez bien à l'aise, avec votre censure.
Il m'a fallu trois fois réformer sa coiffure.
Nous avons toutes deux enragé tout le jour
Contre un maudit crochet qui prenoit mal son tour.

M^me GROGNAC.

Belle occupation, vraiment ! Qu'elle descende.
Dites-lui de ma part qu'ici je la demande.

LISETTE.

Je vais vous l'amener.

## SCÈNE III.

### VALÈRE, M^me GROGNAC.

#### VALÈRE.

N'ALLEZ pas la gronder,
Ni par votre air sévère ici l'intimider.

#### M^me GROGNAC.

Mon Dieu ! je sais assez comme il faut se conduire,
Et je ne dirai rien que ce qu'il faudra dire.
La voilà. Vous verrez quels sont ses sentiments.

## SCÈNE IV.

### ISABELLE, LISETTE, M^me GROGNAC, VALÈRE.

#### M^me GROGNAC, à Isabelle.

VENEZ, Mademoiselle, et saluez les gens.
*(Isabelle fait la révérence.)*
Plus bas ; encor plus bas. O ciel, quelle ignorance !
Ne savoir pas encor faire la révérence,
Depuis trois ans et plus qu'elle apprend à danser !

#### LISETTE.

Son maître tous les jours vient pourtant l'exercer :
Mais que peut-on apprendre en trois ans ?

M^me GROGNAC, à Lisette.
>A se taire.

LISETTE, bas.
Elle a bien aujourd'hui l'esprit atrabilaire.
(Haut.)
Nous attendons encore un maître italien,
Qui doit venir tantôt.

M^me GROGNAC, à Lisette.
>Je vous le défends bien.

Je ne veux point chez moi gens de cette sequelle ;
Ce sont courtiers d'amour pour une demoiselle.
(à Isabelle.)
Levez la tête. Encor. Soyez droite. Approchez.
Faut-il tendre toujours le dos quand vous marchez ?
Présentez mieux la gorge, et baissez cette épaule.

LISETTE, à part.
C'est du soir au matin un éternel contrôle.

M^me GROGNAC, à Isabelle.
Avancez, s'il vous plaît, et répondez à tout.
Parlez. Le mariage est-il de votre goût ?
>(Isabelle rit.)

VALÈRE.
Elle rit. Bon, tant mieux ; j'en tire un bon augure.

LISETTE.
Voilà ce qui s'appelle un ris d'après nature.

M^me GROGNAC, à Isabelle.
Quoi ! vous avez le front de rire, et devant nous !

## ACTE I, SCÈNE IV.

Vous ne rougissez pas quand on parle d'époux !

MADAME ISABELLE.

J'ignorois qu'une fille, au mot de mariage,
D'une prompte rougeur dût couvrir son visage.
Je dois vous obéir; et, quand je l'entendrai,
Puisque vous le voulez, d'abord je rougirai.

LISETTE, à part.

Quel heureux naturel !

M<sup>me</sup> GROGNAC.

Les époux sont bizarres,
Brutaux, capricieux, impérieux, avares :
On devroit s'en passer, si l'on avoit bon sens.

ISABELLE.

N'étoient-ils pas ainsi tous faits de votre temps ?
Vous n'avez pas laissé d'en prendre un étant fille.

M<sup>me</sup> GROGNAC.

Vous êtes dans l'erreur. Rodillard de Choupille,
Noble au bec de corbin, grand gruyer de Berri,
Et qui fut votre père, étant bien mon mari,
M'enleva malgré moi ; sans cela, de ma vie,
De me donner un maître il ne m'eût pris envie.

LISETTE.

La même chose un jour pourra nous arriver.

ISABELLE.

On ne fait donc point mal à se faire enlever ?

M<sup>me</sup> GROGNAC.

Eh bien ! vit-on jamais un esprit plus reptile ?

Puis-je avoir jamais fait une telle imbécille ?
C'est une grosse bête, et qui n'est propre à rien.

LISETTE, à part.

Elle est bien votre fille, et vous ressemble bien.

M^me GROGNAC, à Lisette.

Euh ! plaît-il ?

LISETTE.

Vous m'avez ordonné le silence.

M^me GROGNAC.

Vous pourriez à la fin lasser ma patience.

VALÈRE, à madame Grognac.

Je veux plus doucement la sonder sur ce point.
(à Isabelle.)
Voulez-vous un mari ?

ISABELLE.

Je n'en demande point ;
Mais, s'il s'en rencontroit quelqu'un qui pût me plaire,
Je pourrois l'accepter, ainsi qu'a fait ma mère.

M^me GROGNAC, à Isabelle.

Comment donc ?

VALÈRE, à madame Grognac.

Avec elle agissons sans aigreur.
(à Isabelle.)
Çà, dites-moi, quelqu'un vous tiendroit-il au cœur ?

ISABELLE.

Ah !

LISETTE, à Isabelle.

Bon, courage.

VALÈRE, à Isabelle.

Allons, parlez-nous sans rien craindre.

ISABELLE.

Je sens, lorsque je vois un petit homme à peindre....

VALÈRE.

Eh bien donc ?

ISABELLE.

Je sens là je ne sais quoi qui plaît ;
Mais je ne saurois bien vous dire ce que c'est.

LISETTE.

Oh! je le sais bien, moi. C'est l'amour qui murmure.

M<sup>me</sup> GROGNAC, à Isabelle.

J'apprends avec plaisir une telle aventure.
Et quel est, s'il vous plaît, ce jeune adolescent
Qui vous fait ressentir ce mouvement naissant ?

ISABELLE.

Ah ! si vous le voyiez, vous l'aimeriez vous-même.
Il me dit tous les jours qu'il m'estime, qu'il m'aime ;
Il pleure quand il veut. Tu sais comme il est fait,
Lisette, et tu nous peux en faire le portrait.

LISETTE.

C'est un petit jeune homme à quatre pieds de terre,
Homme de qualité, qui revient de la guerre ;
Qu'on voit toujours sautant, dansant, gesticulant ;
Qui vous parle en sifflant, et qui siffle en parlant ;
Se peigne, chante, rit, se promène, s'agite ;
Qui décide toujours pour son propre mérite ;

Qui près du sexe encor vit assez sans façon.

VALÈRE.

Mais, c'est le Chevalier.

LISETTE.

Vous avez dit son nom.

Mme GROGNAC.

Qui? ce fou?

VALÈRE.

S'il n'a pas le bonheur de vous plaire,
Songez qu'il m'appartient. C'est un jeune homme à faire.
Il a de la valeur, il est bien à la cour.

Mme GROGNAC.

Qu'il s'y tienne.

VALÈRE.

Il sera très-riche quelque jour :
Il peut lui convenir d'esprit, de bien et d'âge.

ISABELLE.

Il est tout fait pour moi, l'on ne peut davantage.

Mme GROGNAC.

De quel front, s'il vous plaît, sans mon consentement,
Osez-vous bien penser à quelque attachement ?
Vous êtes bien hardie et bien impertinente !

VALÈRE.

L'amour du Chevalier pourroit être innocente.

Mme GROGNAC.

L'amour du Chevalier n'est point du tout mon fait.
J'ai fait, pour son mari, choix d'un autre sujet.

## ACTE I, SCÈNE IV.

Le dédit pour Léandre en est une assurance.
Que votre Chevalier cherche une autre alliance :
Je ne l'ai jamais vu ; mais on m'en a parlé
Comme d'un petit fat et d'un écervelé,
Et je vous défends, moi, de le voir de la vie.

#### ISABELLE.

Je ne le verrai point, vous serez obéie.
Mes yeux trop curieux n'iront point le chercher ;
Mais lui, s'il me veut voir, puis-je l'en empêcher ?

#### M<sup>me</sup> GROGNAC.

A ces simplicités qui sortent de sa bouche,
A cet air si naïf, croiroit-on qu'elle y touche ?
Mais c'est une eau qui dort, dont il faut se garder.

#### ISABELLE.

Vous êtes avec moi toujours prête à gronder.
Je parois toute sotte alors qu'on me querelle,
Et cela me maigrit.

#### M<sup>me</sup> GROGNAC.

   Taisez-vous, péronnelle.
Rentrez, et là-dedans allez voir si j'y suis.

#### VALÈRE.

Si vous vouliez pourtant écouter quelque avis....

#### M<sup>me</sup> GROGNAC.

Je ne prends point d'avis ; je suis indépendante.

#### VALÈRE.

Je le sais ; mais....

Mme GROGNAC.

Adieu. Je suis votre servante.

VALÈRE.

Mais, Madame, entre nous, il est de la raison....

Mme GROGNAC.

Mais, Monsieur, entre nous, quand de votre façon
Vous aurez, s'il se peut encor, garçon ou fille,
Je n'irai point chez vous régler votre famille;
De vos enfants alors vous pourrez disposer
Tout à votre plaisir, sans que j'aille y gloser.

(à Isabelle.)

Allons vite, rentrez. Faites ce qu'on ordonne.

## SCÈNE V.

VALÈRE, LISETTE.

LISETTE.

La madame Grognac a l'humeur hérissonne;
Et je ne vois pas, moi, son esprit se porter
A l'hymen que tantôt vous vouliez contracter.

VALÈRE.

J'avois dessein de faire une double alliance;
Mais ce dédit fâcheux étourdit ma prudence.
Léandre a pour Clarice un penchant dans le cœur;
Et si pour Isabelle il a feint quelque ardeur,
C'étoit pour obéir à la voix importune

D'un oncle fort âgé, dont dépend sa fortune.

#### LISETTE.

La mère d'Isabelle est un diable en procès;
Je crains que notre amour n'ait un mauvais succès.

#### VALÈRE.

Le temps et la raison la changeront peut-être,
Et mon neveu pourra... Mais je le vois paroître.

## SCÈNE VI.

### LE CHEVALIER, VALÈRE, LISETTE.

#### LE CHEVALIER, riant.

Bonjour, mon oncle. Ah! ah! Lisette, te voilà!
Je ne veux de ma vie oublier celui-là.

#### LISETTE, au Chevalier.

Faites-nous, s'il vous plaît, la grâce de nous dire
Le sujet si plaisant qui vous excite à rire.

#### LE CHEVALIER.

Oh! parbleu, si je ris ce n'est pas sans sujet.
Léandre, ce rêveur, cet homme si distrait,
Vient d'arriver en poste ici couvert de crotte:
Le bon est qu'en courant il a perdu sa botte,
Et que, marchant toujours, enfin il s'est trouvé
Une botte de moins quand il est arrivé.

LISETTE.

De ces distractions il est assez capable.

LE CHEVALIER.

L'aventure est comique, ou je me donne au diable.
Mais ce n'est rien encore, et son valet m'a dit
(Je le crois aisément) que le jour qu'il partit
Pour aller voir mourir son oncle en Normandie,
Il suivit le chemin qui mène en Picardie,
Et ne s'aperçut point de sa distraction
Que quand il découvrit les clochers de Noyon.

LISETTE.

Il a pris le plus long pour faire sa visite.

LE CHEVALIER, à Valère.

Fussiez-vous descendu du lugubre Héraclite
De père en fils, parbleu, vous rirez de ce trait.
Vous faites le Caton, riez donc tout-à-fait,
Mon oncle, allons gai, gai; vous avez l'air sauvage.

VALÈRE.

Vous, n'aurez-vous jamais celui d'un homme sage?
Faudra-t-il qu'en tous lieux vos airs extravagants,
Vos ris immodérés donnent à rire aux gens?

LE CHEVALIER.

Si quelqu'un rit de moi, moi je ris de bien d'autres.
Vous condamnez mes airs, et je blâme les vôtres;
Et, dans ce beau conflit, ce que je trouve bon,
C'est que nous prétendons avoir tous deux raison.
Pour moi, je n'ai pas tort. Il faut bien que je rie

## ACTE I, SCÈNE VI.

De tout ce que je vois tous les jours dans la vie.
Cette vieille qui va marchander des galants,
Comme un autre feroit du drap chez les marchands;
Cidalise, qu'on sait avoir l'âme si bonne
Qu'elle aime tout le monde et n'éconduit personne;
Lucinde, qui, pour rendre un adieu plus touchant,
Jusque sur la frontière accompagne un amant,
Ne sont pas des sujets qui doivent faire rire ?
Parbleu, vous vous moquez.

### VALÈRE.

Eh bien ! votre satire
S'exerce-t-elle assez ? D'un trait envenimé
Toujours l'honneur du sexe est par vous entamé.
Celles dont vous vantez mille faveurs reçues,
De vos jours bien souvent vous ne les avez vues.
Sur ce cruel défaut ne changerez-vous point?

LE CHEVALIER *fait deux ou trois pas de ballet.*

Il ne prêche pas mal. Passez au second point;
Je suis déjà charmé. Que dis-tu de ma danse,
Lisette ?

### LISETTE.

Vous dansez tout-à-fait en cadence.

### VALÈRE.

Vous vous faites honneur d'être un franc libertin :
Vous mettez votre gloire à tenir bien du vin ;
Et lorsque, tout fumant d'une vineuse haleine,
Sur vos pieds chancelants vous vous tenez à peine,

Sur un théâtre alors vous venez vous montrer :
Là, parmi vos pareils, on vous voit folâtrer ;
Vous allez vous baiser comme des demoiselles ;
Et, pour vous faire voir jusque sur les chandelles,
Poussant l'un, heurtant l'autre, et comptant vos exploits,
Plus haut que les acteurs vous élevez la voix ;
Et tout Paris, témoin de vos traits de folie,
Rit plus cent fois de vous que de la comédie.

### LE CHEVALIER.

Votre troisième point sera-t-il le plus fort ?
Soyez bref en tout cas, car Lisette s'endort ;
Moi, je bâille déjà.

### VALÈRE.

Moi, votre train de vie
Cent fois bien autrement et me lasse et m'ennuie,
Et je serai contraint de faire à votre sœur
Le bien que je voulois faire en votre faveur.
Votre père, en mourant, ainsi que votre mère,
Vous laissèrent de bien une somme légère ;
Et, pour vous établir le reste de vos jours,
Vous devez de moi seul attendre du secours.

### LE CHEVALIER.

Mais que fais-je donc tant, Monsieur, ne vous déplaise,
Pour trouver ma conduite à tel excès mauvaise ?
J'aime, je bois, je joue, et ne vois en cela
Rien qui puisse attirer ces réprimandes-là.
Je me lève fort tard, et je donne audience

## ACTE I, SCÈNE VI.

A tous mes créanciers.

LISETTE.

Oui, mais en récompense,
Vous donnez peu d'argent.

LE CHEVALIER.

De là, je pars sans bruit,
Quand le jour diminue et fait place à la nuit,
Avec quelques amis, et nombre de bouteilles
Que nous faisons porter, pour adoucir nos veilles,
Chez des femmes de bien dont l'honneur est entier,
Et qui de leur vertu parfument le quartier.
Là, nous passons la nuit d'une ardeur sans égale;
Nous sortons au grand jour pour ôter tout scandale,
Et chacun, en bon ordre, aussi sage que moi,
Sans bruit, au petit pas se retire chez soi.
Cette vie innocente est-elle condamnée?
Ne faire qu'un repas dans toute une journée!
Un malade, entre nous, se conduiroit-il mieux?

LISETTE.

Vous êtes trop réglé.

LE CHEVALIER, à Valère.

Voyez-le par vos yeux.
Nous sommes cinq amis que la joie accompagne,
Qui travaillons ce soir en bon vin de Champagne.
Vous serez le sixième, et vous paîrez pour nous;
Car à cinq chevaliers, en nous cotisant tous,
Et ramassant écus, livres, deniers, oboles,

Nous n'avons encor pu faire que deux pistoles.

LISETTE.

Heureux le cabaret, Monsieur, qui vous attend!
Vous voilà cinq seigneurs bien en argent comptant!

VALÈRE.

Mais n'êtes-vous pas fou....

LE CHEVALIER.

A propos de folie,
Savez-vous que dans peu, Monsieur, je me marie?
(à Lisette.)
Comment gouvernes-tu cet objet de mes vœux?

LISETTE.

Monsieur....

LE CHEVALIER.

S'apprête-t-elle à couronner mes feux?
C'est un petit bijou que toute sa personne,
Que je veux mettre en œuvre, et que j'affectionne:
(à Valère.)
Elle est jeune, elle est riche, et, de la tête aux pieds,
Vous en seriez charmé, si vous la connoissiez.

VALÈRE.

Je la connois : mais vous, connoissez-vous sa mère?
Elle ne prétend pas songer à cette affaire.

LE CHEVALIER.

Elle ne prétend pas! Il faut que nous voyions
Qui des deux doit avoir quelques prétentions.
Elle ne prétend pas! Parbleu, le mot me touche;

## ACTE I, SCÈNE VI.

Je veux apprivoiser cet animal farouche.

#### LISETTE.

L'apprivoiser, Monsieur! Vous perdrez votre temps;
Et vous prendrez plutôt la lune avec les dents.

#### LE CHEVALIER, à Lisette.

Nous allons voir; suis-moi.

#### VALÈRE.

Eh! doucement, de grâce;
Ralentissez un peu cette amoureuse audace.
A vous voir, on vous croit partir pour un assaut;
Et chez les gens ainsi s'en va-t-on de plein saut?

#### LE CHEVALIER.

Elle ne prétend pas! Ah! vous pouvez lui dire
Que nous sommes instruits comme il faut se conduire,
Et nous savons la règle établie en tel cas.
Je la trouve admirable! elle ne prétend pas!

#### VALÈRE.

Je n'épargnerai rien pour la rendre capable
De prendre à votre amour un parti convenable.
Vous, cependant, tâchez, avec des airs plus doux,
A mériter le choix qu'on peut faire de vous.

#### LE CHEVALIER.

J'y penserai, mon oncle. Adieu.

## SCÈNE VII.

### LE CHEVALIER, LISETTE.

LE CHEVALIER.

Toi, fine mouche,
Va compter mon amour à l'objet qui me touche.
Une affaire à présent m'empêche de le voir :
Je vais tâter du vin dont nous ferons ce soir
Une ample effusion ; et cependant, la belle,
Accepte ce baiser de moi pour Isabelle.
(Il veut l'embrasser.)

LISETTE.

Modérez les transports de vos convulsions ;
Je ne me charge point de vos commissions :
Donnez-les à quelque autre, ou faites-les vous-même.

LE CHEVALIER.

J'adore ta maîtresse, et je sens que je t'aime
Aussi par contre-coup.

LISETTE.

Monsieur, retirez-vous ;
Vous pourriez me blesser, je crains les contre-coups.

## SCÈNE VIII.

### LISETTE, seule.

Quel amant ! Pour raison importante il diffère
D'aller voir sa maîtresse : et quelle est cette affaire ?
Il va tâter du vin ! Ma foi, les jeunes gens,
A ne rien déguiser, aiment bien en ce temps !
Heu ! les femmes, déjà si souvent attrapées,
Seront-elles encor par les hommes dupées ?
Aimera-t-on toujours ces petits vilains-là ?
Maudit soit le premier qui nous ensorcela !
Mais à bon chat bon rat ; et ce n'est pas merveille,
Si les femmes souvent leur rendent la pareille.

FIN DU PREMIER ACTE.

# ACTE SECOND.

## SCÈNE PREMIÈRE.

LISETTE, CARLIN.

LISETTE.

Avec plaisir, Carlin, je te vois dans ces lieux.

CARLIN.

Fraîchement débarqué, je parois à tes yeux,
Et mes cheveux encor sont sous la papillote.

LISETTE.

Eh bien! ton maître enfin a-t-il trouvé sa botte?

CARLIN.

Et qui diable déjà t'a conté de ses tours?

LISETTE.

Je sais tout.

CARLIN.

Il m'en fait bien d'autres tous les jours.
Hier encore, en mangeant un œuf sur son assiette,
Il prit, sans y songer, son doigt pour sa mouillette,
Et se mordit, morbleu, jusques au sang.

LISETTE.

Je crois
Qu'il n'y retourna pas une seconde fois.

## CARLIN.

Sortant d'une maison, l'autre jour, par bévue,
Pour son carrosse il prit celui qui dans la rue
Se trouva le premier. Le cocher touche, et croit
Qu'il mène son vrai maître à son logis tout droit.
Léandre arrive, il monte, il va, rien ne l'arrête;
Il entre en une chambre où la toilette est prête,
Où la dame du lieu, qui ne s'endormoit pas,
Attendoit son époux couchée entre deux draps.
Il croit être en sa chambre, et, d'un air de franchise,
Assez diligemment il se met en chemise,
Prend la robe de chambre et le bonnet de nuit,
Et bientôt il alloit se mettre dans le lit,
Lorsque l'époux arrive. Il tempête, il s'emporte,
Le veut faire sortir, mais non pas par la porte;
Quand mon maître étonné se sauva de ce lieu
Tout en robe de chambre, ainsi qu'il plut à Dieu.
Mais un moment plus tard, pour t'achever mon conte,
Le maître du logis en avoit pour son compte.

## LISETTE.

Ton récit est charmant. Mais, raillerie à part,
Dis-moi, qu'avez-vous fait depuis votre départ ?

## CARLIN.

Nous venons, mon enfant, de courre un bénéfice.

## LISETTE.

Un bénéfice ! toi ?

CARLIN.

Pour te rendre service.
Mais nos soins empressés ne nous ont rien valu,
Et le diable a sur nous jeté son dévolu.

LISETTE.

Explique-toi donc mieux.

CARLIN.

Ah ! Lisette, j'enrage.
Notre espoir dans le port vient de faire naufrage.
Nous croyions hériter, du côté maternel,
D'un oncle : ah ciel ! quel oncle ! il est oncle éternel.
Nous attendions en paix que son âme à toute heure
Passât de cette vie en une autre meilleure ;
Nous le laissions mourir à sa commodité ;
Quand, un beau jour enfin, le ciel, par charité,
A fait tomber sur lui deux ou trois pleurésies,
Qu'escortoient en chemin nombre d'apoplexies.
Nous partons aussitôt, faisant partout *flores*,
Sûrs de trouver déjà le bon homme *ad patres*.
Mais fol et vain espoir ! vermisseaux que nous sommes !
Comme le ciel se rit des vains projets des hommes !
Écoute la noirceur de ce maudit vieillard.

LISETTE.

Vous êtes arrivés sans doute un peu trop tard,
Et quelque autre avant vous....

CARLIN.

Non.

## ACTE II, SCÈNE I.

LISETTE.

                Il auroit peut-être
En faveur de quelqu'un déshérité ton maître ?

CARLIN.

Point.

LISETTE.

Il a déclaré, se voyant sur sa fin,
Quelque enfant provenu d'un hymen clandestin ?

CARLIN.

Non. Il ne fit jamais d'enfants, par avarice.

LISETTE.

Parle donc, si tu veux.

CARLIN.

                Le vieillard, par malice,
Malgré nos vœux ardents, n'a pas voulu mourir.

LISETTE.

Le trait est vraiment noir, et ne se peut souffrir.

CARLIN.

Par trois fois de ma main il a pris l'émétique,
Et je n'en donnois pas une dose modique ;
J'y mettois double charge, afin que par mes soins
Le pauvre agonisant en languît un peu moins :
Mais par trois fois, le sort, injuste, inexorable,
N'a point donné les mains à ce soin charitable,
Et le bon homme enfin, à quatre-vingt-neuf ans,
Malgré sa fièvre lente et ses redoublements,
Sa fluxion, son rhume, et ses apoplexies,

Son crachement de sang, et ses trois pleurésies,
Sa goutte, sa gravelle, et son prochain convoi
Déjà tout préparé, se porte mieux que moi.

LISETTE.

Votre course n'a pas produit grand avantage.

CARLIN.

Nous en avons été pour les frais du voyage:
Mais nous avons laissé Poitevin tout exprès
Pour prendre sur les lieux nos petits intérêts:
Il doit de temps en temps nous donner des nouvelles,
Et nous nous conduirons par ses avis fidèles.

LISETTE.

Sans avoir donc rien fait, vous voilà de retour!
Je vous applaudis fort. Mais comment va l'amour?
Ton maître aime toujours?

CARLIN.

     Cela n'est pas croyable.
Je le vois pour Clarice amoureux comme un diable,
C'est-à-dire beaucoup; mais comme il est distrait,
Son esprit se promène encor sur quelque objet.
Le dédit que son oncle a fait pour Isabelle,
Partage son amour, et le tient en cervelle.
Je sais que ta maîtresse a de naissants appas,
Et surtout de grands biens que Clarice n'a pas;
Mais mon maître est fidèle, et son âme est pétrie
De la plus fine fleur de la galanterie:
Il ne ressemble pas à quantité d'amants;

C'est un homme, morbleu, tout plein de sentiments.
### LISETTE.
Mais, s'il aime Clarice ensemble et ma maîtresse,
Que puis-je faire, moi, pour servir sa tendresse ?
Les épousera-t-il toutes deux ?
### CARLIN.
Pourquoi non ?
Il le fera fort bien en sa distraction.
C'est un homme étonnant et rare en son espèce ;
Il rêve fort à rien, il s'égare sans cesse ;
Il cherche, il trouve, il brouille, il regarde sans voir;
Quand on lui parle blanc, soudain il répond noir;
Il vous dit non pour oui, pour oui non ; il appelle
Une femme Monsieur, et moi Mademoiselle ;
Prend souvent l'un pour l'autre ; il va sans savoir où.
On dit qu'il est distrait, mais moi, je le tiens fou :
D'ailleurs fort honnête homme, à ses devoirs austère;
Exact et bon ami, généreux, doux, sincère,
Aimant, comme j'ai dit, sa maîtresse en héros :
Il est et sage et fou ; voilà l'homme en deux mots.
### LISETTE.
Si Léandre ressent une tendresse extrême
Pour Clarice, Isabelle est prise ailleurs de même,
Et pour le Chevalier son cœur s'est découvert.
### CARLIN.
Tant mieux. Il nous faudra travailler de concert
Pour détourner le coup de ce dédit funeste ;

Et l'amour avec nous achèvera le reste.

LISETTE.

De tes soins empressés nous attendrons l'effet.

CARLIN.

Soit. Adieu donc. Mon maître est dans son cabinet ;
Il m'attend. J'ai voulu, comme le cas me touche,
Apprendre, en arrivant, ta santé par ta bouche.

LISETTE.

Je me porte là là : mais toi ?

CARLIN.

Coussi, coussi.
En très-bonne santé j'arriverois ici,
Si je n'étois porteur d'une large écorchure.

LISETTE.

Bon ! c'est des postillons l'ordinaire aventure.
Jusqu'au revoir. Adieu, courrier malencontreux.

(Elle sort.)

CARLIN.

Mon grand mal est celui que m'ont fait tes beaux yeux;
Mon cœur est plus navré de ton humeur légère.

## SCÈNE II.

CARLIN, seul.

CETTE friponne-là feroit bien mon affaire.
Mais mon maître paroît, il tourne ici ses pas.

## SCENE III.

#### LÉANDRE, CARLIN.

##### CARLIN.

Il rêve, il parle seul, et ne m'aperçoit pas.

LÉANDRE, *se promenant sur le théâtre en rêvant, un de ses bas déroulé.*

Je ne sais si l'absence, aux amants peu propice,
Ne m'a point effacé de l'esprit de Clarice.
On en trouve bien peu de ces cœurs généreux
Qui, dans l'éloignement, sachent garder leurs feux :
Un moment les éteint, ainsi qu'il les fit naître.

##### CARLIN.

Me mettant face à face, il me verra peut-être.

LÉANDRE *heurte Carlin sans s'en apercevoir.*

Je serois bien à plaindre, aimant comme je fais,
Qu'un autre profitât du fruit de ses attraits.
Plus je ressens d'amour, plus j'ai d'inquiétude.
Je ne puis demeurer dans cette incertitude ;
Je veux entrer chez elle, et sans perdre de temps.
Carlin, va me chercher mon épée et mes gants.

##### CARLIN.

J'y cours, et je reviens, Monsieur, à l'heure même.

## SCÈNE IV.

#### LÉANDRE, seul.

Je suis plus que jamais dans une peine extrême.
Si mon oncle fût mort, j'aurois, à mon retour,
Disposé de mon cœur en faveur de l'amour;
Mais je vois tout d'un coup mon attente trompée.

## SCÈNE V.

#### CARLIN, LÉANDRE.

##### CARLIN.

Je ne trouve, Monsieur, ni les gants ni l'épée.

##### LÉANDRE.

Tu ne les trouve point! Voilà comme tu fais!
Ce qu'on te voit chercher ne se trouve jamais.
Je te dis qu'à l'instant ils étoient sur ma table.

##### CARLIN.

Mais j'ai cherché partout, ou je me donne au diable.
Il faut donc qu'un lutin soit venu les cacher.
(Il s'aperçoit que Léandre a son épée et ses gants.)
Ah! ah! le tour est bon, et j'avois beau chercher.
Dormez-vous? veillez-vous?

## ACTE II, SCENE V.

LÉANDRE.

Quoi ! que veux-tu donc dire ?

CARLIN.

Fi donc ! arrêtez-vous, Monsieur ; voulez-vous rire ?
(à part.)
Il en tient un peu là. Sa présence d'esprit
A chaque instant du jour me charme et me ravit.

LÉANDRE.

Mais dis-moi donc, maraud....

CARLIN.

Ah ! la belle équipée !
Hé ! sont-ce là vos gants ? est-ce là votre épée ?

LÉANDRE.

Ah ! ah !

CARLIN.

Ah ! ah !

LÉANDRE.

Je rêve, et j'ai certain ennui....

CARLIN, à part.

Ce ne sera pas là le dernier d'aujourd'hui.

LÉANDRE.

Tout autre objet, Carlin, met mon cœur au supplice.
Je veux bien l'avouer, je n'aime que Clarice.
Ma famille prétend, attendu mes besoins,
Que j'épouse Isabelle, et je feins quelques soins.
Son bien me remettroit en fort bonne figure ;
Mais je brûle, Carlin, d'une flamme trop pure.

Biens, fortune, intérêt, gloire, sceptre, grandeur,
Rien ne sauroit bannir Clarice de mon cœur;
Je ressens de la voir la plus ardente envie....
Quelle heure est-il?

CARLIN.

Il est six heures et demie.

LÉANDRE.

Fort bien. Qui te l'a dit?

CARLIN.

Comment! qui me l'a dit?
(à part.)
Palsembleu, c'est l'horloge. Il perd ma foi l'esprit.

LÉANDRE, riant.

Mais connois-tu comment la chose est avenue,
Et par quel accident ma botte s'est perdue?
Je l'avois ce matin en montant à cheval.

CARLIN.

Riez, c'est fort bien fait, le trait est sans égal.
Mais à propos de botte, un sort doux et propice
Tout à souhait ici vous amène Clarice.
Mettez, de grâce, un frein à votre vertigo,
Et n'allez pas ici faire de quiproquo.

## SCÈNE VI.

#### CLARICE, LÉANDRE, CARLIN.

LÉANDRE, à Clarice.

J'ALLOIS m'offrir à vous, flatté de l'espérance
D'adoucir les tourments de près d'un mois d'absence.
Vous êtes à mes yeux plus belle que jamais;
Chaque jour, chaque instant augmente vos attraits;
A chaque instant aussi mon amoureuse flamme
(à Carlin.)
Croît comme vos appas.... Un fauteuil à Madame.
(Carlin apporte un fauteuil, Léandre s'assied dessus.)

CLARICE.

Chaque amant parle ainsi; et souvent, de retour,
Il oublie avec lui de ramener l'amour.
Notre sexe autrefois changeoit, c'étoit la mode;
Le premier en amour il prit cette méthode :
Les hommes ont depuis trouvé cela si doux,
Qu'ils sont dans ce grand art bien plus savants que nous.

CARLIN, voyant que son maître a pris le fauteuil, apporte un tabouret à Clarice.

Madame, vous plaît-il de vous mettre à votre aise?
Nous n'avons qu'un fauteuil ici, ne vous déplaise,
Et mon maître s'en sert, comme vous pouvez voir.

CLARICE, à Carlin.

Je te suis obligée, et ne veux point m'asseoir.

(à Léandre.)
Si je vous aimois moins, je serois plus tranquille :
A m'alarmer toujours l'amour me rend habile.
Je crains autant que j'aime, et mes foibles appas
Sur vos distractions ne me rassurent pas.
J'appréhende en secret que quelque amour nouvelle....

LÉANDRE.

Non, je n'aime que vous, adorable Isabelle.

CARLIN, bas à Léandre.

Isabelle! Clarice.

LÉANDRE.

Et mes vœux les plus doux
Sont de passer mes jours et mourir avec vous.
Isabelle....

CARLIN, bas à Léandre.

Clarice.

LÉANDRE.

A pour moi mille charmes;
L'amour prend dans ses yeux ses plus puissantes armes;
Isabelle est....

CARLIN, bas à Léandre.

Clarice.

LÉANDRE.

A mes yeux un tableau
De tout ce que le ciel fit jamais de plus beau.

CLARICE, à Carlin.

Qu'entends-je? Justes dieux! Ton maître est infidèle;

## ACTE II, SCÈNE VI.

Son erreur me fait voir qu'il adore Isabelle.
Je suis au désespoir, et je sens dans mon cœur
Mon amour outragé se changer en fureur.

LÉANDRE, sortant de sa rêverie.

Quel sujet tout à coup vous a mis en colère,
Madame ? Ce maraud a-t-il pu vous déplaire ?

CLARICE.

Si quelqu'un me déplaît en ce moment, c'est vous.

LÉANDRE.

Moi ?

CLARICE.

Vous.

LÉANDRE.

Quoi ! je pourrois exciter ce courroux ?

CLARICE.

Vous êtes un ingrat, un lâche, un infidèle ;
Suivez, servez, aimez, adorez Isabelle.

LÉANDRE, à Carlin.

Ah ! maraud, qu'as tu dit ?

CARLIN.

Eh bien ! ne voilà pas ?
J'aurai fait tout le mal..

LÉANDRE, à Clarice.

J'adore vos appas,
Et je veux que du ciel la vengeance et la foudre
Me punisse à vos yeux, et me réduise en poudre,
Si mon cœur, tout à vous, adore un autre objet.

CARLIN.

Ne jurez pas, Monsieur, vous êtes trop distrait.

CLARICE.

Vous aimez Isabelle; et de quelle assurance
Prononcez-vous un nom dont mon amour s'offense?

LÉANDRE.

J'ai parlé d'Isabelle? Eh! vous voulez, je croi,
Éprouver mon amour, ou vous railler de moi.
Moi, parler devant vous d'autre que de vous-même,
Vous, qui m'occupez seule, et que seule aussi j'aime!

CARLIN.

Il faudroit, par ma foi, qu'il eût perdu l'esprit.

LÉANDRE.

De ce cruel soupçon ma tendresse s'aigrit;
Vos yeux vous sont garants qu'il ne m'est pas possible
Que pour quelque autre objet je devienne sensible.
Ah! Madame, à propos, vous avez quelque accès
Auprès du rapporteur que j'ai dans mon procès;
Écrivez-lui, de grâce, un mot pour mon affaire.

CLARICE.

Volontiers.

CARLIN, à part.

A propos est là fort nécessaire.

CLARICE.

Quels que soient vos discours pour me persuader,
J'aime trop pour ne pas toujours appréhender;
Mais ces distractions qui vous sont naturelles,

Me rassurent un peu de mes frayeurs mortelles.
Je vous juge innocent, et crois que votre erreur
Provient de votre esprit plus que de votre cœur.

LÉANDRE.

Avec ces sentiments vous me rendez justice.

CARLIN, à Clarice.

Je suis sa caution, il n'a point de malice ;
Mais le dédit pourroit traverser vos desseins.

CLARICE.

Mon oncle, sur ce point, nous prêtera les mains ;
Il aime fort mon frère, et toute son envie
Seroit de voir un jour sa fortune établie :
Pour lui-même à la cour il brigue un régiment.

LÉANDRE.

Je m'offre à le servir pour avoir l'agrément.

CARLIN.

Tout à propos ici le voilà qui se montre.

## SCÈNE VII.

LE CHEVALIER, LÉANDRE, CLARICE, CARLIN.

LE CHEVALIER, embrassant Léandre.

Hé ! bonjour, mon ami. Quelle heureuse rencontre !

LÉANDRE, au Chevalier.
(à Carlin.)

Monsieur, avec plaisir.... Quel est cet homme-là ?

CARLIN.

C'est le Chevalier.

LÉANDRE.

Ah !

LE CHEVALIER.

Quoi ! ma sœur, te voilà !
Je t'en sais fort bon gré. Viens-tu par inventaire,
Du cœur de ton amant te porter héritière ?

CLARICE.

Mais dis-moi, seras-tu toujours fou, Chevalier ?

LE CHEVALIER.

C'est un charmant objet qu'un nouvel héritier,
Et le noir est pour moi la couleur favorite :
Un amant en grand deuil a toujours son mérite ;
Et quand comme Carlin on seroit mal formé,
Du moment qu'on hérite, on est sûr d'être aimé.

CARLIN.

Comment ! comme Carlin ! Sachez que, sans reproche,
Votre comparaison est odieuse, et cloche.
Chacun vaut bien son prix. Carlin, dans certains cas,
Pour certains chevaliers ne se donneroit pas.

LE CHEVALIER, à Carlin.

Tu te fâches, mon cher ! Il faut que je t'embrasse.
L'oncle a donc fait la chose enfin de bonne grâce ?
As-tu trouvé le coffre à ton gré copieux ?
Ses écus, ses louis étoient-ils neufs ou vieux ?

## ACTE II, SCÈNE VII.

CARLIN, au Chevalier.

Nous n'y prenons pas garde, et toujours avec joie
Nous recevons l'argent tel que Dieu nous l'envoie.

LE CHEVALIER.

(Il chante.)

Le bon homme est donc mort! J'en ai bien du regret.

CLARICE.

Cela se voit assez.

CARLIN.

L'air vient fort au sujet.

LE CHEVALIER.

Je te le veux chanter; j'en ai fait la musique,
Et les vers, dont chacun vaut un poëme épique.

AIR.

« Je me console au cabaret
  « Des rigueurs d'une Iris qui rit de ma tendresse;
  « Là mon amour expire, et Bacchus en secret
        « Succède aux droits de ma maîtresse.
  « Là mon amour expire....

CARLIN.

Au cabaret, c'est là mourir au champ d'honneur.

LE CHEVALIER, chantant.

      « Et Bacchus en secret
      « Succède, succède.

Ce bémol est-il fin, et va-t-il droit au cœur?

      « Succède....

Qu'en dis-tu?

CARLIN.

Mais je dis que dans cet air si doux
Bacchus est plus habile à succéder que nous.

LE CHEVALIER répète.

« Succède aux droits de ma maîtresse. »
(à Léandre.)
Que vous semble, Monsieur, et de l'air et des vers?

LÉANDRE, sortant de la rêverie où il a été pendant la scène, prend Clarice par le bras, croyant parler au Chevalier, et la tire à un des bouts du théâtre.

Vos intérêts en tout m'ont toujours été chers;
J'étois fort serviteur de monsieur votre père,
Et je veux vous servir de la bonne manière.

CLARICE, à Léandre.

Je me sens obligée à votre honnêteté.

LÉANDRE, craignant d'être entendu, la ramène à l'autre côté du théâtre.

Je crois que nous serions mieux de l'autre côté.

LE CHEVALIER fait le même jeu de théâtre avec Carlin.

J'ai de ma part aussi quelque chose à te dire.
Il nous faut divertir....

CARLIN.

Que diantre! est-ce pour rire?

LÉANDRE, à Clarice.

Je suis, comme l'on sait, assez bien près du roi;
Je veux vous faire avoir un régiment.

CLARICE.

A moi?

## LÉANDRE.
A vous-même.
## LE CHEVALIER, à Carlin.
Ton maître au moins n'est pas trop sage.
## CARLIN, au Chevalier.
D'accord. Il vous ressemble en cela davantage.
## LÉANDRE, à Clarice.
Vous avez du service, un nom, de la valeur;
Il faut vous distinguer dans un poste d'honneur.
## CLARICE.
Mais regardez-moi bien.
## LÉANDRE.
Ah! je vous fais excuse,
Madame, et maintenant je vois que je m'abuse.
J'ai cru qu'au Chevalier....
## LE CHEVALIER.
Ma sœur, un régiment!
## CARLIN.
Ce seroit de milice un nouveau supplément;
Et si chaque famille armoit une coquette,
Cette troupe, je crois, seroit bientôt complette.
## LE CHEVALIER.
Ce homme-là, ma sœur, t'aime à perdre l'esprit.
## CLARICE.
Je m'en flatte en secret; du moins il me le dit.
## LE CHEVALIER, à Léandre.
Je crois bien que vos vœux tendent au mariage;

Ma sœur en vaut la peine ; elle est belle, elle est sage.

LÉANDRE.

Ah! Monsieur, point du tout.

LE CHEVALIER.

Comment donc, point du tout?
Cette grâce, cet air....

LÉANDRE.

Il n'est point de mon goût.

LE CHEVALIER.

Cependant vous l'aimez ?

LÉANDRE.

Oui, j'aime la musique ;
Mais, si vous voulez bien qu'en ami je m'explique,
Votre air n'a point ce tour tendre, agréable, aisé,
Et le chant, entre nous, m'en paroît trop usé.

LE CHEVALIER.

Et qui vous parle ici de vers et de musique?
Cet amant-là, ma sœur, est tout-à-fait comique.

LÉANDRE.

Vous chantiez à l'instant ; et ne parliez-vous pas
De votre air ?

LE CHEVALIER.

Non vraiment.

LÉANDRE.

J'ai donc tort en ce cas.

LE CHEVALIER.

Je vous entretenois ici de votre flamme ;

Et voulois pour ma sœur faire expliquer votre âme,
Savoir si vous l'aimez.

LÉANDRE.

Si je l'aime, grands dieux !
Ne m'interrogez point, et regardez ses yeux.

LE CHEVALIER.

Vous avez le goût bon. Si je n'étois son frère,
Près d'elle on me verroit bien loin pousser l'affaire ;
Mais je suis pris ailleurs. Près d'un objet vainqueur
Je fais, à petit bruit, mon chemin en douceur.
J'ai jusqu'ici conduit mon affaire en silence ;
J'abhorre le fracas, le bruit, la turbulence,
Et je vais pour chercher cet objet de mes feux.

## SCÈNE VIII.

LÉANDRE, CARLIN, CLARICE.

LÉANDRE, à Clarice.

Puisque vous désirez si tôt quitter ces lieux,
Souffrez donc, s'il vous plaît, que je vous reconduise.
(Il met un gant, et présente à Clarice la main qui est nue.)

CARLIN, à Léandre.

Vous donnez une main pour l'autre par méprise.

LÉANDRE ôte le gant qu'il avoit.

Il est vrai.

CLARICE, à Léandre.

Demeurez, et ne me suivez pas.

LÉANDRE.

Je veux jusque chez vous accompagner vos pas.
( Il donne la main à Clarice jusqu'au milieu du théâtre, et la quitte pour parler à Carlin. )
( Clarice sort. )

## SCÈNE IX.

### LÉANDRE, CARLIN.

LÉANDRE.

J'ai, Carlin, en secret, un ordre à te prescrire;
Ecoute.... Je ne sais ce que je voulois dire....
Va chez mon horloger, et reviens au plus tôt.
Prends de ce tabac.... Non, tu n'iras que tantôt.

CARLIN, à part.

Le beau secret, ma foi !

## SCÈNE X.

### LE CHEVALIER, LÉANDRE, CARLIN.

LÉANDRE retourne pour donner la main à Clarice, et la donne au Chevalier.

Souffrez ici sans peine
Qu'à votre appartement, Madame, je vous mène.

LE CHEVALIER, *contrefaisant la voix de femme.*
Vous êtes trop honnête, il n'en est pas besoin.

LÉANDRE, *s'apercevant qu'il parle au Chevalier.*
Vous êtes encor là ! Je vous croyois bien loin.
Je cherchois votre sœur, et ma peine est extrême....

LE CHEVALIER.
Vous ne vous trompez pas, c'est une autre elle-même.
Mais si jamais, Monsieur, vous êtes son époux,
Dans vos distractions défiez-vous de vous.
Une femme suffit, tenez-vous à la vôtre ;
N'allez pas, par méprise, en conter à quelque autre.
Ma sœur n'est pas ingrate ; et, sans égard aux frais,
Elle vous le rendroit avec les intérêts.
Adieu, Monsieur. Je suis tout à votre service.

## SCÈNE XI.

### LÉANDRE, CARLIN.

LÉANDRE.
Je cherche vainement, et ne vois point Clarice.

CARLIN.
N'étant pas en ce lieu, vous ne sauriez la voir.

LÉANDRE.
Ah ! mon pauvre Carlin, je suis au désespoir.
Que je suis malheureux ! contre moi tout conspire.

J'avois dans ce moment cent choses à lui dire.
Ne perdons pas de temps; sortons, suivons ses pas;
Je ne suis plus à moi quand je ne la vois pas.

CARLIN.

Et quand vous la voyez, c'est cent fois pis encore.

## SCÈNE XII.

CARLIN, seul.

Il auroit bien besoin de deux grains d'ellébore.
Il étoit moins distrait hier qu'il n'est aujourd'hui :
Cela croît tous les jours. Je me gâte avec lui.
On m'a toujours bien dit qu'il falloit dans la vie
Fuir autant qu'on pouvoit mauvaise compagnie :
Mais je l'aime, et je sais qu'un cœur qui n'est point faux
Doit aimer ses amis avec tous leurs défauts.

FIN DU SECOND ACTE.

# ACTE TROISIÈME.

## SCÈNE PREMIÈRE.

ISABELLE, LISETTE.

LISETTE.

Grace au ciel, à la fin vous quittez la toilette;
Votre mère aujourd'hui doit être satisfaite.
De notre diligence on peut se prévaloir;
Il n'est encore, au plus, que sept heures du soir.

ISABELLE.

Il me semble pourtant que j'aurai peine à plaire,
Et je n'ai pas les yeux si vifs qu'à l'ordinaire.
Ma mère en est la cause, et ce qu'elle me dit
Me brouille tout le teint, me sèche et m'enlaidit.

LISETTE.

Elle enrage à vous voir si grande et si bien faite.
La loi devroit contraindre une mère coquette,
Quand la beauté la quitte, ainsi que les amants,
Et qu'elle a fait sa charge environ cinquante ans,
D'abjurer la tendresse, et d'avoir la prudence
De faire recevoir sa fille en survivance.

ISABELLE.

Que ce seroit bien fait! car enfin, en amour,

Il faut, n'est-il pas vrai, que chacun ait son tour?

LISETTE.

Oui, la chanson le dit. Dites-moi, je vous prie,
Si pour le Chevalier votre âme est attendrie.
Est-ce estime? est-ce amour?

ISABELLE.

Oh! je n'en sais pas tant.

LISETTE.

Mais encor?

ISABELLE.

Je ne sais si ce que mon cœur sent
Se peut nommer amour; mais enfin, je t'avoue
Que j'ai quelque plaisir d'entendre qu'on le loue :
Par un destin puissant, et des charmes secrets,
Je me trouve attachée à tous ses intérêts;
Je rougis, je pâlis, quand il s'offre à ma vue :
S'il me quitte, des yeux je le suis dans la rue ;
Mais que te dis-je? hélas! mon cœur partout le suit :
Ses manières, son air occupent mon esprit ;
Et souvent, quand je dors, d'agréables mensonges
M'en présentent l'image au milieu de mes songes.
Est-ce estime? est-ce amour?

LISETTE.

C'est ce que vous voudrez;
Mais enfin, c'est un mal dont vous ne guérirez
Qu'avec un récipé d'un hymen salutaire,
Et je veux m'employer à finir cette affaire.

Le Chevalier, tout franc, est bien mieux votre fait.
Léandre a de l'esprit, mais il est trop distrait.
Il vous faut un mari d'une humeur plus fringante,
Léger dans ses propos, qui toujours danse, chante;
Qui vole incessamment de plaisirs en plaisirs,
Laissant vivre sa femme au gré de ses désirs,
S'embarrassant fort peu si ce qu'elle dépense
Vient d'un autre ou de lui. C'est cette nonchalance
Qui nourrit la concorde, et fait que, dans Paris,
Les femmes, plus qu'ailleurs, adorent leurs maris.

ISABELLE.

Tu sais bien que ma mère est d'une humeur étrange;
Crois-tu que son esprit à ce parti se range?
Elle m'a défendu de voir le Chevalier.

LISETTE.

Sans se voir on ne peut pourtant se marier.
Ne vous alarmez point : nous trouverons peut-être
Quelque moyen heureux que l'amour fera naître,
Qui pourra tout d'un coup nous tirer d'embarras.
Un sort heureux déjà conduit ici ses pas.

## SCÈNE II.

ISABELLE, LE CHEVALIER, LISETTE.

LE CHEVALIER, dansant et sifflant, à Isabelle.

Je vous trouve à la fin. Ah! bonjour, ma princesse;
Vous avez aujourd'hui tout l'air d'une déesse;
Et la mère d'Amour, sortant du sein des mers,
Ne parut point si belle aux yeux de l'univers.
De votre amour pour moi je veux prendre ce gage.
(Il lui baise la main.)

ISABELLE.

Monsieur le Chevalier....

LISETTE, au Chevalier.

Allons donc, soyez sage.
Comme vous débutez!

LE CHEVALIER, à Lisette.

Nous autres gens de cour,
Nous savons abréger le chemin de l'amour.
Voudrois-tu donc me voir, en amoureux novice,
De l'amour à ses pieds apprendre l'exercice,
Pousser de gros soupirs, serrer le bout des doigts?
Je ne fais point, morbleu, l'amour comme un bourgeois;
( à Isabelle. )
Je vais tout droit au cœur. Le croiriez-vous, la belle?
Depuis dix ans et plus, je cherche une cruelle,

# ACTE III, SCÈNE II.

Et je n'en trouve point, tant je suis malheureux !

LISETTE.

Je le crois bien, Monsieur, vous êtes dangereux.

LE CHEVALIER, à Isabelle.

J'ai bien bu cette nuit, et, sans fanfaronnades,
A votre intention j'ai vidé cent rasades.
Ah ! le verre à la main, qu'il faisoit beau nous voir !
Il fait, parbleu, grand chaud.

ISABELLE.

Voulez-vous vous asseoir ?
Lisette, des fauteuils.

LE CHEVALIER.

Point de fauteuil, de grâce.

ISABELLE.

Oh ! Monsieur, je sais bien....

LE CHEVALIER.

Un fauteuil m'embarrasse.
Un homme là dedans est tout enveloppé ;
Je ne me trouve bien que dans un canapé.
(à Lisette.)
Fais-m'en approcher un pour m'étendre à mon aise.

LISETTE.

Tenez-vous sur vos pieds, Monsieur, ne vous déplaise.
J'enrage quand je vois des gens qu'à tout moment
Il faudroit étayer comme un vieux bâtiment,
Couchés dans des fauteuils, barrer une ruelle.
Et mort non de ma vie, une bonne escabelle ;

Soyez dans le respect. Nos pères autrefois
Ne s'en portoient que mieux sur des meubles de bois.

#### ISABELLE.

Paix donc; ne lui dis rien, Lisette, qui le blesse.

#### LISETTE, à Isabelle.

Bon! bon! il faut apprendre à vivre à la jeunesse.

#### LE CHEVALIER.

Lisette est en courroux. Çà, changeons de discours.
Comment suis-je avec vous? M'adorez-vous toujours?
Cette maman encor fait-elle la hargneuse?
C'est un vrai porc-épic.

#### ISABELLE.

Elle est toujours grondeuse :
Elle m'a depuis peu défendu de vous voir.

#### LE CHEVALIER.

De me voir! Elle a tort. Sans me faire valoir,
Je prétends vous combler d'une gloire parfaite;
Car ce n'est qu'en mari que mon cœur vous souhaite.

#### ISABELLE.

En mari! mais, Monsieur, vous êtes chevalier :
Ces gens-là ne sauroient, dit-on, se marier.

#### LE CHEVALIER.

Quel abus! Nous faisons tous les jours alliance
Avec tout ce qu'on voit de femmes dans la France.

#### LISETTE, entendant madame Grognac.

Ah! madame Grognac!

ISABELLE.

        Ah ! Monsieur, sauvez-vous.
Sortez. Non, revenez.

LISETTE.

        Où nous cacherons-nous ?

LE CHEVALIER.

Laissez, laissez-moi seul affronter la tempête.

LISETTE.

Ne vous y jouez pas. Il me vient dans la tête
Un dessein qui pourra vous tirer d'embarras.
Elle sait votre nom, mais ne vous connoît pas :
Nous attendons un maître en langue italienne ;
Faites ce maître-là, pour nous tirer de peine.

ISABELLE.

Elle approche, elle vient. O ciel !

LE CHEVALIER.

        C'est fort bien dit ;
En cette occasion j'admire ton esprit.
J'ai par bonheur été deux ans en Italie.

## SCÈNE III.

M<sup>me</sup> GROGNAC, ISABELLE, LE CHEVALIER, LISETTE.

M<sup>me</sup> GROGNAC, à Isabelle.

Ah ! vraiment, je vous trouve en bonne compagnie.
Quel est cet homme-là ?

LISETTE.

Ne le voit-on pas bien ?
C'est, comme on vous a dit, ce maître italien
Qui vient montrer sa langue.

M^me GROGNAC.

Il prend bien de la peine.
Ma fille, pour parler, n'a que trop de la sienne.
Qu'elle apprenne à se taire, elle fera bien mieux.

LE CHEVALIER, à Isabelle.

Un grand homme disoit que s'il parloit aux dieux,
Ce seroit espagnol; italien aux femmes;
L'amour par son accent se glisse dans leurs âmes :
A des hommes, françois; et suisse à des chevaux.
*Das dich der donder schalcq.*

LISETTE.

Ah! juste ciel, quels mots!

M^me GROGNAC.

Comme je ne veux point qu'elle parle à personne,
Sa langue lui suffit, et je la trouve bonne.

LE CHEVALIER, à Isabelle.

Or je vous disois donc tantôt que l'adjectif
Devoit être d'accord avec le substantif.
*Isabella bella*, c'est vous, belle Isabelle.
(Bas.)
*Amante fidele*, c'est moi, l'amant fidèle,
Qui veut toute sa vie adorer vos appas.
(Madame Grognac s'approche pour écouter.)

(Haut à Isabelle.)

Il faut les accorder en genre, en nombre, en cas.

M<sup>me</sup> GROGNAC, au Chevalier.

Tout votre italien est plein d'impertinence.

LE CHEVALIER, à madame Grognac.

Ayez pour la grammaire un peu de révérence.
(à Isabelle.)
Il faut présentement passer au verbe actif;
Car moi, dans mes leçons, je suis expéditif.
Nous allons commencer par le verbe *amo*, j'aime.
Ne le voulez-vous pas?

ISABELLE.

Ma joie en est extrême.

LISETTE, au Chevalier.

Elle a pour vos leçons l'esprit obéissant.

LE CHEVALIER, à Isabelle.

Conjuguez avec moi, pour bien prendre l'accent.
*Io amo*, j'aime.

ISABELLE.

*Io amo*, j'aime.

LE CHEVALIER.

Vous ne le dites pas du ton que je demande.
(à madame Grognac.)
Vous me pardonnez bien si je la réprimande.
(à Isabelle.)
Il faut plus tendrement prononcer ce mot-là :
*Io amo*, j'aime.

ISABELLE, *fort tendrement.*

*Io amo*, j'aime.

LE CHEVALIER.

Le charmant naturel, Madame, que voilà !
Aux dispositions qu'elle me fait paroître,
Elle en saura bientôt trois fois plus que son maître.
(à Isabelle.)
Je suis charmé. Voyons si d'un ton naturel,
Vous pourrez aussi bien dire le pluriel.

M$^{me}$ GROGNAC.

Elle en dit déjà trop, Monsieur ; et dans les suites,
Il faudra, s'il vous plaît, supprimer vos visites.

LE CHEVALIER.

J'ai trop bien commencé pour ne pas achever.

## SCÈNE IV.

VALÈRE, LE CHEVALIER, M$^{me}$ GROGNAC, ISABELLE, LISETTE.

VALÈRE, au Chevalier.

AH ! je suis, mon neveu, ravi de vous trouver.
(à madame Grognac.)
Madame, vous voyez, sans trop de complaisance
Un gentilhomme ici d'assez belle espérance ;
Et s'il pouvoit vous plaire, il seroit trop heureux.

## ACTE III, SCÈNE IV.

LISETTE, à part.

Que le diable t'emporte.

ISABELLE, à part.

Ah! contretemps fâcheux!

M<sup>me</sup> GROGNAC, à Valère.

Votre neveu! Comment!

VALÈRE.

Il a su se produire,
Et n'a pas eu besoin de moi pour s'introduire.

M<sup>me</sup> GROGNAC, au Chevalier.

Vous n'êtes pas, Monsieur, un maître italien?

VALÈRE.

Lui? c'est le Chevalier.

LE CHEVALIER.

Il est vrai, j'en convien :
Cela n'empêche pas que, dans quelques familles,
Je ne montre parfois l'italien aux filles.

M<sup>me</sup> GROGNAC, à Isabelle.

Comment, impertinente!

LE CHEVALIER, à madame Grognac.

Ah! point d'emportement.

M<sup>me</sup> GROGNAC, à Isabelle.

Après vous avoir dit....

LE CHEVALIER, à madame Grognac.

Madame, doucement;
N'allez pas, devant moi, gronder mes écolières.

Mme GROGNAC, au Chevalier.

Mêlez-vous, s'il vous plaît, Monsieur, de vos affaires.
(à Isabelle.)
Lorsque je vous défends....

LE CHEVALIER, à madame Grognac.

Pour calmer ce courroux,
J'aime mieux vous baiser, maman.

Mme GROGNAC, au Chevalier.

Retirez-vous.
Je ne suis point, Monsieur, femme que l'on plaisante.

LE CHEVALIER prend madame Grognac par la main ;
chante, et la fait danser par force.

Je veux que nous dansions ensemble une courante.

VALÈRE, les séparant, et mettant le Chevalier dehors.

C'est trop pousser la chose ; allons, retirez-vous.

## SCÈNE V.

VALÈRE, Mme GROGNAC, ISABELLE, LISETTE.

VALÈRE, à madame Grognac.

Et vous, pour éviter de vous mettre en courroux,
Dans votre appartement rentrez, je vous en prie.

Mme GROGNAC, s'en allant.

Ouf, ouf, je n'en puis plus.

## SCÈNE VI.

### VALÈRE, ISABELLE, LISETTE.

LISETTE, à Valère.

Mais quelle étourderie !
Pour éviter le bruit, j'avois trouvé moyen
De le faire passer pour maître italien ;
Et vous êtes venu....

VALÈRE.

Mon imprudence est haute ;
Mais je veux sur-le-champ réparer cette faute.
Je m'en vais la rejoindre, et tâcher de calmer
Son esprit violent, prêt à se gendarmer.

(Il sort.)

## SCÈNE VII.

### LISETTE, ISABELLE.

LISETTE.

Voilà, je vous l'avoue, une fâcheuse affaire.

ISABELLE.

N'as-tu pas ri, Lisette, à voir danser ma mère ?

LISETTE.

Comment donc ! vous riez, et vous ne craignez pas

La foudre toute prête à tomber en éclats?

ISABELLE.

Laissons pour quelque temps passer ici l'orage.
Léandre vient ; il faut nous ranger du passage.
Écoutons un moment ; nous n'oserions sortir.
De ses distractions il faut nous divertir ;
Il ne manquera pas d'en faire ici paroître.

LISETTE.

Je le veux. Demeurons sans nous faire connoître.
Écoutons.

## SCÈNE VIII.

LÉANDRE, CARLIN, ISABELLE et LISETTE
dans le fond du théâtre.

LÉANDRE.

D'où viens-tu? parle donc, réponds-moi.
Je ne te vois jamais quand j'ai besoin de toi.

CARLIN.

J'exécute votre ordre avec zèle, ou je meure.
Vous avez oublié que, depuis un quart d'heure,
De dix commissions il vous plut me charger.
J'ai vu le rapporteur, le tailleur, l'horloger,
Et voilà votre montre enfin raccommodée ;
Elle sonne à présent.

## ACTE III, SCÈNE VIII.

LÉANDRE, *prenant la montre.*

Il me l'a bien gardée.

CARLIN.

Vous m'avez commandé de même d'acheter
Du bon tabac d'Espagne; en voilà pour goûter.

LÉANDRE *prend le papier où est le tabac.*

Voyons.

CARLIN.

C'est du meilleur qu'on puisse jamais prendre,
Dont on frauda les droits en revenant de Flandre.

LÉANDRE *jette la montre, croyant jeter le tabac.*

Quel horrible tabac ! tu veux m'empoisonner.

CARLIN.

La montre ! ah ! voilà bien pour la faire sonner !
Quelle distraction, Monsieur, est donc la vôtre ?

LÉANDRE.

Oh ! je n'y pensois pas ; j'ai jeté l'un pour l'autre.

CARLIN.

Ne vous voilà pas mal ! La montre cette fois
Va revoir l'horloger tout au moins pour six mois.

LÉANDRE.

Cours à l'appartement de l'aimable Clarice ;
Sache si pour la voir le moment est propice ;
Peins-lui bien mon amour, et quel est mon chagrin
D'avoir manqué tantôt à lui donner la main.
Va vite, cours, reviens.

CARLIN, *mettant la montre à son oreille.*

La montre est tout en pièces.
Vous devriez, Monsieur, exercer vos largesses,
Et m'en faire présent....

LÉANDRE.

Va donc, ne tarde pas.
Je t'attends.

CARLIN.

J'obéis, et reviens sur mes pas.

## SCÈNE IX.

LÉANDRE, ISABELLE, LISETTE.

ISABELLE.

APPROCHONS-NOUS.

LÉANDRE, *croyant parler à Carlin, et sans voir Isabelle et Lisette.*

Carlin, j'attends tout de ton zèle.
Si Clarice venoit à parler d'Isabelle,
Dis-lui bien que mon cœur n'en fut jamais touché:
Par de plus nobles nœuds je me sens attaché.
Isabelle est jolie; au reste, peu capable
De fixer le penchant d'un homme raisonnable.
Malgré les faux dehors de sa simplicité,
Elle est coquette au fond.

## ACTE III, SCÈNE IX.

LISETTE, à Isabelle.

La curiosité
Vous pourra coûter cher, aux sentiments qu'il montre.

LÉANDRE, croyant répondre à Carlin.

Mais me parleras-tu toujours de cette montre ?
Eh bien ! c'est un malheur. Fais-lui bien concevoir
Qu'Isabelle sur moi n'eut jamais de pouvoir,
Et que mon oncle en vain veut faire une alliance
Dont mon amour murmure, et dont mon cœur s'offense.

ISABELLE.

Il ne m'aime pas trop, Lisette.

LÉANDRE, croyant répondre à Carlin.

Oui, l'on le dit.
Cette Lisette-là lui tourne mal l'esprit;
C'est une babillarde, en intrigues habile,
Et qui, dans un besoin, pourroit montrer en ville.

LISETTE, à Isabelle.

Voilà donc mon paquet, et vous le vôtre aussi.
Lui dirai-je, à la fin, que vous êtes ici ?

LÉANDRE.

Oui, tu pourras lui dire. Avec impatience
J'attendrai ton retour; va, cours en diligence.
Que les hommes sont fous d'empoisonner leurs jours
Par des dégoûts cruels qu'ils ont dans leurs amours !
Je savoure à longs traits le poison qui me tue.

LISETTE.

C'est pendant trop de temps nous cacher à sa vue;

Et je veux l'attaquer. Monsieur, si par hasard
Vous vouliez bien sur nous jeter quelque regard.

LÉANDRE, *sans les voir.*

Sans ce fâcheux dédit qui vient troubler ma joie,
Je passerois des jours filés d'or et de soie.

LISETTE.

Vous voulez bien, Monsieur, me permettre à mon tour
De vous féliciter sur votre heureux retour?

LÉANDRE, *sans les voir.*

Au pouvoir de l'amour c'est en vain qu'on résiste.

LISETTE.

Monsieur, par charité....

LÉANDRE, *sans les voir.*

Que le ciel vous assiste.

LISETTE.

Sommes-nous donc déjà des objets de pitié?
( à Isabelle. )
De tout ce qu'on me dit vous êtes de moitié.
( à Léandre. )
Tournez les yeux sur nous.

( Elle le tire par la manche. )

LÉANDRE.

Ah! te voilà, Lisette!

LISETTE.

Et ma maîtresse aussi.

LÉANDRE, *à Isabelle.*

Que ma joie est parfaite!
Jamais rien de plus beau ne s'offrit aux regards;

## ACTE III, SCÈNE IX.

Les amours près de vous volent de toutes parts.
Aux coups de vos beaux yeux qui pourroit se soustraire?
Et qu'on seroit heureux si l'on pouvoit vous plaire!

ISABELLE, à Léandre.

Bon! votre cœur pour moi ne fut jamais touché;
Par de plus nobles nœuds vous êtes attaché :
Je suis un peu jolie, au reste peu capable
De fixer le penchant d'un homme raisonnable :
Malgré les faux dehors de ma simplicité,
Je suis coquette au fond.

LÉANDRE.

C'est une fausseté.
Lisette, tu devrois, dans le soin qui t'anime,
Lui faire prendre d'elle une plus juste estime :
Tu gouvernes son cœur.

LISETTE.

Oui, quelqu'un me l'a dit.
Cette Lisette-là lui tourne mal l'esprit ;
C'est une babillarde, en intrigues habile,
Et qui pourroit montrer, en un besoin, en ville.
Votre panégyrique a pour nous des appas.
Quel peintre! Par ma foi, vous ne nous flattez pas.

LÉANDRE, à part.

Ah! maraud de Carlin, dans peu ton imprudence
Recevra de ma main sa juste récompense.

LISETTE.

J'entends venir quelqu'un. Ah, ciel! quel embarras!

C'est madame Grognac qui revient sur ses pas.

ISABELLE.

Lisette, que dis-tu ?

LISETTE.

Votre mère en personne.

ISABELLE.

Quel parti prendre, ô ciel ! je tremble, je frissonne.
Sa brusque humeur sur nous pourroit bien éclater :
Aidez-moi, s'il vous plaît, Monsieur, à l'éviter.

LÉANDRE.

Vous cacher à ses yeux est chose assez facile,
Mon cabinet pour vous doit être un sûr asile ;
Entrez-y.

ISABELLE.

Volontiers. Mais que personne au moins
Ne puisse nous y voir.

(Isabelle et Lisette entrent dans le cabinet de Léandre.)

LÉANDRE.

Fiez-vous à mes soins.

---

## SCÈNE X.

### M^me GROGNAC, LÉANDRE.

M^me GROGNAC.

Je ne la trouve point. Monsieur, où donc est-elle ?

LÉANDRE.

Qui, Madame ?

## ACTE III, SCENE X.

M<sup>me</sup> GROGNAC.

Ma fille.

LÉANDRE.

Hé ! qui donc ?

M<sup>me</sup> GROGNAC.

Isabelle.
Que j'aurois de plaisir, avec deux bons soufflets,
A venger pleinement les affronts qu'on m'a faits !
Mais je ne perdrai pas ici toute ma peine,
Puisqu'il faut aussi-bien que je vous entretienne,
Et vous dise en deux mots que je veux, dès ce jour,
Votre oncle vif ou mort, terminer votre amour.
Vous savez ses desseins, et qu'un dédit m'engage,
Monsieur, à vous donner ma fille....

LÉANDRE.

En mariage ?

M<sup>me</sup> GROGNAC.

Comment donc ? Oui, Monsieur, en mariage, oui ;
Et je prétends, de plus, que ce soit aujourd'hui.
Je ne puis plus long-temps voir traîner cette affaire,
Et je vais ordonner qu'on m'amène un notaire :
C'est un point résolu, Monsieur, dans mon cerveau ;
La garde d'une fille est un trop lourd fardeau.

## SCÈNE XI.

### LÉANDRE, seul.

Ce dédit m'embarrasse et me tient en cervelle.

## SCÈNE XII.

### CARLIN, CLARICE, LÉANDRE.

#### CARLIN, à Léandre.

J'ai fait ce que vos feux attendoient de mon zèle,
Et j'amène Clarice.

#### LÉANDRE.

Ah! Madame, en ces lieux
Quel bonheur tout nouveau vous présente à mes yeux?

#### CLARICE.

Malgré votre dédit, je viens ici vous dire
Que mon oncle à vos vœux est tout prêt à souscrire.
Mon cœur en est charmé; mais je crains votre humeur,
Et qu'une autre que moi ne règne en votre cœur.

#### LÉANDRE.

Ces soupçons mal fondés me font trop d'injustice,
Et je n'aime que vous, adorable Clarice.

## SCÈNE XIII.

LÉANDRE, CLARICE, CARLIN, un laquais.

LE LAQUAIS, à Clarice.

Mon maître ici m'envoie avec ce mot d'écrit.
(Il sort.)
( Clarice lit. )

CARLIN, au laquais qui sort.

Ce petit joufflu-là montre avoir de l'esprit.

## SCÈNE XIV.

LÉANDRE, CLARICE, CARLIN.

CLARICE, à Léandre.

De votre rapporteur je reçois cette lettre ;
Vous pouvez de ses soins bientôt tout vous promettre.
Je vous quitte un moment, et je monte là-haut
Pour lui faire réponse, et reviens au plus tôt.

LÉANDRE, l'arrêtant.

Si dans mon cabinet vous vouliez bien écrire,
Vous auriez plus tôt fait.

CLARICE.

Je craindrois de vous nuire.

LÉANDRE.

Vous me ferez plaisir, Madame, assurément.

CLARICE.

Puisque vous le voulez, j'en use librement.
Je vais le supplier de vous faire justice,
Et de continuer à vous rendre service.
J'aurai fait en deux mots.

## SCÈNE XV.

### LÉANDRE, CARLIN.

CARLIN.

Vos feux sont en bon train.
Je vous vois bientôt prêts à vous donner la main :
Le ciel jusques au bout nous garde de disgrâce !

## SCENE XVI.

### LISETTE, LÉANDRE, CARLIN.

LISETTE, dans le cabinet.

Sortons, sortons, Madame; il faut quitter la place.

## SCENE XVII.

### LÉANDRE, CARLIN.

CARLIN.

Dans votre cabinet, Monsieur, j'entends du bruit.
Que veut dire cela ? N'est-ce point un esprit
Qui lutine Clarice ?

LÉANDRE.

Ah ! je vois ma méprise.
Carlin, tout est perdu ! j'ai fait une sottise.
En plaçant là Clarice, en mon esprit distrait,
Je n'ai pas réfléchi que dans ce même endroit
J'avois mis Isabelle.

CARLIN.

Isabelle ! Ah ! j'enrage.
Nous allons bientôt voir arriver du carnage.
Êtes-vous fou, Monsieur ?

## SCÈNE XVIII.

ISABELLE, CLARICE, LISETTE, LÉANDRE, CARLIN.

#### CARLIN.

Mais qu'est-ce que je vois?
Quelle prospérité! Pour une en voilà trois.

#### ISABELLE, à Clarice.

Vous pouvez dans ce lieu tout à votre aise écrire,
Et tant qu'il vous plaira; pour moi je me retire.

#### CLARICE.

Non pas, c'est moi qui sors, et le laisse avec vous.
Je sais qu'on ne doit pas troubler un rendez-vous.

#### LÉANDRE.

Le hasard, malgré moi, dans ce lieu vous rassemble :
Mon dessein n'étoit point de vous y mettre ensemble.
( à Isabelle. )
Votre mère tantôt....

#### ISABELLE.

Je suis au désespoir.

#### LÉANDRE, à Clarice.

Madame, vous saurez....

#### CLARICE.

Je ne veux rien savoir.

LÉANDRE, à Isabelle.

Je n'ai pas réfléchi que....

ISABELLE, s'en allant.

Vous êtes un traître.

## SCÈNE XIX.

LÉANDRE, CLARICE, LISETTE, CARLIN.

LÉANDRE, à Clarice.

Le hasard....

CLARICE, s'en allant.

Devant moi gardez-vous de paroître.

## SCÈNE XX.

LISETTE, LÉANDRE, CARLIN.

LISETTE, à Carlin.

Tu nous as fait le tour ; mais vingt coups de bâton,
Dans peu, monsieur Carlin, nous en feront raison.

( Elle sort. )

## SCÈNE XXI.

### CARLIN, LÉANDRE.

#### CARLIN.

Je tombe de mon haut.

#### LÉANDRE.

Moi, je me désespère.
Allons de l'une et l'autre arrêter la colère.

(Il sort.)

## SCÈNE XXII.

### CARLIN, seul.

Courons-y donc : je crains quelque accident cruel ;
Et ces deux filles-là se vont battre en duel.

FIN DU TROISIÈME ACTE.

# ACTE QUATRIÈME.

## SCÈNE PREMIÈRE.

VALÈRE, CLARICE.

CLARICE.

De vos soins généreux je vous suis obligée ;
Mais depuis un moment mon âme est bien changée.

VALÈRE.

Plaît-il ?

CLARICE.

Je ne veux plus me marier.

VALÈRE.

Comment !
D'où vous peut donc venir un si prompt changement ?

CLARICE.

J'ai pensé mûrement aux soins du mariage,
Aux chagrins presque sûrs où son joug nous engage,
A cette liberté que l'on perd sans retour :
L'hymen est trop souvent un écueil pour l'amour.
Je ne me sens point propre aux soins d'une famille ;
Et, tout considéré, j'aime mieux rester fille.

VALÈRE.

Je sais bien que l'hymen peut avoir ses dégoûts ;

Chaque état a les siens, et nous le sentons tous.
Cependant vous vouliez de moi ce bon office.

### CLARICE.

D'accord; mais plus on voit de près le précipice,
Plus nos sens étonnés frémissent du danger.
Léandre est pris ailleurs; et, pour le dégager,
Votre application peut-être seroit vaine.

### VALÈRE.

Calmez-vous; je prétends y réussir sans peine.
Léandre sent pour vous une sincère ardeur:
Je pourrois bien ici répondre de son cœur;
Et ce n'est qu'un devoir de pure obéissance
Qui retient jusqu'ici son esprit en balance.

## SCÈNE II.

LE CHEVALIER, VALÈRE, CLARICE.

### LE CHEVALIER.

Ah! mon oncle, parbleu, je vous trouve à propos
Pour vous laver la tête, et vous dire en deux mots....

### VALÈRE.

Le début est nouveau.

### LE CHEVALIER.

                Se peut-il qu'à votre âge
Vous n'ayez pas encor les airs d'un homme sage?

## ACTE IV, SCÈNE II.

Si j'en faisois autant, je passerois chez vous
Pour un franc étourdi. Là, là, répondez-nous.

### VALÈRE.

J'ai tort; mais....

### LE CHEVALIER.

Mais, mais, mais!

### CLARICE.

Quelle est votre querelle?

### LE CHEVALIER.

Je m'étois introduit tantôt chez Isabelle,
Que j'aime à la fureur, et qui m'aime encor plus;
J'y passois pour un autre; et Monsieur, là-dessus,
Est venu brusquement gâter tout le mystère,
Et m'a mal à propos fait connoître à la mère.
Parlez; n'est-il pas vrai?

### VALÈRE.

D'accord, mon cher neveu;
Mais je réparerai ma faute.

### LE CHEVALIER.

Hé! ventrebleu,
C'est un étrange cas. Faut-il que la jeunesse
Apprenne maintenant à vivre à la vieillesse,
Et qu'on trouve des gens, avec des cheveux gris,
Plus étourdis cent fois que nos jeunes marquis?
Je n'y connois plus rien. Dans le siècle où nous sommes,
Il faut fuir dans les bois, et renoncer aux hommes.

VALÈRE.

Je veux vous marier, et votre sœur aussi.

LE CHEVALIER.

Ma sœur! Vous vous moquez.

VALÈRE.

Pourquoi donc ce souci?

LE CHEVALIER, à Valère.

Quelle injustice, ô ciel! On me vole, on me pille.
Cela n'est point dans l'ordre; et l'on sait qu'une fille,
Pour enrichir un frère, en faire un gros seigneur,
Doit renoncer au monde.

CLARICE.

On connoît ton bon cœur,
Et je sais qui t'oblige à parler de la sorte;
C'est l'amour de mon bien.

LE CHEVALIER.

Oui, le diable m'emporte.

VALÈRE.

Je prétends lui donner cinquante mille écus,
Vous réservant, à vous, de mon bien le surplus;
Et je veux aujourd'hui terminer cette affaire.

## SCÈNE III.

LE CHEVALIER, CLARICE.

LE CHEVALIER.

Veux-tu que sur ce point je m'explique en bon frère?
Tu sais bien qu'entre nous, nous parlons assez net.
Un hymen, quel qu'il soit, n'est point du tout ton fait.
Te voilà faite au tour, nul soin ne te travaille,
Et le premier enfant te gâteroit la taille.
Crois-moi, le mariage est un triste métier.

CLARICE.

Mon frère, cependant, tu veux te marier.

LE CHEVALIER.

Le devoir d'une femme engage à mille choses;
On trouve mainte épine où l'on cherchoit des roses :
Le plaisir de l'hymen est terrestre et grossier.

CLARICE.

Mon frère, cependant, tu veux te marier.

LE CHEVALIER.

Parlons à cœur ouvert, et confessons la dette.
Je suis un peu coquet, tu n'es pas mal coquette :
Notre mère l'étoit, dit-on, en son vivant;
Nous chassons tous de race, et le mal n'est pas grand.
Si quelque amant venoit frapper ta fantaisie,
Tu pourrois avec lui faire quelque folie.

CLARICE.

Mon frère, cependant....

LE CHEVALIER.

Tu vas te récrier,
Mon frère, cependant, tu veux te marier.
Que diable! tu réponds toujours la même prose.

CLARICE.

Mais tu me dis aussi toujours la même chose.

## SCÈNE IV.

LE CHEVALIER, CLARICE, LISETTE.

LISETTE.

Bonjour, Monsieur. Depuis votre maudit jargon,
La madame Grognac est pire qu'un dragon;
Et je viens vous chercher ici pour vous apprendre
Qu'elle veut dès ce soir finir avec Léandre.
Elle m'a commandé de lui faire venir
Un notaire.

LE CHEVALIER.

Bon! bon! il faut la prévenir.

LISETTE, apercevant Clarice.

Ah! vous voilà, Madame! Eh! dites-moi, de grâce,
Au cabinet encor venez-vous prendre place?
Quelque nouvel amant, en dépit des jaloux,
Vous donne-t-il ici quelque autre rendez-vous?

LE CHEVALIER.

Comment! un rendez-vous! Que dis-tu? prends bien garde,
C'est ma sœur.

LISETTE.

Votre sœur! peste, quelle égrillarde!

CLARICE.

Pour faire une réponse aux termes d'un billet,
Léandre a bien voulu m'ouvrir son cabinet,
Où j'ai trouvé d'abord Isabelle enfermée.

LE CHEVALIER.

Isabelle!

CLARICE.

Et Lisette.

LE CHEVALIER.

Ah! petite rusée!
Avant le mariage on me fait de ces tours!
L'augure est vraiment bon pour nos futurs amours!

LISETTE.

Ici mal à propos votre esprit se gendarme;
Le mal est donc bien grand pour faire un tel vacarme!
Ne vous souvient-il plus du maître italien,
Et de cette courante à contre-cœur?

LE CHEVALIER.

Eh bien?

LISETTE.

Eh bien! pour éviter le retour de la dame,
Qui pestoit contre nous, et juroit de son âme,

Nous avons fait retraite au cabinet, sans bruit :
Clarice est arrivée en ce même réduit
Pour écrire une lettre ; et voilà le mystère.

### LE CHEVALIER.

L'une écrit une lettre, et l'autre fuit sa mère,
Et toutes d'eux d'abord s'en vont chez un garçon :
C'est prendre son parti. L'asile est vraiment bon !

### CLARICE.

Lisette, tu remets le calme dans mon âme ;
Mon soupçon se dissipe, et fait place à ma flamme.
Peut-être à tes discours j'ajoute trop de foi ;
Mais Léandre aujourd'hui triomphe encor de moi.

### LE CHEVALIER, l'arrêtant.

Écoute donc, ma sœur.

### CLARICE.

Que me veux-tu, mon frère ?

### LE CHEVALIER.

Mets-toi dans un couvent, tu ne saurois mieux faire.

### CLARICE.

Je prends comme je dois tes conseils là-dessus ;
Mais l'avis ne vaut pas cinquante mille écus.

## SCÈNE V.

LE CHEVALIER, LISETTE.

LE CHEVALIER.

Voila ce que me vaut ta légère cervelle.
Le maudit instrument qu'une langue femelle !
De ses soupçons jaloux pourquoi la guéris-tu ?

LISETTE.

Comment ! de ma maîtresse effleurer la vertu !
J'entends venir quelqu'un. Adieu, je me retire.

## SCÈNE VI.

LE CHEVALIER, LÉANDRE, CARLIN.

LE CHEVALIER, à part.

C'est Léandre ; tant mieux, j'ai deux mots à lui dire.
(à Léandre.)
Un sort heureux, Monsieur, vous présente à mes yeux.

LÉANDRE, à Carlin.

Peut-être elle pourra revenir en ces lieux.

LE CHEVALIER, à Léandre.

Je sais que vous voulez devenir mon beau-frère ;
C'est fort bien fait à vous ; ma sœur a de quoi plaire :
Elle est riche en vertus ; pour en argent comptant,

Je crois, sans la flatter, qu'elle ne l'est pas tant.
Quand mon père mourut, il nous laissa, pour vivre,
Ses dettes à payer, et sa manière à suivre ;
C'est, comme vous voyez, peu de bien que cela.

LÉANDRE, au Chevalier.

Et n'avez-vous jamais eu que ce père-là ?

LE CHEVALIER rit.

Comment ?

LÉANDRE.

Que cette sœur, Monsieur, j'ai voulu dire.

CARLIN.

L'erreur est pardonnable ; il ne faut point tant rire.

LE CHEVALIER.

Je sais votre naissance et votre probité,
Et je suis fort content de vous par ce côté.
Vous n'avez qu'un défaut qui partout vous décèle :
Dans le fond cependant c'est une bagatelle ;
Mais je serois content de vous en voir défait.
Vous êtes accusé d'être un peu trop distrait ;
Et tout le monde dit que cette léthargie
Fait insulte au bon sens, et vise à la folie.

LÉANDRE.

Chacun ne peut pas être aussi sage que vous :
Tous les hommes, Monsieur, sont différemment fous ;
Chacun a sa folie, et j'ai grâce à vous rendre
De ne trouver en moi qu'un défaut à reprendre.

LE CHEVALIER.

Ce que je vous en dis n'est que par amitié,
Et je vous trouve, moi, trop sage de moitié.
On ne m'entend jamais censurer ni médire,
Et je ne dis ici que ce que j'entends dire.

LÉANDRE.

On parle volontiers ; mais un homme d'esprit
Doit donner rarement créance à ce qu'on dit.
De louange et d'encens les hommes sont avares ;
Ils font rarement grâce aux vertus les plus rares ;
Au lieu qu'avec plaisir, d'une langue sans frein,
De leurs traits médisants ils chargent le prochain.
Je suis toujours en garde, et n'ai pas voulu croire
Cent bruits semés de vous, fâcheux à votre gloire.

LE CHEVALIER.

Que peut-on, s'il vous plaît, Monsieur, dire de moi ?
On n'insultera pas ma naissance, je croi.

LÉANDRE.

Non.

LE CHEVALIER.

Nul dans l'univers ne peut dire, je gage,
Que dans l'occasion je manque de courage.

LÉANDRE.

Non.

LE CHEVALIER.

Peut-on m'accuser d'être fourbe, flatteur,
Fat, insolent, ingrat, suffisant, imposteur ?

LÉANDRE.

(Il prend sa tabatière, la renverse; prend ses gants pour son mouchoir.)

Non, vous dis-je, Monsieur, et je ne vois personne
Qui de ces vices-là seulement vous soupçonne :
Mais on ne me dit pas de vous autant de bien
Que je souhaiterois. On dit (je n'en crois rien)
Qu'en discours vous prenez un peu trop de licence;
Qu'on ne pe utse soustraire à votre médisance;
Que vous parlez toujours avant que de penser;
Que tout votre mérite est de chanter, danser;
Que, pour vous faire croire homme à bonne fortune,
Vous passez en hiver des nuits au clair de lune
A souffler dans vos doigts, et prendre vos ébats
Sur la porte d'Iris qui ne vous connoît pas;
Que souvent vous prenez trop de vin de Champagne,
Et qu'il faut que toujours quelqu'un vous accompagne,
Pour pouvoir vous montrer votre chemin la nuit,
Et même quelquefois vous reporter au lit.
Enfin, que sais-je moi? l'on charge ma mémoire
De cent mauvais récits que je ne veux pas croire :
Et tout homme prudent doit se garder toujours
De donner trop crédit à de mauvais discours.

LE CHEVALIER.

Adieu, Carlin, adieu.

CARLIN.

Monsieur de la musique,
Redites-nous encor ce petit air bachique.

## SCÈNE VII.

LÉANDRE, CARLIN.

CARLIN.

Vous avez fort bien fait de lui river son clou.
C'est bien à faire à lui de vous appeler fou !
Et vous deviez encor lui mieux laver la tête.

LÉANDRE.

J'ai bien un autre soin qui m'occupe et m'arrête.
Tu t'imagines bien que Clarice en courroux
Se livre tout entière à ses transports jaloux,
Et m'accable des noms d'ingrat et d'infidèle.
D'une autre part aussi que peut dire Isabelle ?

CARLIN.

Vous avez tort. Faut-il qu'à chaque instant du jour
Votre distraction nous fasse quelque tour ?
Vous avez de l'esprit et de la politesse ;
Vous raisonnez parfois comme un sage de Grèce ;
Et d'autres fois aussi vos faits et vos raisons
Vous font croire échappé des Petites-Maisons.

LÉANDRE.

Mais sais-tu bien, maraud, qu'avec ta remontrance
Tu te feras chasser ?

CARLIN.

Monsieur, en conscience,

Je ne veux point ici du tout vous corriger.

LÉANDRE.

Ma manière est fort bonne, et n'en veux point changer.
Je ne ressemble point aux hommes de notre âge,
Qui masquent en tout temps leur cœur et leur visage.
Mon défaut prétendu, mon peu d'attention,
Fait la sincérité de mon intention.
Je ne prépare point avec effronterie
Dans le fond de mon cœur d'indigne menterie ;
Je dis ce que je pense, et sans déguisement ;
Je suis, sans réfléchir, mon premier mouvement ;
Un esprit naturel me conduit et m'anime :
Je suis un peu distrait, mais ce n'est pas un crime.

CARLIN.

Ce n'est pas un grand mal. Pour être bel esprit,
Il faut avec mépris écouter ce qu'on dit,
Rêver dans un fauteuil, répondre en coq-à-l'ânes,
Et voir tous les mortels ainsi que des profanes.
Au suprême degré vous avez ce défaut,
Et bien d'autres encor.

LÉANDRE.

(Pendant ce couplet, il ôte la cravate à son valet par distraction.)

Te tairas-tu, maraud ?...
Un cerveau foible, étroit, qui ne tient qu'une chose,
Peut répondre en tout temps à ce qu'on lui propose ;
Mais celui qui comprend toujours plus d'un objet
Peut bien être excusé s'il est un peu distrait.

## ACTE IV, SCÈNE VII.

CARLIN *remet sa cravate.*

Je vous excuse aussi: Mais permettez, de grâce,
Que je remette ici chaque chose en sa place ;
Il n'est pas encor temps que je m'aille coucher.

LÉANDRE *déboutonne son valet.*

C'est le moindre défaut qu'on puisse reprocher.
Est-il juste, après tout, que l'on s'assujettisse
A répondre à cent sots selon leur sot caprice ?
Ce qu'on pense vaut mieux cent fois que leurs discours.
J'irois de ma pensée interrompre le cours,
Pour un jeune étourdi qui me rompt les oreilles
De ses travaux fameux d'amour et de bouteilles ;
Pour un plaisant qui vient de son bruit m'enivrer,
Qui croit me faire rire, et qui me fait pleurer ;
Pour un fastidieux qui n'a pour l'ordinaire
Ni le don de parler, ni l'esprit de se taire !

CARLIN, *remettant son justaucorps.*

Mais voyez, s'il vous plaît, quelle distraction !

LÉANDRE.

Je crains pour mon amour quelque altération.
La belle est en courroux ; toute mon innocence
Ne me rassure pas, et je crains sa présence.

CARLIN.

Je vous dirai, Monsieur, pour sortir d'embarras,
Comme ordinairement j'en use en pareil cas.
Il faudroit qu'une lettre, écrite d'un beau style,

Pût vous rendre près d'elle un accès plus facile.
Mandez-lui que tantôt ce que vous avez fait
N'est qu'un coup d'étourdi.

### LÉANDRE.

Je serai satisfait
Si la lettre, Carlin, a l'effet que j'espère.

### CARLIN.

Une lettre, Monsieur, remet bien une affaire ;
Et trois ou quatre mots en hâte barbouillés,
Font souvent embrasser des amants bien brouillés.

### LÉANDRE.

En cette occasion, Carlin, je te veux croire.
Va vite me chercher la table et l'écritoire.

### CARLIN.

Je vais, je cours, je vole, et je reviens à vous.

## SCÈNE VIII.

### LÉANDRE, seul.

Je veux la rassurer de ses soupçons jaloux,
Dissiper son erreur. Oui, charmante Clarice,
Vous verrez que mon cœur, dépouillé d'artifice,
Ne brûle que pour vous d'un véritable feu,
Et ma main, sur-le-champ, en va signer l'aveu.

## SCÈNE IX.

### CARLIN, LÉANDRE.

CARLIN, *présentant un livre à son maître.*
Tenez, Monsieur, voilà....
####### CLÉANDRE.
Comment! es-tu donc ivre?
Pour écrire un billet tu m'apportes un livre?
####### CARLIN.
Ah! vous avez raison. On hurle avec les loups,
Et je serai bientôt aussi distrait que vous.
Votre absence d'esprit est une maladie
Qui se gagne aisément.
####### LÉANDRE.
Eh! tais-toi, je te prie;
Ne me fatigue point par tes mauvais discours.
Les valets sont fâcheux, et font tout à rebours.
CARLIN, *apportant une table et une écritoire.*
Pour écrire, à ce coup, j'apporte toute chose.
LÉANDRE *s'assied pour écrire.*
Donne-moi promptement.
####### CARLIN.
Voyons de votre prose.
Si pour vous d'Apollon les trésors sont ouverts,
Vous pouvez même aussi vous escrimer en vers,

En sonnet, en ballade, en ode, en élégie.
Le sexe aime les vers.

LÉANDRE *change plusieurs fois de plume, qu'il trempe dans la poudre pour le cornet.*

Quelque mauvais génie
Des plumes que je prends vient empêcher l'effet.

CARLIN.

Je le crois bien, Monsieur; car voilà le cornet,
Et dans le poudrier vous trempez votre plume.

LÉANDRE.

Tu peux avoir raison; c'est contre ta coutume.

CARLIN, à part.

L'écriture est un art bien utile aux amants !
Petits soins, rendez-vous, doux raccommodements,
Promesse d'épouser, plainte, douceur, rupture,
Tout cela se trafique avecque l'écriture.
Si le papier qui sert aux amoureux billets
Coûtoit comme celui qu'on emploie au Palais,
Cette ferme en un an produiroit plus de rente
Que le papier timbré ne peut rendre en quarante.

LÉANDRE *renverse sur sa lettre le cornet pour la poudre.*

Ma lettre est achevée....

CARLIN.

Ah ! perdez-vous l'esprit ?
Vous versez à grands flots l'encre sur votre écrit.
Quelle est donc, s'il vous plaît, cette façon de peindre?

## ACTE IV, SCÈNE IX.

LÉANDRE.

De mon esprit trop prompt c'est à moi de me plaindre.

CARLIN, montrant la lettre.

Le bel écrit, ma foi, pour un traité de paix !
On croira qu'un démon en a formé les traits ;
Les experts écrivains s'y donneront au diable :
Je tiens dès à présent la lettre indéchiffrable.

LÉANDRE se remet à écrire.

Il faut recommencer, le mal n'est pas bien grand.
Je ne plains point, Carlin, la peine que je prend.

CARLIN.

C'est très-bien fait. Mais moi, je plains fort Isabelle.

LÉANDRE.

Isabelle ?

CARLIN.

Oui, Monsieur.

LÉANDRE, écrivant.

Ne me parle point d'elle.

CARLIN.

Soit. Quand d'une cruelle on veut toucher le cœur,
C'est un style éloquent qu'un billet au porteur,
Qui vaut mieux qu'un discours rempli de fariboles.
Si vous vous en serviez....

LÉANDRE.

Fais trêve à tes paroles.

CARLIN, à part.

Quand une belle voit, comme par supplément,

Quatre doigts de papier plié bien proprement
Hors du corps de la lettre, et qu'avant sa lecture
( Car c'est toujours par là que l'on fait l'ouverture ),
On voit du coin de l'œil sur ce petit papier....

(Léandre écoute Carlin, et par distraction écrit ce qu'il dit.)

« Monsieur, par la présente, il vous plaira payer
« Deux mille écus comptant, aussitôt lettre vue,
« A Damoiselle, en blanc, d'elle valeur reçue.... »
Et Dieu sait la valeur! un discours aussi rond
Fait taire l'éloquence et l'art de Cicéron.

LÉANDRE, écrivant.

Cela peut être vrai pour de serviles âmes
Qui trafiquent un cœur.

CARLIN.

Aujourd'hui bien des femmes
Se mêlent du trafic.

LÉANDRE.

J'ai fini. Je n'ai plus
Qu'à cacheter ma lettre, et mettre le dessus.

CARLIN.

Le ciel en soit loué ! Me voilà hors de crise :
Je tremblois de vous voir faire quelque méprise.
Vous avez plus d'esprit que je ne l'eusse cru,
Et j'attendois encore un trait de votre cru.

LÉANDRE.

Tu deviens insolent.

CARLIN.

        Ce n'est que par tendresse.

LÉANDRE.

Tiens, porte de ce pas la lettre à son adresse.
De ton zèle empressé j'attends tout dans ce jour,
Et me remets sur toi du soin de mon amour.

CARLIN.

Pour vous servir plus vite en cette conjoncture,
Je m'en vais emprunter les ailes de Mercure.

## SCÈNE X.

CARLIN, seul.

Allons nous acquitter de notre honnête emploi;
Remettons deux amants.... Mais qu'est-ce que je vois?
« Pour Isabelle? » Oh diable! aurois-je la berlue?
Quelque nuage épais m'obscurcit-il la vue?
Mais non, j'ai, grâce au ciel, encore deux bons yeux.
Monsieur, Monsieur.... Il est déjà loin de ces lieux.
Il me semble pourtant que, selon tout indice,
Le billet que je tiens doit aller à Clarice.
Mais le nom d'Isabelle est peint sur ce papier.
Ne me joûroit-il point un tour de son métier?
Il peut se faire aussi qu'il instruise Isabelle
De l'état de son cœur, et qu'il rompe avec elle,
Lui donne en peu de mots son congé par écrit.

Oui, voilà ce que c'est, et le cœur me le dit.
Ah! qu'un maître est heureux quand un valet habile
A la conception et légère et facile!
Il peut se fourvoyer sans rien appréhender,
Et de tels serviteurs sont nés pour commander.

FIN DU QUATRIÈME ACTE.

# ACTE CINQUIÈME.

## SCÈNE PREMIÈRE.

ISABELLE, LISETTE, CARLIN.

ISABELLE, tenant une lettre ouverte.
Croit-il que de mon cœur je sois embarrassée,
Et que de l'engager on ait eu la pensée?
CARLIN, à Isabelle.
Je ne dis pas cela.
LISETTE, à Carlin.
    Dans son petit cerveau
Pense-t-il que l'on soit bien tenté de sa peau,
Et de la tienne aussi?
CARLIN, à Lisette.
    Je ne l'ai pas trop rude.
ISABELLE.
Pour m'outrager encore, il a mis tant d'étude
A m'offrir un billet pour Clarice dicté!
CARLIN, à part.
Le traître a fait le coup, je m'en suis bien douté.
ISABELLE.
Mon parti sur ce point est fort facile à prendre.
CARLIN, à Isabelle.
Madame, écoutez-moi....

ISABELLE.

Je ne veux rien entendre.

CARLIN.

Mais, de grâce, un seul mot.

LISETTE.

Sors d'ici, malheureux :
Va-t'en porter ailleurs ton cartel amoureux.

CARLIN.

On ne traita jamais un courrier de la sorte.

LISETTE.

Détalons.

CARLIN.

Vous saurez....

LISETTE.

Gagneras-tu la porte ?

CARLIN.

Mais tu perds le respect ; je suis ambassadeur.

LISETTE.

Sortiras-tu d'ici, postillon de malheur ?

## SCÈNE II.

ISABELLE, LISETTE.

LISETTE.

Il est enfin parti, malgré son éloquence.
Mais d'un autre côté le Chevalier s'avance.

## SCÈNE III.

### LE CHEVALIER, ISABELLE, LISETTE.

LE CHEVALIER, à Isabelle.

Eh bien ! la mère encor fait-elle le lutin ?
Pourrons-nous nous soustraire à son brusque chagrin ?

ISABELLE.

Vous savez son humeur. Ah ! juste ciel ! je tremble ;
Elle peut revenir et nous trouver ensemble.

LE CHEVALIER.

Que ce soin ne vous fasse aucune impression :
Je vous prends en ces lieux sous ma protection.
N'êtes-vous pas ma femme ? Et pour hâter les choses,
J'ai dressé le contrat moi-même avec les clauses,
Dont mon oncle est porteur.

LISETTE.

Tout est bien avancé,
Puisque déjà par vous le contrat est dressé ;
Et l'aveu de la mère est une bagatelle.

ISABELLE.

Nous aurons de la peine à venir à bout d'elle.

LE CHEVALIER.

Avant d'accorder tout à mon juste transport,
Je veux sur son esprit faire un dernier effort,
Me jeter à ses pieds, lui dire mes alarmes,

Crier, gémir, pleurer ; car j'ai le don des larmes.
Lisette m'appuira. Malgré son noir chagrin,
Nous la flatterons tant, qu'il faudra bien enfin
Qu'elle me cède un bien dont mon amour est digne.

LISETTE.

Bon ! bon ! plus on la flatte, et plus elle égratigne ;
C'est un esprit rétif, et qu'on ne réduit pas.
Mais je vois votre sœur tourner ici ses pas.

## SCÈNE IV.

LE CHEVALIER, CLARICE, ISABELLE, LISETTE.

LE CHEVALIER, à Clarice.

Eh bien ! ma chère sœur, quel soin ici t'amène ?
Et quelle intention est maintenant la tienne ?
As-tu pris ton parti ?

CLARICE.

J'espère qu'à la fin
Mon oncle avec Léandre unira mon destin.

ISABELLE, à Clarice.

Tant mieux. Mais puisque enfin vous épousez Léandre,
L'amitié, la raison m'obligent à vous rendre
Un billet amoureux qu'il m'écrit. Le voici.

CLARICE.

De Léandre ?

ISABELLE.

De lui.

LE CHEVALIER, à Isabelle.

Quel rôle fais-je ici ?
Un rival odieux auroit pu vous écrire ?

ISABELLE, au Chevalier.

De ce qui s'est passé je saurai vous instruire :
Suivez-moi seulement, et demeurez en paix.
(à Clarice.)
Tenez, voilà la lettre, et le cas que j'en fais.
Adieu.

LE CHEVALIER.
(à Isabelle.)
Bonsoir, ma sœur. Il faut aller, Madame,
Faire un dernier effort pour couronner ma flamme.

## SCÈNE V.

CLARICE, seule.

L'AI-JE bien entendu ? Dois-je en croire mes yeux ?
Mais je puis sur-le-champ m'éclaircir encor mieux.
Lisons : « Pour Isabelle. » O ciel ! je suis trahie.
Je vois, je tiens, je sens toute sa perfidie.
Mais je vois son valet.

## SCÈNE VI.

CARLIN, CLARICE.

CLARICE.

Approche, monstre affreux,
Ministre impertinent d'un maître malheureux.
A qui va cette lettre ? Est-ce pour Isabelle ?

CARLIN.

Madame, c'est pour elle, et ce n'est pas pour elle.

CLARICE.

Avec ces vains détours penses-tu me tromper ?
Voyons. Demeure là ; ne crois pas m'échapper.
(Elle lit.)
« Je suis au désespoir, Mademoiselle, que l'aven-
« ture du cabinet vous ait donné quelque soupçon
« de ma fidélité. »
Viens-çà, maraud ; réponds, parle.
(Elle le prend par la cravate.)

CARLIN.

Miséricorde !
Cette lettre est pour nous la pomme de discorde.
Ouf, hai ! je n'en puis plus ; vous serrez le sifflet.
Mais du moins, jusqu'au bout lisez donc le billet.

CLARICE.

Que je lise, maraud ! Que veux-tu qu'il m'apprenne ?

De ses déloyautés ne suis-je pas certaine ?
### CARLIN.
Si mon maître est ingrat, puis-je mais de cela ?
Mais il vient ; vous pouvez l'étrangler ; le voilà.

## SCÈNE VII.

### LÉANDRE, CLARICE, CARLIN.
*( Léandre est plongé dans la rêverie. )*

#### CLARICE, à part.
J'AI peine, en le voyant, à tenir ma colère.
#### CARLIN, bas à Clarice.
Ne parlons pas trop haut, de peur de le distraire.
#### CLARICE.
Vous voilà donc, Monsieur ! Cherchez-vous en ces lieux
Que ma rivale encor se présente à mes yeux ?
#### LÉANDRE, sortant de sa rêverie.
Ah ! Madame.... à propos avez-vous lu ma lettre ?
#### CLARICE.
Oui, traître ! ma rivale a su me la remettre :
Je la tiens d'Isabelle ; et le cas qu'elle en fait
Peut me venger assez de ton lâche forfait.
#### LÉANDRE.
Un autre que Carlin en vos mains l'a remise ?
Le maraud ! je saurai châtier sa méprise ;
Je le roûrai de coups ; le coquin tous les jours

Lasse ma patience, et me fait de ces tours.
Je le vois. Viens-çà, traître ; aux dépens de ta vie
Je veux tirer raison de cette perfidie.
Tu mourras de ma main.

CARLIN.

Ah ! Monsieur, doucement,
Grâce ; je n'ai point fait encor mon testament.
(à part.)
Non, je n'ai jamais vu de pièce d'écriture
Faire tant de procès.

LÉANDRE.

Parle sans imposture.
Qu'as-tu fait de ma lettre ? et quel affreux démon
Te pousse à me trahir d'une telle façon ?

CARLIN.

Moi, Monsieur, vous trahir ! je vous sers avec zèle ;
Je l'ai mise avec soin dans les mains d'Isabelle.

LÉANDRE, tirant son épée.

Et voilà pour ta mort l'arrêt tout prononcé.

CARLIN.

Quelle faute ai-je fait ?

LÉANDRE.

Quelle faute, insensé !

CARLIN.

Oui, vous avez raison de vous faire justice.

LÉANDRE.

Ne t'avois-je pas dit de la rendre à Clarice ?

## ACTE V, SCÈNE VII.

CARLIN.

A Clarice, Monsieur ? je veux être pendu,
Si je me ressouviens de l'avoir entendu.

LÉANDRE.

Mais le dessus écrit suffit pour te confondre.
A ce témoin muet que pourras-tu répondre ?
(à Clarice.)
Pour lui faire sentir son peu de jugement,
De grâce prêtez-moi cette lettre un moment.

CARLIN, à part.

Bon ! c'est où je l'attends.

LÉANDRE.

Tiens, tête sans cervelle,
Lis avec moi, bourreau ; lis donc.... « Pour Isabelle. »

CARLIN.

Pouf ! il faut l'avouer, vous avez, à mon gré,
La présence d'esprit au suprême degré.
Lis donc, bourreau, lis donc.

LÉANDRE.

Ah ! de grâce, Madame,
Pardonnez mon erreur en faveur de ma flamme :
Mon cœur n'a point de part au crime de ma main.

CLARICE.

Vous tâchez, inconstant, à me séduire en vain ;
Mais je ne reçois point un grossier artifice.

CARLIN.

Je réponds pour mon maître : il n'a point de malice ;

Et s'il n'étoit point fou ; je veux dire distrait,
Ce seroit, je vous jure, un garçon tout parfait.

LÉANDRE.

Mais si vous avez lu le dedans de ma lettre,
De ces soupçons cruels elle a dû vous remettre.

CLARICE.

Ma curiosité m'en a fait lire assez ;
Je n'en ai que trop lu

CARLIN.

Mon Dieu, recommencez.
En changeant le dessus, nous changeons bien la thèse.
Vous avez le bras bon, soit dit par parenthèse.

CLARICE lit.

« Je suis au désespoir que l'aventure du cabinet
« vous ait pu donner quelque soupçon de ma fidé-
« lité. Votre rivale ne servira qu'à rendre votre
« triomphe plus parfait. Monsieur, par la présente,
« il vous plaira payer à Damoiselle, en blanc, d'elle
« valeur reçue, et Dieu sait la valeur. »

CARLIN.

Fi donc, Madame, fi ! vous moquez-vous de moi ?
Cela n'est point écrit.

CLARICE.

Vois donc.

CARLIN, à Léandre.

Ah ! par ma foi,
Votre méprise ici me paroît fort étrange.

## ACTE V, SCENE VII.

Quoi! vos billets d'amour sont des lettres de change?
Vous aurez bientôt fait votre paix à ce prix.

### LÉANDRE.

C'est ce malheureux-là, qui, pendant que j'écris,
M'embarrasse l'esprit de ses impertinences.

### CARLIN.

J'ai diablement d'esprit; on écrit mes sentences.

### CLARICE continue de lire.

« Oui, belle Clarice, je n'adore que vous, et
« fais tout mon bonheur de vous aimer le reste de
« ma vie. »

### CARLIN, à Clarice.

Vous trouvez maintenant les termes plus coulants,
Et vous ne venez plus pour étrangler les gens.

### CLARICE.

Je respire. Ah! Carlin, c'est une joie extrême
De trouver innocent un coupable qu'on aime;
Et que, sans nul effort, on fait un prompt retour
Des mouvements jaloux aux transports de l'amour!

### LÉANDRE.

A mes distractions faites grâce, Madame;
Nul autre objet que vous ne règne dans mon âme.

### CARLIN, à Clarice.

C'est une vérité; le plaisir qu'il reçoit
Fait qu'il ne vous croit pas où souvent il vous voit.
Voici monsieur votre oncle. A vos vœux tout conspire.

## SCÈNE VIII.

VALÈRE, LÉANDRE, CLARICE, CARLIN.

VALÈRE, à Léandre.

Avec empressement, Monsieur, je viens vous dire
Que mon plaisir seroit de pouvoir, en ce jour,
Au gré de vos souhaits contenter votre amour.

LÉANDRE, à Valère.

Je crois qu'à mes désirs vous n'êtes point contraire.

VALÈRE.

Je donne volontiers les mains à cette affaire.
Mais il faut du dédit encor vous délier,
Et procurer de plus l'hymen du Chevalier.
Nous nous trouvons toujours dans une peine extrême.

CARLIN.

Il me vient dans l'esprit un petit stratagème.
(à Léandre.)
La vieille ne songeoit dans votre engagement
Qu'au bien qu'on vous devoit laisser par testament ?

LÉANDRE.

Non, sans doute.

CARLIN.

L'on peut dresser quelque machine,
Faire jouer sous main quelque secrète mine....

## ACTE V, SCENE VIII.

LÉANDRE.

J'ai déjà dans ma poche un contrat.

CARLIN.

Bon, tant mieux:
La mère ne sait point que je suis en ces lieux;
Elle ne m'a point vu; je puis aisément dire
Ce que pour vous servir mon adresse m'inspire.

VALÈRE.

Mais crois-tu....

CARLIN.

Laissez-moi, l'affaire est dans le sac.

VALÈRE.

J'entends venir quelqu'un. C'est madame Grognac.

CARLIN.

Je vais tout préparer pour que la mine joue;
Et vous, ne manquez pas de pousser à la roue.

## SCÈNE IX.

VALÈRE, M<sup>me</sup> GROGNAC, ISABELLE, LE CHEVALIER, CLARICE, LÉANDRE.

LE CHEVALIER, à madame Grognac.

LE dessein en est pris, je ne vous quitte point.
Que je ne sois enfin satisfait sur ce point.
Je prétends, malgré vous, devenir votre gendre:
Vous ne sauriez mieux faire; et, pour vous en défendre,

Vous avez beau pester, crier, tempêter....

### Mme GROGNAC, au Chevalier.

Ouais!
Je vous trouve plaisant! Au gré de mes souhaits,
Je ne pourrai donc pas disposer de ma fille?
Monsieur, je ne veux point de fou dans ma famille.

### LE CHEVALIER.

Là, là.... doucement.

### Mme GROGNAC.

Paix.

### ISABELLE.

Ma mère...

### Mme GROGNAC.

Taisez-vous.

### LE CHEVALIER.

Un peu de naturel.

### Mme GROGNAC.

Non.

### VALÈRE, à madame Grognac.

Calmez ce courroux.

### Mme GROGNAC, à Valère.

Vous, calmez, s'il vous plaît, votre langue indiscrète,
Ennuyeux harangueur. C'est une affaire faite,
Monsieur sera mon gendre. Et pour me délivrer
Des importunités qui pourroient trop durer,
J'ai mandé tout exprès en ces lieux un notaire.

## ACTE V, SCÈNE IX.

LE CHEVALIER.

Moi, je m'inscris en faux contre ce qu'il peut faire.

M^me GROGNAC.
(à Léandre.)

Mais où sommes-nous donc? Vous, Monsieur le distrait,
Vous êtes là debout planté comme un piquet.

VALÈRE.

Il ne répond point trop aux offres que vous faites.

M^me GROGNAC, à Valère.

Monsieur, guérissez-vous des soucis où vous êtes :
Quand il ne voudroit point encor se marier,
Je n'aurai point recours à votre Chevalier,
Un fat dont la conduite est tout impertinente.

VALÈRE, à part.

Et qui lui fait danser quelquefois la courante.

M^me GROGNAC.

Un petit libertin qui doit de tous côtés,
Un étourdi fieffé.

LE CHEVALIER, à madame Grognac.

Passons les qualités.
Cela ne rendra pas le contrat moins valide.

## SCÈNE X.

VALÈRE, M^me GROGNAC, CLARICE, ISABELLE, LE CHEVALIER, LÉANDRE, LISETTE, CARLIN en courrier.

LISETTE.

Place, place au courrier qui vient à toute bride!

CARLIN, à Léandre.

Ah! Monsieur, vous voilà. Quelle fatalité!
Votre oncle ici m'envoie... ouf! je suis éreinté!...
Pour vous dire.... Attendez....

CLARICE, à Carlin.

Tu nous fais bien attendre.

LÉANDRE, à Carlin.

N'as-tu point de sa part quelque lettre à me rendre?

CARLIN.

Non; depuis qu'il est mort le défunt n'écrit plus.

LE CHEVALIER, riant.

C'est Carlin.

CARLIN, au Chevalier.

Ah! Monsieur, vos ris sont superflus;
De vos pleurs bien plutôt lâchez ici la bonde,
En apprenant le coup le plus fatal du monde,
Et qui fera trembler les pâles héritiers
Jusque dans l'avenir de nos neveux derniers.

## ACTE V, SCÈNE X.

CLARICE, à Carlin.

Dis-nous donc, si tu veux, cette action si noire.

CARLIN.

La volonté de l'homme est bien ambulatoire !
(à Léandre.)
A grand'peine au bon homme aviez-vous dit adieu,
Qu'il a fait appeler le notaire du lieu ;
Et n'écoutant alors qu'un aveugle caprice,
Bien informé d'ailleurs que vous aimiez Clarice,
Et que vous deveniez réfractaire à ses lois,
Refusant d'épouser celle dont il fit choix ;
Sans avoir, en mourant, égard à ma prière,
Il a testamenté tout d'une autre manière;
Et l'avare défunt, descendant au cercueil,
Ne vous a pas laissé de quoi porter le deuil.

M<sup>me</sup> GROGNAC.

Ah ! juste ciel ! qu'entends-je ?

CARLIN.

O cruelle disgrâce !
Nous voilà pour jamais réduits à la besace.

M<sup>me</sup> GROGNAC.

Le défunt a bien fait, et je l'en applaudis ;
Il devoit, à mon sens, encore faire pis.

CARLIN.

Hélas ! qu'auroit-il fait ?

M<sup>me</sup> GROGNAC, à Carlin.

Ta plainte m'importune.

(à Léandre.)
Vous, Monsieur, vous pouvez ailleurs chercher fortune ;
Votre hymen à présent ne me convient en rien :
Pour épouser ma fille, il faut avoir du bien.

VALÈRE, à madame Grognac.

Mon neveu ne craint point la disgrâce cruelle
D'un pareil testament. S'il épouse Isabelle,
Je lui donne à présent mon bien après ma mort.
En faveur de l'amour faites-vous cet effort ?

M<sup>me</sup> GROGNAC.

Il est bien étourdi.

LE CHEVALIER.

Dans peu je me propose
De l'être encore plus : si je vaux quelque chose,
C'est par là que je vaux, et par ma belle humeur.

M<sup>me</sup> GROGNAC, au Chevalier.

Euh ! j'ai cette courante encore sur le cœur.

VALÈRE, à madame Grognac, lui présentant un contrat tout dressé.

Signez donc ce papier.... Une plume, Lisette.

LISETTE, donnant une plume.

Voilà tout ce qu'il faut.

M<sup>me</sup> GROGNAC, signant.

C'est une affaire faite ;
Je signerai, pourvu que vous me promettiez
Qu'il deviendra plus sage, et que vous le signiez.

VALÈRE.

(à Léandre.)
D'accord. Vous, pour le prix d'une juste tendresse,

## ACTE V, SCÈNE X.

Soyez heureux, Monsieur, je vous donne ma nièce.

M<sup>me</sup> GROGNAC, à Valère.

Comment donc! rêvez-vous, Monsieur? êtes-vous fou
De donner votre nièce à qui n'a pas un sou?

VALÈRE, à madame Grognac.

Il ne faut pas ici plus long-temps vous séduire;
Et vous me permettrez maintenant de vous dire
Que ce faux testament, Madame, n'est qu'un jeu
Inventé par Carlin pour tirer votre aveu.

M<sup>me</sup> GROGNAC, à Carlin.

Parle.

CARLIN, à part.

Le dénoûment est bien prêt à se faire.

M<sup>me</sup> GROGNAC, à Carlin.

Ne nous as-tu pas dit que l'oncle, en sa colère,
A d'autres qu'à Léandre avoit laissé son bien?

CARLIN.

Ma foi, je le croyois. Mais, puisqu'il n'en est rien,
Le ciel en soit loué!

M<sup>me</sup> GROGNAC.

Je suis assassinée.

LISETTE, à madame Grognac.

Il ne faut point ici tant faire l'étonnée;
C'est vous qui nous montrez à choisir un mari.
Quand votre époux, jadis grand-gruyer de Berri,
Voulut vous enlever, vous le laissâtes faire :
Votre fille est encor plus sage que sa mère.

M<sup>me</sup> GROGNAC, à Isabelle.

Coquine.

ISABELLE, à madame Grognac.

Écoutez-moi.

M<sup>me</sup> GROGNAC, à Isabelle.

Taisez-vous, s'il vous plaît.

LE CHEVALIER, à madame Grognac.

J'ai, si vous la grondez, un menuet tout prêt.

CARLIN, à madame Grognac.

Vous paîrez le dédit, parbleu.

VALÈRE, à madame Grognac.

De bonne grâce,
Puisque tout est signé, que la chose se fasse.
Pour apporter la paix et calmer votre esprit,
Je m'oblige pour vous à payer le dédit,
Et je donne de plus cette somme à ma nièce.

M<sup>me</sup> GROGNAC.

Je suis au désespoir. C'est à moi qu'on s'adresse
( à Valère. )
Pour faire de ces tours ! Vous saurez, en un mot,
Que je ne donnerai pas cela pour sa dot.
Fasse qui le voudra les frais du mariage ;
Vous l'avez commencé, finissez votre ouvrage :
Et je prétends, de plus, qu'en formant ces liens,
On les sépare encore et de corps et de biens.

( Elle sort. )

## SCÈNE XI.

VALÈRE, LE CHEVALIER, LÉANDRE,
CLARICE, ISABELLE, LISETTE, CARLIN.

###### VALÈRE.

Rentrons, et sur-le-champ terminons cette affaire.

###### LE CHEVALIER, à Clarice et à Isabelle.

Allons, embrassez-vous, vous ne sauriez mieux faire ;
Vous serez belles-sœurs. Mais surtout gardez-vous
De prendre à l'avenir le même rendez-vous.

###### ISABELLE.

Lorsque j'en donnerai, je serai plus secrète.

###### CLARICE.

Une autre fois aussi je serai plus discrète.

## SCÈNE XII.

LÉANDRE, CARLIN.

###### LÉANDRE.

Toi, Carlin, à l'instant prépare ce qu'il faut
Pour aller voir mon oncle, et partir au plus tôt.

###### CARLIN.

Laissez votre oncle en paix. Quel diantre de langage !

Vous devez cette nuit faire un autre voyage ;
Vous n'y songez donc plus ? vous êtes marié.

LÉANDRE.

Tu m'en fais souvenir, je l'avois oublié.

## SCÈNE XIII.

CARLIN, seul.

Ah, ciel ! un jour de noce oublier une femme !
Cette erreur me paroît un peu digne de blâme ;
Pour le lendemain, passe ; et j'en vois aujourd'hui
Qui voudroient bien pouvoir l'oublier comme lui.

FIN DU DISTRAIT.

# VARIANTES DU DISTRAIT.

### ACTE II, SCÈNE PREMIÈRE.

Au lieu de ce vers :

Adieu, jusqu'au revoir, courrier malencontreux,

et du suivant, on lit ainsi dans les premières éditions :

Adieu, jusqu'au revoir, beau courrier offensé.

**CARLIN.**

Ce n'est pas là, coquine, où le bât m'a blessé ;
Mon cœur est plus navré de ton humeur légère, etc.

### ACTE III, SCÈNE II.

Après ce vers :

A votre intention j'ai vidé cent rasades,

on lisoit les suivants :

Mon feu, qui dans le vin s'éteint le plus souvent,
Reprend vigueur pour vous, et s'irrite en buvant.
Il fait parbleu bien chaud.

( Le Chevalier ôte sa perruque et la peigne.)

### LISETTE.

La manière est plaisante.
Vous voulez nous montrer votre tête naissante ;
Ce regain de cheveux est encor bon à voir.

### ISABELLE.

Vous êtes mal debout ; voulez-vous vous asscoir?

---

## ACTE III, SCÈNE XVIII.

On a substitué ces deux vers,

Non pas ; c'est moi qui sors, et le laisse avec vous.
Je sais qu'on ne doit pas troubler un rendez-vous.

à ceux-ci, qui se trouvent dans la première édition :

Vous avez eu le temps, pour vous, tout à loisir,
D'y pouvoir, sans témoins, remplir votre désir.

### LÉANDRE.

Le hasard, etc.

FIN DES VARIANTES DU DISTRAIT.

# ATTENDEZ-MOI
## SOUS L'ORME,

COMÉDIE EN PROSE ET EN UN ACTE,

AVEC UN DIVERTISSEMENT;

Représentée pour la première fois le mercredi 19 mai 1694.

# AVERTISSEMENT

DE L'ÉDITEUR,

SUR ATTENDEZ-MOI SOUS L'ORME.

Cette comédie a été représentée pour la première fois le mercredi 19 mai 1694. (1)

Nous laissons dans les Œuvres de Regnard cette comédie, que l'on a prétendu appartenir en entier à Dufresni, et que nous croyons l'ouvrage des deux poètes.

Elle a été composée dans le temps que Regnard et Dufresni, liés par l'amitié, et associés dans leurs travaux, se communiquoient réciproquement leurs idées. Il y a tout lieu de croire que cette pièce-ci

---

(1) On a varié sur la date de la première représentation de cette pièce. Les auteurs des Recherches sur les théâtres de France la placent en 1700 (Voyez édition in-4°., p. 283); l'auteur de la Bibliothéque des théâtres, en 1695; l'éditeur de Œuvres de Regnard, édition de 1742, en 1706. Nous suivons la date donnée par MM. Parfait dans leur Histoire du théâtre françois, t. 13, p. 378, date qu'ils disent rapporter d'après les registres de la Comédie Françoise.

appartenoit plus particulièrement à Regnard qu'à Dufresni, puisqu'elle a toujours été imprimée dans les OEuvres de Regnard, et qu'elle ne l'a jamais été dans celles de Dufresni.

Jamais ce poète ne l'a réclamée hautement, même après la mort de Regnard, à qui il a survécu près de 14 ans.

Ce n'est qu'après la mort de l'un et de l'autre qu'il s'est répandu un bruit peu vraisemblable, et que beaucoup de personnes ont cependant adopté (1).

---

(1) ATTENDEZ-MOI SOUS L'ORME a été imprimé dans le premier recueil des OEuvres de théâtre de Regnard, 2 vol. in-12, Paris, Ribou, 1728, et dans les éditions qui ont suivi. Regnard étoit mort lorsque cette édition a paru ; mais Dufresni vivoit encore. On n'a jamais compris cette pièce au nombre de celles de Dufresni ; je ne connois aucune édition de ses OEuvres où elle ait été imprimée.

L'auteur des Recherches sur les théâtres la met au nombre des pièces de Regnard. Il dit qu'elle fut représentée en 1700, et imprimée en 1715, sans nom de ville ni d'imprimeur. ( Voyez les Recherches sur les théâtres, part. II, 4ᵉ âge, pag. 283, édition in-4°.) Cet auteur écrivoit en 1736 ; il ne fait point mention de cette pièce à l'article de Dufresni, et elle ne fut point insérée dans le premier recueil de ses OEuvres, imprimé en 6 volumes in-12, à Paris, chez Briasson, en 1731.

La Bibliothéque des théâtres, vol. in-8°. imprimé en 1733,

# AVERTISSEMENT.

Ce fait étrange a été imprimé pour la première fois dans le *Mercure de France*, en octobre 1724, page 2264. On a dit que Regnard, abusant de la situation embarrassée de son ami, avoit acheté de lui cette comédie 300 liv., et l'avoit donnée sous son nom au théâtre.

Ce fait a été ensuite répété par plusieurs auteurs, notamment par MM. Parfait, dans leur *Histoire du Théâtre François*. Nous leur avons déjà fait des reproches de la manière rigoureuse avec laquelle ils ont traité un poëte estimable tel que Regnard ; c'est surtout dans cette circonstance que l'on voit éclater leur partialité.

Ils se contredisent en plusieurs endroits : tantôt ils attribuent cette comédie en entier à Dufresni : *Nous avons dit que cette pièce, qui passe pour être*

---

article ATTENDEZ-MOI SOUS L'ORME, dit : « Nos deux théâtres « ont chacun une petite pièce en prose sous ce titre, qui y « furent représentées au commencement de l'année 1695. « Le Théâtre François joue celle de M. Regnard, et l'Ita- « lien celle de M. Dufresni. » ( *Voyez* la Bibliothéque des théâtres, p. 43.)

On est donc fondé à croire que ce sont MM. Parfait qui se sont plu à accréditer l'anecdote hasardée dans le Mercure, et à laquelle personne, avant eux, n'avoit paru faire attention.

## AVERTISSEMENT.

*de M. Regnard, et qui est imprimée dans tous les recueils de ses OEuvres, est très-certainement de M. Dufresni* (Hist. du Th. François, tome xv, page 409.) *Cette comédie* (ATTENDEZ-MOI SOUS L'ORME) *se trouve dans toutes les éditions des OEuvres de M. Regnard, au nombre de ses pièces de théâtre. Jusqu'à présent le public, trompé par le titre du recueil, l'a crue de lui; cependant il est très-certain qu'elle est de Dufresni* (Ibid. tom. xiv, pag. 388.) ATTENDEZ-MOI SOUS L'ORME, *comédie en un acte et en prose, de M. Dufresni.... dans le recueil des OEuvres de M. Regnard, à qui elle a été faussement attribuée.* (Dict. des Théâtres de Paris (1), tom. 1er, pag. 323.)

Ailleurs ils conviennent que Regnard a eu part à cette comédie, et qu'elle est autant l'ouvrage de l'un que de l'autre. Ils disent, dans la Vie de Dufresni, que ce poète, *pour n'avoir aucun démêlé avec Regnard, a souffert qu'il fît imprimer dans le recueil de ses OEuvres,* la comédie d'ATTENDEZ-MOI SOUS L'ORME, *dans laquelle cependant il n'avoit qu'une très médiocre part.* (Hist. du Théâtre François, tom. xv, pag. 406.) On lit quelques lignes

---

(1) Dictionnaire des Théâtres de Paris, 7 vol. in-12, à Paris, chez Rosset, libraire, rue Saint-Severin, 1757, ouvrage de MM. Parfait.

plus haut : *Des liaisons d'amitié qu'il* ( Dufresni ) *avoit avec Regnard, l'engageoient à lui faire part de ses idées. Il lui communiqua plusieurs sujets de comédie presque finis, entre autres ceux du* Joueur *et d'*Attendez-moi sous l'orme, *dans le dessein de les achever ensemble ; mais Regnard, qui sentoit la valeur de cette première pièce, amusa son ami, fit quelques changements à ce qu'avoit fait Dufresni, et la donna aux comédiens sous son nom.* ( Ibid. pag. 405. )

Tout ceci ne se concilie point avec le marché honteux que l'on prétend que Regnard a fait avec Dufresni. S'il a quelque part dans la comédie d'Attendez-moi sous l'orme, il est injuste de l'attribuer tout entière à Dufresni. Il est vrai que l'on ajoute que cette part est très-médiocre, mais il est bien difficile de l'évaluer. Nous ne croyons pas que l'on ait vu le canevas de Dufresni ; nous ne connoissons personne qui ait lu la pièce *presque finie*, telle qu'elle a été communiquée à Regnard ; et qui puisse la comparer à la pièce telle qu'elle est maintenant, avec les additions et corrections de celui-ci.

Si l'on juge de la part que Dufresni a dans cette pièce, par comparaison à celle du *Joueur*, il se trouvera que tout le mérite est du côté de

Regnard, et que, d'une pièce très-médiocre, il a su faire un charmant ouvrage. Dufresni nous a fourni ce parallèle en faisant imprimer *le Chevalier joueur* tel qu'il l'avoit composé (1). Il est à croire que s'il eût produit de même ATTENDEZ-MOI SOUS L'ORME tel qu'il est sorti de ses mains, la comparaison ne lui seroit pas favorable.

Nous pensons donc qu'on ne nous saura pas mauvais gré de rejeter une fable ridicule, qui ne fait honneur ni à l'un ni à l'autre des deux poètes; fable invraisemblable, qu'on ne s'est permis de répandre qu'après la mort de celui qui avoit intérêt de la détruire, et qui s'est accréditée ensuite, on ne sait trop pourquoi.

Nous nous sommes un peu étendus sur cette discussion, parce que nous avons cru qu'il étoit convenable de restituer à Regnard une pièce que l'on s'étoit efforcé de lui enlever; et quoique aucun éditeur de ses OEuvres n'ait osé la retrancher, cependant on ne l'a admise dans les dernières éditions qu'avec des restrictions, et en adoptant l'opinion que cette pièce appartenoit à Dufresni.

Les rôles d'Agathe et de Colin sont ceux que

---

(1) *Voyez* l'Avertissement qui précède *le Joueur*.

# AVERTISSEMENT.

Dufresni pourroit peut-être revendiquer, et nous sommes portés à croire que ce sont les seuls que Regnard ait conservés. Ces deux caractères ont un ton naïf et vrai qui nous paroît appartenir plutôt à Dufresni qu'à Regnard; mais il faut convenir qu'on reconnoît Regnard dans le surplus de la pièce. On sait qu'il entendoit très-bien l'économie du théâtre, mais que son associé s'entendoit mieux à produire des scènes détachées qu'à bien conduire une intrigue; et la comédie d'ATTENDEZ-MOI SOUS L'ORME est bien intriguée, quoique le sujet en soit simple : le dialogue est vif, et d'un plaisant qui ne peut appartenir qu'à Regnard.

Quelque temps après la première représentation d'ATTENDEZ-MOI SOUS L'ORME, Dufresni donna au Théâtre Italien une pièce sous le même titre, qui fut représentée pour la première fois le 30 janvier 1695.

Cette comédie n'a de commun avec celle de Regnard que le titre; cependant, comme elle est peu connue, plusieurs personnes l'ont confondue avec la première.

Dufresni est incontestablement l'auteur de la pièce italienne, qui a eu quelque succès sur l'ancien Théâtre Italien, mais qui, depuis la suppression arrivée en 1697, a éprouvé le sort des pièces composées pour ce spectacle, et n'a paru que rarement sur la scène.

Cette comédie ignorée a contribué à entretenir l'erreur de quelques personnes sur l'ATTENDEZ-MOI SOUS L'ORME du Théâtre François. On a attribué celle-ci à Dufresni, quoiqu'il ne fût l'auteur que de la pièce italienne.

Dans la liste des comédies de Dufresni données à l'ancien Théâtre Italien, imprimée à la tête de ses OEuvres, on trouve : ATTENDEZ-MOI SOUS L'ORME, pièce en un acte, 1694, avec cette note : *Imprimée aussi dans les OEuvres de Regnard.*

L'éditeur, entraîné par l'opinion commune, a confondu la pièce italienne avec la pièce françoise. C'est cette dernière qui est imprimée dans les OEuvres de Regnard, et qui lui appartient, au moins pour la plus grande partie; c'est aussi la pièce françoise qui a été représentée en 1694.

Quant à la pièce italienne, elle n'a jamais été attribuée à Regnard, ni insérée dans ses OEuvres. Elle a été représentée en 1695, et non en 1694. C'est cette pièce qui est imprimée dans le recueil de Ghérardi, tom. v, pag. 401, édition de 1717.

# AVERTISSEMENT.

Ces deux pièces n'ont de conformité que le titre. Celle de Regnard, comme nous l'avons dit, est agréablement intriguée, et la pièce de Dufresni n'est qu'une suite de scènes épisodiques, et que l'on appelle proverbialement scènes à tiroir.

Quoique la comédie de Dufresni ne soit pas dépourvue de mérite, elle ne peut néanmoins soutenir la comparaison avec celle de Regnard. La première a dû la plus grande partie de son succès au jeu des acteurs; la seconde est restée au théâtre, et se voit toujours avec plaisir.

Si Dufresni eût eu une part bien considérable dans la pièce françoise, il n'auroit pas manqué de reprendre ce qui lui appartenoit, et de le transporter dans la pièce italienne. C'étoit une bonne manière de se venger de l'infidélité de son ami, et de revendiquer ses usurpations.

Il a suivi cette route pour *le Joueur*: il a produit sur la scène sa comédie telle qu'il l'avoit composée, et a mis tout le monde à portée de prononcer entre lui et son adversaire : chacun a pu voir le parti que Regnard avoit tiré des idées de Dufresni; on a reconnu ce qui appartenoit à l'un et à l'autre.

Dufresni ne s'est pas contenté de reprendre ses scènes dans cette pièce, il les a employées de nouveau dans sa comédie de *la Joueuse*. Désespéré du peu de succès de la première pièce, il ne pouvoit concevoir que le public dédaignât des scènes auxquelles il attribuoit tout le succès de la comédie de Regnard.

Ce second essai a été encore infructueux. On a continué de se porter en foule au *Joueur* de Regnard, et l'on n'a pu goûter les deux pièces de Dufresni. Celui-ci n'a pas cependant perdu toute espérance; il a cru que son rival devoit son triomphe à sa versification; il a mis en vers la comédie de *la Joueuse*.

On ne sait quel auroit été le succès de cette nouvelle tentative. *La Joueuse*, mise en vers, n'a jamais été représentée, et est du nombre des pièces que Dufresni, en mourant, fit brûler sous ses yeux, et par le conseil de son confesseur.

Mais ces faits prouvent combien Dufresni étoit attaché à ses productions, et qu'il ne souffroit pas patiemment que d'autres adoptassent ses idées, et s'attribuassent le fruit de ses travaux.

On ne voit pas pourquoi il auroit eu plus d'indifférence pour Attendez-moi sous l'orme, qu'il n'en avoit eu pour *le Joueur*. L'infidélité de son ami devoit lui être aussi sensible pour l'une que pour l'autre pièce.

Nous nous croyons donc fondés à laisser à Regnard une propriété que nous ne pensons pas qu'il ait usurpée. Nous imprimons dans ses OEuvres la comédie d'Attendez-moi sous l'orme, non parce que cette pièce y a été insérée jusqu'à présent (nous n'aurions pas balancé à l'en retrancher, si nous eussions pu croire qu'elle appartient à Dufresni), mais parce que nous croyons qu'il en est l'auteur.

Nous n'avons négligé aucun moyen d'éclaircir nos doutes (1), et toutes les recherches que nous

---

(1) *Extrait du Journal de Paris, du lundi 27 janvier* 1783.

La petite comédie Attendez-moi sous l'orme, donnée au théâtre en 1694, par Regnard, et imprimée dans tous les recueils des OEuvres de ce poète, a été attribuée ensuite, on ne sait trop pourquoi, à Dufresni.

MM. Parfait, auteurs de l'Histoire du Théâtre François, paroissent être les premiers qui aient eu cette opinion, et qui l'aient rendue publique.

C'est d'après eux que les derniers éditeurs de Regnard ont également attribué cette pièce à Dufresni.

Enfin, on a été jusqu'à dire que Regnard avoit abusé de

avons pu faire n'ont servi qu'à nous confirmer dans notre opinion, et nous assurer que la comédie d'ATTENDEZ-MOI SOUS L'ORME est l'ouvrage de Regnard; que Dufresni y a quelque part, mais que cette part est si médiocre et si équivoque, qu'elle ne suffit pas pour disputer à Regnard sa propriété, et retrancher cette pièce du recueil de ses OEuvres.

On rapporte dans les *Anecdotes dramatiques*, l'anecdote suivante, relative à ATTENDEZ-MOI SOUS L'ORME. Armand, cet excellent comique, saisissoit avec une présence d'esprit singulière tout ce qui pouvoit plaire au public dont il étoit fort aimé. Jouant le rôle de Pasquin dans cette pièce, après ces mots : « Que dit-on d'intéressant ? Vous

---

la situation embarrassée de Dufresni, et avoit acheté de lui cette pièce 300 liv. (*Anecd. dram.*)

Les libraires associés préparent une nouvelle édition des OEuvres de Regnard, qui sera exécutée avec le soin dû au meilleur de nos poètes comiques, après Molière.

Ils ne veulent insérer dans cette édition aucune pièce qui n'appartienne réellement à Regnard; ils désirent en conséquence que quelque amateur du théâtre veuille bien leur communiquer, par la voie de votre journal, des éclaircissements sur ce fait.

… « avez reçu des nouvelles de Flandre »; il répliqua sur-le-champ : « Un bruit se répand que « Port-Mahon est pris. » Le vainqueur de Mahon étoit le parrain d'Armand.

## PERSONNAGES.

DORANTE, officier réformé, revenant de sa garnison, qui devient amoureux d'Agathe.

AGATHE, fille d'un fermier, amoureuse de Dorante.

PASQUIN, valet de Dorante.

LISETTE, amie d'Agathe.

COLIN, jeune fermier, accordé avec Agathe.

NANETTE, bergère.

NICAISE, berger.

PLUSIEURS BERGERS ET BERGÈRES, qui étoient priés pour la noce de Colin et d'Agathe.

*La scène est dans un village de Poitou, sous l'Orme.*

# ATTENDEZ-MOI SOUS L'ORME,
## COMÉDIE.

## SCÈNE PREMIÈRE.

### DORANTE, PASQUIN.

#### PASQUIN.

Pour m'expliquer en termes plus clairs, j'ai avancé la dépense du voyage depuis notre garnison jusqu'à ce village-ci; nous y avons déjà séjourné quinze jours sur mes crochets : je vous prie que nous comptions ensemble, et je vous demande mon congé.

#### DORANTE.

Oh! palsembleu, tu prends bien ton temps!

#### PASQUIN.

Hé! puis-je le mieux prendre, Monsieur? Vous venez d'être réformé; il faut bien que vous réformiez votre train.

#### DORANTE.

Pasquin, quitter le service d'un officier, c'est se brouiller avec la fortune.

PASQUIN.

Ma foi, Monsieur, je me suis brouillé avec elle dès le jour que je suis entré chez vous; mais, Dieu merci, je suis au-dessus de la fortune; je veux me retirer du monde.

DORANTE.

Le fat! ô le fat!

PASQUIN.

Oui, Monsieur, j'ai fait depuis peu des réflexions morales sur la vanité des plaisirs mondains : je suis las d'être bien battu et mal nourri; je suis las de passer la nuit à la porte d'un lansquenet, et le jour à vous détourner des grisettes; je suis las enfin d'avoir de la condescendance pour vos débauches, et de m'enivrer au buffet, pendant que vous vous enivrez à table. Il faut faire une fin, Monsieur. Je vais me rendre mari d'une certaine Lisette, qui est le bel esprit de ce village-ci. Les plus jolies filles du Poitou la consultent comme un oracle, parce qu'elle a fait ses études sous une coquette de Paris; c'est là qu'elle est devenue amoureuse de moi.

DORANTE.

Hé! je n'ai pas encore trouvé en mon chemin cette Lisette si aimable; j'en sais mauvais gré à mon étoile.

PASQUIN.

Ce n'est pas votre étoile, Monsieur, c'est moi

qui ai pris soin de vous cacher Lisette; je l'ai trouvée trop jolie pour vous la faire connoître. Mais cette digression vous fait oublier qu'il s'agit entre vous et moi d'une petite règle d'arithmétique. Il y a huit ans que je vous sers; à vingt-cinq écus de gages, somme totale, six cents liv.; sur quoi j'ai reçu quelques coups de canne et quelques coups de pied au cul; partant reste toujours six cents livres, que je vous prie de me donner présentement.

DORANTE, d'un ton de colère.

Quoi! j'ai eu la patience de garder huit ans un coquin comme toi!

PASQUIN.

Tout autant, Monsieur.

DORANTE.

Un maraud!

PASQUIN.

Oui, Monsieur.

DORANTE.

Huit ans, un valet à pendre!

PASQUIN.

Ah!

DORANTE.

A noyer, à écraser!

PASQUIN.

Il y a du malheur à mon affaire. Vous avez été

jusqu'à présent très-content de mon service, et vous cessez de l'être dans le moment que je vous demande mes gages.

DORANTE, se radoucissant.

Pasquin, ce n'est pas d'aujourd'hui que je suis la dupe de ma bonté. Va, mon cher, je veux bien encore ne te point chasser de chez moi.

PASQUIN.

Vraiment, Monsieur, ce n'est pas vous qui me chassez, c'est moi qui vous demande mon congé, et les six cents livres.

DORANTE.

Non, mon cœur, tu ne me quitteras point. Tu ne sais ce qu'il te faut. La vie champêtre ne convient point à un intrigant, à un fourbe.

PASQUIN.

Je sais bien que j'ai tous les talents pour faire fortune à la ville; mais je borne mon ambition à Lisette, à qui j'apporte en mariage les six cents livres, dont je vais vous donner quittance.

(Il tire de sa poche un papier.)

DORANTE, lui arrêtant la main.

Peste soit du faquin ! Tu n'as que tes affaires en tête : parlons un peu des miennes. J'épouse demain la petite fermière Agathe. J'ai si bien fait, par mon manége, que le père est à présent aussi amoureux de moi que sa fille. Elle a dix mille écus.

## SCÈNE I.

PASQUIN.

Vous n'avez que vos affaires en tête ; reparlons un peu des miennes.

DORANTE.

Agathe m'attend chez elle à quatre heures ; et, avant que d'y aller, j'ai à régler certaines choses avec le notaire.

PASQUIN.

Monsieur, il n'y a que deux mots à mon affaire.

DORANTE.

Le notaire m'attend, Pasquin.

PASQUIN.

Mon congé et mes gages.

DORANTE.

Oh ! puisque tu veux absolument que nous sortions d'affaire ensemble....

PASQUIN.

Si ce n'étoit pas pour une occasion aussi pressante....

DORANTE.

Il faut faire un effort....

PASQUIN.

Je ne vous importunerois pas.

DORANTE.

Quelque peine que cela me fasse....

PASQUIN.

Voici la quittance.

DORANTE, *prenant la quittance et embrassant Pasquin.*

Va, je te donne ton congé.

PASQUIN.

Et mes gages, Monsieur ?

DORANTE.

Tu m'attendris, Pasquin; je ne veux pas te voir davantage.

## SCÈNE II.

PASQUIN, seul.

LE scélérat ! Je n'ai plus rien à ménager avec cet homme-là. Lisette me sollicite de rompre son mariage avec Agathe. Allons voir ce qui en sera.

## SCÈNE III.

PASQUIN, LISETTE.

PASQUIN.

Ah ! te voilà !

LISETTE.

Il y a une heure que je te cherche. Es-tu d'accord avec ton maître ?

PASQUIN.

Peu s'en faut. Il ne s'agissoit entre lui et moi que

## SCÈNE III.

de deux articles. Je lui demandois mon congé et mes gages : il a partagé le différend par moitié, il m'a donné mon congé, et me retient mes gages.

LISETTE.

Et tu gardes des mesures avec cet homme-là ! Te feras-tu encore tirer l'oreille pour m'aider à rompre son mariage, en faveur de mon pauvre frère Colin, à qui Agathe étoit promise? Il ne tient qu'à toi de rendre la joie à tout le village. Ce n'étoit que fêtes, danses et chansons préparées pour les noces de Colin et d'Agathe ; et depuis que ton officier réformé est venu nous enlever le cœur de cette jolie fermière, toute notre galanterie poitevine est en deuil.

PASQUIN.

Je ne manque pas de bonne volonté ; mais je considère....

LISETTE.

Et moi, je ne considère plus rien. Je suis bien sotte de prier quand j'ai droit de commander. Colin est mon frère, et s'il n'épouse point Agathe par ton moyen, Lisette n'épousera point Pasquin.

PASQUIN.

Ouais ! tu me mets le marché bien librement à la main !

LISETTE.

C'est que je ne suis pas comme la plupart de celles

qui font de pareils marchés. Je ne t'ai point donné d'arrhes, et je romprai, si....

PASQUIN.

Doucement. Çà, que faut-il donc faire pour ce petit frère Colin? As-tu pris des mesures avec lui?

LISETTE.

Des mesures avec Colin? Bon! c'est un jeune amant à la franquette, qui n'est capable que de se trémousser à contre-temps. Il va, il vient, il piétine, peste contre son infidèle, et a toujours quelque raisonnement d'enfant qu'il veut qu'on écoute; enfin, c'est un petit obstiné que j'ai été contrainte d'enfermer, afin qu'il me laissât en paix travailler à ses affaires. Je crois que le voilà encore.

## SCÈNE IV.

### COLIN, LISETTE, PASQUIN.

LISETTE; à Colin.

Quoi! petit lutin, tu seras toujours sur mes talons?

COLIN, à Lisette.

J'ai sauté par la fenêtre de la salle où tu m'avois enfermé, pour te venir dire que tout ce tripotage de veuve que tu veux faire pour attraper ce Do-

## SCÈNE IV.

rante, par-ci, par-là, tant y a que tout ça ne vaut rian.

LISETTE.

Mort de ma vie ! si tu....

PASQUIN.

Laissez opiner Colin ; il me paroît homme de tête.

COLIN.

Assurément. J'ai trouvé un secret pour qu'Agathe me r'aime, et j'ai commencé à imaginer....

LISETTE.

Et va-t'en achever d'imaginer ; laisse-moi exécuter.

COLIN.

Oh ! y faut que ce soit moi qui....

LISETTE.

Oh ! ce ne sera pas toi qui....

COLIN.

Je te dis que....

LISETTE.

Je te dis que tu te taises.

COLIN.

Oh ! c'est moi qui suis l'amoureux, une fois ; je veux parler tout mon soûl.

LISETTE.

Oh ! le petit lutin d'amoureux !

COLIN.

Tenez, si Pasquin me dit que je n'ai pas pus d'esprit que toi, pour ce qui est d'Agathe, je veux bien m'en retourner dans la salle.

LISETTE.

Écoutons à cette condition.

COLIN.

C'est que j'ai une ruse pour faire venir Agathe dans un endroit où je vous cacherai tous deux.

PASQUIN.

Fort bien !

COLIN.

Et pis, quand a sera là, je li dirai : Çà, gnia personne qui nous écoute ; n'est-y pas vrai, Agathe, qu'ou m'avez dit cent fois qu'ou m'aimiez ? A dira, oui Colin, car ça est vrai. N'est-y pas vrai, li redirai-je, que quand vous me dites ça, je dis, moi, que les paroles étoient belles et bonnes, mais que ça ne tient guère, à moins qui n'y ait quelque chose, là, qui signifie qu'ou n'oseriez pus prendre d'autre mari que moi ? Agathe dira : oui, Colin. N'est-y pas vrai, ce li ferai-je encore, qu'un certain jour que l'épingle de votre collet étoit défaite, je le soulevis tout doucement, tout doucement ?...

LISETTE.

Oh! va donc plus vite; j'aime l'expédition.

PASQUIN.

Ce récit promet beaucoup au moins. Et nous serons cachés pour entendre tout cela ?

## SCÈNE IV.

COLIN.

Assurément. Je ne barguignerai point à li faire tout dire, car si a m'épouse, l'épousaille couvre tout ; et sinon, je sis bien aise qu'on sache que la récolte appartient à sti qui a défriché la terre. Oh ! donc, je dirai à Agathe : N'est-y pas vrai, quand j'eus entr'ouvart votre collet, que je pris dessous un papier dans votre sein, et que sur ce papier vous m'aviez fagotté en lacs d'amour votre nom parmi le mien, pour montrer ce que je devions être l'un à l'autre.

PASQUIN.

Et a dira : oui, Colin.

COLIN.

Oh! a dira peut-être que c'est qu'a dormoit ; mais je sais bian qu'a ne faisoit que semblant ; car a se réveillit tout juste quand....

LISETTE.

Eh bien enfin ! quand elle aura tout dit....

COLIN.

Vous sortirez tous deux de votre cache, et vous li direz : Agathe, il faut qu'ou vous mariez, rien qu'avec Colin tout seul, ou nous allons dire partout qu'ou aimez deux hommes à la fois. Oh ! a ne voudra pas.

LISETTE.

Oh! que si, a voudra. Les femmes en font gloire.

#### COLIN.

Faire gloire d'aimer un autre que sti avec qui on se marie! Non, gnia point de femme comme ça dans tout le monde.

#### PASQUIN.

Colin n'a pas voyagé. Çà, je juge que M. Colin imagine mieux que nous, mais nous exécuterons mieux que Colin. Partant, condamné à retourner dans la salle, jusqu'à ce que nous ayons besoin de lui.

#### COLIN.

Oh! ne vlà-t-il pas qu'il dit comme Lisette, à cause que.... hé! là, là.

#### LISETTE.

Oh! va donc, ou je ne me mêle plus de tes affaires.

#### COLIN.

J'y vais, mais j'enrage.

## SCÈNE V.

#### LISETTE, PASQUIN.

#### LISETTE.

Oh! nous voilà délivrés de lui. Çà, il s'agit de guérir Agathe de l'entêtement où elle est pour ton maître.

## SCÈNE V.

PASQUIN.

Hon ! quand l'amour s'est une fois emparé d'un cœur aussi simple que celui d'Agathe, il est difficile de l'en chasser ; il se trouve mieux logé là que chez une coquette.

LISETTE.

J'avoue que les grands airs de ton maître ont saisi la superficie de son imagination ; mais le fond du cœur est encore pour Colin. Finissons. Il faut empêcher Agathe de sortir de chez elle, afin qu'elle ne vienne point rompre les mesures que nous avons prises. Comment nous y prendrons-nous ?

PASQUIN.

Hon ! attendez. Nous lui avons fait venir des habits de Paris. Si j'allois lui dire que mon maître veut qu'elle les mette.... La coiffure seule suffit pour amuser une femme toute la journée.

LISETTE.

La voici qui vient ; songe à la renvoyer chez elle.

## SCÈNE VI.

### AGATHE, LISETTE, PASQUIN.

#### AGATHE.

Où est donc ton maître, Pasquin ? Il y a deux heures que je l'attends chez moi.

#### PASQUIN.

Vous vous trompez, Madame ; mon maître est trop amoureux pour vous faire attendre.

#### LISETTE, à Agathe.

Je vous avois bien dit que ses empressements ne dureroient pas.

#### AGATHE.

Oh ! c'est tout le contraire, Lisette. Dorante doit être aujourd'hui amoureux de moi à la folie ; car il m'a promis que son amour augmenteroit tous les jours, et il m'aimoit déjà bien hier.

#### LISETTE.

En une nuit, il arrive de grandes révolutions dans le cœur d'un François.

#### PASQUIN.

Oui, sur la fin de ce siècle-ci, les amants et les saisons se sont bien déréglés ; le chaud et le froid n'y dominent plus que par caprice.

## SCÈNE VI.

LISETTE.

Oh! en Poitou nous avons une règle certaine, c'est que le jour des noces, le thermomètre de la tendresse est à son plus haut degré; mais le lendemain il descend bien bas.

AGATHE.

Vous voulez me persuader tous deux que Dorante sera inconstant; mais il faudroit que je fusse folle pour craindre qu'il change. Quoi! quand Colin me disoit tout simplement qu'il me seroit fidèle, je le croyois; et je ne croirois pas Dorante, qui est un gentilhomme, et qui fait des serments horribles qu'il m'aimera toujours?

PASQUIN.

En amour, les serments d'un courtisan ne prouvent rien; c'est le langage du pays.

LISETTE, à Agathe.

Si vous vouliez m'écouter une fois en votre vie, je vous ferois voir que Dorante....

AGATHE.

Parlons d'autre chose, Lisette.

PASQUIN, à Lisette.
(à Agathe.)

Elle a raison. Parlons des beaux habits que mon maître vous a fait venir.

AGATHE.

Ah! Pasquin, j'en suis charmée.

#### PASQUIN.

A propos, mon maître vouloit vous voir aujourd'hui parée.

#### AGATHE.

Je voudrois bien l'être aussi ; mais je ne sais pas lequel je dois mettre des deux habits. Dis-moi, Pasquin, lequel aimera-t-il mieux de l'innocente ou de la gourgandine ? (1)

#### PASQUIN.

La gourgandine a toujours été du goût de mon maître.

#### AGATHE.

Il faut que les femmes de Paris aient bien de l'esprit pour inventer de si jolis noms.

#### PASQUIN.

Malepeste ! leur imagination travaille beaucoup. Elles n'inventent point de modes qui ne servent à cacher quelque défaut. Falbala par haut pour celles qui n'ont point de hanches ; celles qui en ont trop le portent plus bas. Le cou long et les gorges creuses ont donné lieu à la steinquerque ; et ainsi du reste.

#### AGATHE.

Ce qui m'embarrasse le plus, c'est la coiffure. Je ne pourrai jamais venir à bout d'arranger tant

---

(1) Deux noms d'habits à la mode en 1694.

## SCÈNE VI.

de machines sur ma tête ; il n'y a pas de place pour en mettre seulement la moitié.

#### PASQUIN.

Oh ! quand il s'agit de placer des fadaises, la tête d'une femme a plus d'étendue qu'on ne pense. Mais vous me faites souvenir que j'ai ici le livre instructif que la coiffeuse a envoyé de Paris. Il s'intitule : « Les Éléments de la toilette, ou le « Système harmonique de la coiffure d'une femme. »

#### AGATHE.

Ah ! que ce livre doit être joli !

#### PASQUIN, tirant un livre de sa poche.

Voici le second tome. Pour le premier, il ne contient qu'une table alphabétique des principales pièces qui entrent dans la composition d'une commode, comme :

« La duchesse, le solitaire,

« La fontange, le chou,

« Le tête-à-tête, la culbute,

« Le mousquetaire, le croissant,

« Le firmament, le dixième ciel,

« La palissade et la souris. »

#### AGATHE.

Ah ! Pasquin, cherche-moi l'endroit où le livre dit que se met la souris. J'ai un nœud de ruban qui s'appelle comme cela.

PASQUIN.

C'est ici quelque part ; attendez....

« Coiffure pour raccourcir le visage. »

Ce n'est pas cela.

« Petits tours blonds à boucles fringantes pour
« les fronts étroits et les nez longs. »

Je n'y suis pas.

« Supplément ingénieux qui donne du relief
« aux joues plates. »

Ouais !

« Cornettes fuyantes pour faire sortir les yeux
« en avant. »

Hà ! voici ce que vous demandez.

« La souris est un petit nœud de nompareille
« qui se place dans le bois. *Nota.* On ap-
« pelle petit bois un paquet de cheveux
« hérissés, qui garnissent le pied de la fu-
« taie bouclée. »

Mais vous lirez cela à loisir. Allez vite arranger votre toilette. Je vous enverrai mon maître aussitôt qu'il aura fini une petite affaire.

AGATHE.

Qu'il ne me fasse pas attendre au moins. Adieu, Lisette.

LISETTE.

Adieu, Agathe.

## SCÈNE VII.

### LISETTE, PASQUIN.

#### LISETTE.

On vient à bout de tout en ce monde, quand on sait prendre chacun par son foible; les hommes par les femmes, les femmes par les habits. Çà, il faut à présent nous assurer de ton maître.

#### PASQUIN.

Il est chez le notaire; il faut qu'il repasse par ici pour aller chez Agathe, et je l'arrêterai pendant que tu iras te déguiser en veuve.

#### LISETTE.

Récapitulons un peu ce déguisement. Tu es bien sûr que ton maître n'a jamais vu la veuve.

#### PASQUIN.

Assurément. Sur la réputation qu'elle a dans Poitiers d'être fort riche, mon fanfaron s'est vanté qu'elle étoit amoureuse de lui. Pour se venger, elle a pris plaisir à se trouver masquée à deux ou trois assemblées où il étoit, de faire la passionnée; en un mot, de se moquer de lui; trouvant toujours des excuses pour ne se point démasquer. C'est une gaillarde qui fait mille plaisanteries de cette nature pour égayer son veuvage.

### LISETTE.

Puisque cela est ainsi, je contreferai la veuve comme si je l'étois.

### PASQUIN.

Tant pis. Car on ne sauroit bien contrefaire la veuve, qu'on n'ait contrefait la femme mariée. L'habit est-il prêt?

### LISETTE.

Oui.

### PASQUIN.

Voilà mon maître qui vient.

### LISETTE.

Amuse-le pendant que je me déguiserai; et après, tu iras avertir Agathe qu'elle vienne nous surprendre; tu la feras écouter notre conversation. Laisse-moi faire.

## SCÈNE VIII.

#### PASQUIN, seul.

Comment lui tournerai-je la chose? Mais il ne faut pas tant de façon avec mon maître. Un homme qui se croit aimé de toutes les femmes, en est aisément la dupe.

# SCÈNE IX.

DORANTE, PASQUIN.

PASQUIN.

Monsieur, Monsieur !

DORANTE.

Ne m'arrête point ; Agathe m'attend.

PASQUIN.

Ce n'est plus de mes affaires que je veux vous parler à présent.

DORANTE.

Je meurs d'impatience de la voir. L'amour, Pasquin, l'amour ! Ah ! quand on a le cœur pris....

PASQUIN.

Fait comme vous êtes, Monsieur, je n'eusse jamais deviné que l'amour vous feroit perdre votre fortune.

DORANTE.

Que veux-tu dire par là ?

PASQUIN.

Que votre amour pour Agathe vous fait manquer cette veuve de cinquante mille écus.

DORANTE.

Hé ! ne t'ai-je pas dit que la sotte est devenue invisible à Poitiers ?

#### PASQUIN.

Elle vouloit apparemment éprouver votre constance. L'heureux moment est venu; elle est ici, Monsieur.

#### DORANTE.

Est-il possible?

#### PASQUIN.

Il n'y a rien de plus vrai; et depuis que vous m'avez quitté.... Mais n'en parlons plus, vous avez le cœur pris pour Agathe.

#### DORANTE.

Achève, Pasquin, achève.

#### PASQUIN.

Amoureux comme vous êtes, vous ne voudriez pas rompre un mariage d'inclination pour vingt mille écus plus ou moins.

#### DORANTE.

Il faudra se faire violence. Avec vingt mille écus on achète un régiment, on est utile au prince; tu sais qu'un gentilhomme doit se sacrifier pour les besoins de l'état.

#### PASQUIN.

Entre nous, l'état n'a pas grand besoin de vous, puisqu'il vous a remercié de vos services à la tête de votre compagnie.

#### DORANTE.

Parlons de la veuve, Pasquin.

## SCÈNE IX.

#### PASQUIN.

La veuve est venue ce matin de Poitiers pour vos beaux yeux ; et depuis que vous m'avez quitté, on vient de m'offrir de sa part cent pistoles, si je puis lui livrer votre cœur.

#### DORANTE.

Je serai ravi de te faire gagner cent pistoles. J'aime à m'acquitter, Pasquin.

#### PASQUIN.

En rabattant sur mes gages.

#### DORANTE.

Çà, que faut-il faire, mon cœur ?

#### PASQUIN.

On est convenu avec moi que le hasard amèneroit la veuve sous cet orme dans un quart d'heure.

#### DORANTE.

Bon !

#### PASQUIN.

J'ai promis que le hasard vous y conduiroit aussi.

#### DORANTE.

Fort bien !

#### PASQUIN.

Il faut que vous vous promeniez, sans faire semblant de rien. Elle va venir, sans faire semblant de rien. Pour lors vous l'aborderez, vous, en faisant semblant de rien ; elle vous écoutera, faisant semblant de rien. Voilà comment se font les mariages des Tuileries.

DORANTE.

Parbleu, tu es un homme adorable !

PASQUIN.

Çà, préparez-vous à aborder la veuve en petit-maître. Cachez-vous un œil avec votre chapeau, la main dans la ceinture, le coude en avant, le corps d'un côté et la tête de l'autre ; surtout gardez-vous bien de vous promener sur une ligne droite, cela est trop bourgeois.

DORANTE.

Ce maraud-là en sait presque autant que moi.

PASQUIN.

Voici l'occasion, Monsieur, de faire profiter les talents que vous avez pour le grand art de la minauderie. Ah ! si vous pouviez vous souvenir de cette mine que vous fîtes l'autre jour à la comédie, là, une certaine mine qui perdit de réputation cette femme à qui vous n'aviez jamais parlé.

DORANTE.

Que tu es badin !

## SCÈNE X.

LISETTE en veuve, DORANTE, PASQUIN.

PASQUIN, bas à Dorante.

Voici la veuve, Monsieur, faites semblant de rien ; hem, semblant de rien. (Haut à Dorante, en faisant signe à Lisette.) N'y a-t-il rien de nouveau en Catalogne ? Que dit-on de l'Allemagne ? Vous avez reçu des lettres de Flandre. La promenade est bien déserte aujourd'hui. De quel côté vient le vent ? Mon Dieu ! la belle journée !

DORANTE, bas à Pasquin.

Pasquin, la veuve soupire.

PASQUIN, bas à Dorante.

Apparemment c'est pour le défunt.

DORANTE, bas à Pasquin.

Il faut un peu la laisser ronger son frein. Elle est sensible aux bons airs. Je me sers de mes avantages.

PASQUIN, bas à Dorante.

Vous avez raison ; votre geste est tout plein de mérite, et vous avez encore plus d'esprit de loin que de près. Si elle vous entendoit chanter, elle seroit charmée, Monsieur. Ne savez-vous point par cœur quelque impromptu de l'opéra nouveau ?

DORANTE, haut à Pasquin.

Je vais chanter, pour me désennuyer, un petit air que je fis à Poitiers pour cette charmante veuve. Hem.

(Il chante.)

Palsembleu, l'Amour est un fat,
L'Amour est un fat;
Sans égard pour ma naissance,
Il me fait soupirer, gémir, sentir l'absence,
Comme un amant du tiers-état.
Palsembleu, l'Amour, etc.

Il n'est point de belle en France
Que je n'aie soumise à ce petit ingrat;
Et, pour toute récompense,
Il m'enchaîne comme un forçat.
Palsembleu, l'Amour, etc.

PASQUIN, après que Dorante a chanté.

Vous êtes l'amour, Monsieur!

DORANTE, bas à Pasquin.

(Haut.)

C'est assez la faire languir. Ciel! quelle aventure, Pasquin! Je crois que voilà mon aimable invisible dont je te parlois.

PASQUIN.

C'est elle-même.

DORANTE, abordant la Veuve.

Par quel bonheur, Madame, vous trouve-t-on dans ce village?

## SCÈNE X.

LISETTE.

J'y revenois chercher la solitude, et pleurer en liberté.

PASQUIN.

Retirons-nous donc, Monsieur : il est dangereux d'interrompre les larmes d'une veuve. La vue d'un joli homme fait rentrer la douleur en dedans.

DORANTE.

Je vous l'ai dit cent fois, charmante spirituelle, je suis le cavalier de France le plus spécifique pour la consolation des dames.

LISETTE.

Un cavalier fait comme vous ne sauroit en consoler une, qu'il n'en afflige mille autres.

DORANTE.

Périssent de jalousie toutes les femmes du monde, pourvu que vous vouliez bien....

LISETTE.

Ah! n'achevez pas, Monsieur; je crains que vous ne me fassiez des propositions que je ne pourrois entendre sans horreur; car, enfin, il n'y a encore que huit ans que mon mari est mort.

PASQUIN.

Ah! Monsieur, vous allez rouvrir une plaie qui n'est pas encore bien fermée.

DORANTE.

Ah! Pasquin, je sens que mon feu se rallume.

#### LISETTE.

Hélas! le pauvre défunt m'aimoit tant!

#### PASQUIN, bas à Dorante.

Elle parle du défunt; vos affaires vont bien.

#### LISETTE.

Il m'a fait promettre, en mourant (en baissant la voix), que je ne me remarierois point.

#### PASQUIN, bas à Dorante.

Profitez du moment, Monsieur; elle est femme: et puisque sa parole baisse, il faut qu'elle soit bien foible.

#### LISETTE, bégayant.

Je tiendrai.... ma promesse.... ou bien....

#### PASQUIN, bas à Dorante.

Elle bégaye: il est temps que je me retire.

#### DORANTE, bas à Pasquin.

Va-t'en.

## SCÈNE XI.

### DORANTE, LISETTE.

#### DORANTE.

Nous sommes seuls, Madame; accordez-moi donc enfin ce que vous m'avez tant de fois refusé à Poitiers; levez ce voile cruel....

## SCÈNE XI.

LISETTE.

Monsieur, l'affliction m'a si fort changée....

DORANTE.

Eh! je vous conjure....

LISETTE, *d'un ton de précieuse.*

Je ne dors point; la fatigue du carrosse, la chaleur, la poussière, le grand jour.... Vous me trouverez laide à faire peur.

DORANTE.

Je vous trouverai charmante.

LISETTE.

Vous le voulez?

(Elle lève sa coiffe.)

DORANTE.

Que vois-je?

LISETTE.

Puisqu'il faut vous l'avouer, dès la seconde fois que je vous vis, je formai le dessein de faire votre fortune; mais je voulois vous éprouver. Ah! cruel! falloit-il si tôt vous rebuter!

DORANTE.

Eh! vous avois-je vue, Madame?

## SCÈNE XII.

DORANTE, LISETTE, AGATHE, PASQUIN.

(Pasquin amène Agathe pour écouter.)

AGATHE, à part, à Pasquin.

C'est donc pour cela qu'il me faisoit tant attendre ?

PASQUIN, à part, à Agathe.

Écoutez....
( Il sort. )

## SCÈNE XIII.

DORANTE, LISETTE, AGATHE, à part.

DORANTE, à Lisette.

Je l'avoue franchement; à votre refus, j'avois jeté les yeux sur une petite fermière, parce que je trouvois une somme d'argent pour nettoyer de gros biens que j'ai en direction : mais, d'honneur, je ne l'ai jamais regardée que comme une enfant, une poupée avec quoi on se joue ; et depuis les charmantes conversations de Poitiers, vous n'avez point désemparé de mon cœur.

## SCÈNE XIII.

AGATHE, à part.

Le traître!

LISETTE.

Apparemment que je vous crois, puisque je veux bien vous donner ma main. Mais, avant toutes choses, il faut que vous disiez à Agathe, en ma présence, que vous ne l'avez jamais aimée.

DORANTE.

En votre présence?

LISETTE.

Quoi! vous hésitez?

DORANTE.

Nullement. Mais enfin, dire en face à une femme que je ne l'aime point, c'est l'assassiner : le coup est mortel, Madame; et je dois avoir des ménagements pour une pauvre petite créature, qui....

LISETTE.

Qui....

DORANTE.

Qui, puisqu'il faut vous en faire la confidence, a eu pour moi certaines foiblesses. Je suis galant homme.

AGATHE, à part.

Comme il ment!

DORANTE.

Mais, Madame, je quitte tout pour vous suivre.

Je me laisse enlever, je vous épouse; faut-il d'autres marques de mon amour?

#### LISETTE.

Au moins, je vous ordonne d'aller tout présentement rompre l'engagement que vous avez avec le père.

#### DORANTE.

Oh! pour cela, volontiers.

#### LISETTE.

Allez promptement. Revenez dans une demi-heure m'attendre sous cet orme.

#### DORANTE.

Je vais vous satisfaire.

#### LISETTE.

Sous l'orme, au moins.

## SCÈNE XIV.

### AGATHE, LISETTE.

AGATHE, à part, n'osant aborder la Veuve.

Il faut que je sache d'elle.... Mais me ferai-je connoître après ce qu'on vient de lui dire de moi?

#### LISETTE.

Mon Dieu! la jolie mignonne! Qu'elle est aimable! Me voulez-vous parler?

## SCÈNE XIV.

AGATHE, n'osant l'aborder.

Non.

LISETTE.

Mais je crois vous avoir vue quelque part. N'êtes-vous pas la belle Agathe?

AGATHE.

Je ne sais pas.

LISETTE.

Ne craignez rien, ma bouchonne. Vous m'aviez enlevé mon amant; mais je suis déjà vengée, puisqu'il vous a sacrifiée à moi.

AGATHE.

Le traître!

LISETTE.

Vous êtes bien fâchée, n'est-ce pas, de perdre un si joli petit homme?

AGATHE.

Je ne suis fâchée que de ce qu'il vient de vous dire des faussetés de moi. Il dit que j'ai eu des foiblesses pour lui : ah! ne le croyez pas au moins, Madame; c'est un méchant qui en dira autant de vous.

LISETTE rit.

Ha! ha!

AGATHE.

Vous riez! Est-ce que vous me soupçonnez de ce que ce menteur-là vous a dit?

LISETTE.

Dorante ne sauroit mentir ; il est gentilhomme.

AGATHE.

Que je suis malheureuse! Quoi! vous croyez....

LISETTE, se dévoilant.

Oui, je crois....

AGATHE.

C'est Lisette!

LISETTE.

Je crois, comme je l'ai toujours cru, que vous êtes fort sage, et que Dorante est le plus grand scélérat du monde. Mais je suis contente, vous avez tout entendu. Ce n'est pas sa faute, comme vous voyez, si je ne suis qu'une fausse veuve. Eh bien! que vous dit le cœur présentement?

AGATHE.

Hélas! j'ai trahi Colin : Colin m'aime-t-il encore?

LISETTE.

Il fera tout comme s'il vous aimoit; et sitôt que vous lui aurez dit un mot, il ne songera qu'à se venger de Dorante.

AGATHE.

Ah! qu'il ne s'y joue pas. Dorante m'a dit qu'il étoit bien méchant.

LISETTE.

Il s'agit d'une vengeance qui servira de divertissement à toute notre petite société galante. Il sera berné qu'il n'y manquera rien.

## SCÈNE XV.

### COLIN, AGATHE, LISETTE.

COLIN, à part, sans apercevoir Agathe.

Pasquin vient de me dire que tout alloit bien, pourvu que je patientisse : mais, quand je devrois tout gâter, je ne saurois plus me tenir en place; je sis trop amoureux.

AGATHE, à Colin, fâchée de l'avoir trahi.

Ah! Colin, Colin!

COLIN, à Agathe qu'il aperçoit.

Ce n'est pas de vous au moins que je dis que je sis amoureux : il feroit beau var que j'aimisse encore eune.... ingrate!

AGATHE.

Il est vrai.

COLIN.

Eune.... infidèle!

AGATHE.

Oui, Colin.

COLIN.

Eune.... changeuse.

### AGATHE.

Hélas! je n'aime pas trop à changer; mais c'est que cela me vint malgré moi tout d'un coup, parce que je n'avois jamais vu d'homme fait comme Dorante.

### COLIN.

Oui, vous êtes une traîtresse.

### AGATHE.

Oh! pour traîtresse, non.... Ne vous avois-je pas averti que je voulois aimer Dorante?

### COLIN, étouffant de colère et d'amour.

Eune..... aouf! gnia pu moyen de retenir mon naturel. Bâille-moi ta main.

### AGATHE.

Ah! Colin, que je suis fâchée!

### COLIN.

Ah! que je sis aise, moi!

### LISETTE.

Vous allez user toute votre tendresse; gardez-en un peu pour quand vous serez mariés, vous en aurez besoin. Çà, Dorante va venir m'attendre sous l'orme; nous avons résolu de nous moquer de lui. Pierrot, Nanette et Licas nous doivent aider; ils sont là tout prêts. Les voici.

## SCÈNE XVI.

LISETTE, COLIN, AGATHE, NANETTE,
DEUX BERGERS.

LISETTE, à Nanette et aux Bergers.

Qui vous a donc avertis qu'il étoit temps?

NANETTE, à Lisette.

Nous avons vu de loin qu'elle se faisoit baiser la main par Colin, nous avons jugé....

COLIN, à Nanette.

C'est signe qu'al' a retrouvé l'esprit qu'al' avoit pardu.

AGATHE.

Que je suis honteuse, Nanette, d'avoir été trompée par un homme!

NANETTE.

Hélas! à qui est-ce de nous autres que cela n'arrive point? Mais nous allons faire voir à ce petit coquet de Dorante qu'il ne sait pas son métier, puisqu'il donne le temps à une fille de faire des réflexions.

LISETTE.

Tous vos petits rôles de raillerie sont-ils prêts?

NANETTE.

Bon! notre Licas et notre Pierrot feroient un opéra en deux heures.

LISETTE.

Oui! je vais vous donner votre rôle.

NANETTE.

Voici Dorante. Retirez-vous ; c'est à moi à commencer.

(Ils sortent.)

## SCÈNE XVII.

DORANTE, seul, venant au rendez-vous que lui a donné la Veuve.

Voici à peu près l'heure du rendez-vous. J'ai bien fait de ne point voir ni le père ni la fille ; si la veuve m'alloit manquer, je serois bien aise de retrouver Agathe. J'entends des villageois qui chantent ; laissons-les passer.

## SCÈNE XVIII.

DORANTE, NANETTE, NICAISE.
(Nicaise finit une chanson à une paysanne qui le fuit.)

NANETTE.

Mon pauvre Nicaise, tu perds ton temps et ta chanson. Il est vrai que je t'ai aimé ; mais c'est jus-

## SCÈNE XVIII.

tement pour cela que je ne t'aime plus. Ce sont là nos règles.

#### NICAISE chante.

Lorsque tu me promis, sous cet orme fatal,
Que je triompherois bientôt de mon rival,
Tu m'en voulus donner une preuve certaine.
    Ah! que n'en ai-je profité!
    Je ne serois plus à la peine
De te reprocher ton infidélité.

#### NANETTE chante.

    Il est vrai que ma franchise
        Fut surprise
Par tes discours trompeurs et par ton air charmant;
Mais j'ai passé l'écueil du dangereux moment.
    J'ai pensé faire la sottise :
    Tu ne m'as pas prise au mot;
    Tu seras le sot.

## SCÈNE XIX.

#### DORANTE, seul.

Ces Poitevines sont galantes naturellement. Mais la veuve tarde beaucoup.

## SCÈNE XX.

#### DORANTE, PASQUIN.

##### PASQUIN.

Ah! Monsieur, nous jouons de malheur.

##### DORANTE.

Qu'y a-t-il donc?

##### PASQUIN.

La veuve est partie, Monsieur; une de ses tantes est venue me l'enlever à ma barbe. Tout ce que la pauvrette a pu faire, c'est de sortir la tête par la portière du carrosse, et de me faire signe de loin qu'elle ne laisseroit pas de vous aimer toujours.

##### DORANTE.

Se seroit-elle moquée de moi?

##### PASQUIN.

Monsieur, j'ai sellé votre anglois; le voilà attaché à la porte : si vous voulez suivre le carrosse, il n'est pas encore bien loin.

##### DORANTE.

Pasquin, il faut aller au plus certain. Je vais trouver Agathe, et conclure avec elle. La voici, justement.

## SCÈNE XXI.

DORANTE, AGATHE, PASQUIN.

AGATHE, à part.

(Haut à Dorante.)

Je vais bien me moquer de lui. Ah! vous voilà, Monsieur; il faudra donc que je vous cherche toute la journée?

DORANTE.

Ah! pardon, ma charmante; j'ai eu une affaire indispensable.

AGATHE.

N'est-ce point plutôt que vous m'auriez fait quelque infidélité?

DORANTE.

Que dites-vous là, cruelle, injuste, ingrate? J'atteste le ciel....

AGATHE.

Eh! là, là, ne jurez point. Je sais bien comme vous m'aimez.

DORANTE.

Mais vous qui parlez, est-ce aimer, que de pouvoir attendre jusqu'à demain?

AGATHE.

Hé bien! marions-nous tout à l'heure.

DORANTE.

Dites donc au papa qu'il abrège les formalités ; ces articles, ce contrat, me désespèrent.

PASQUIN.

La sotte coutume pour les amants qui sont bien pressés !

AGATHE.

Nous irons dans un moment trouver mon père ; et, s'il nous fait trop attendre, nous nous marierons tous deux tout seuls.

## SCÈNE XXII.

LES MÊMES; CHOEUR DE BERGERS ET DE BERGÈRES.

*Le chœur chante derrière le théâtre.*

ATTENDEZ-MOI sous l'orme,
Vous m'attendrez long-temps.

## SCÈNE XXIII.

DORANTE, AGATHE, PASQUIN.

DORANTE.

QU'ENTENDS-JE ?

AGATHE.

C'est la noce d'un nommé Colin. Vous ne le connoissez pas ?

PASQUIN, faisant un saut, va joindre la noce.

Une noce ! ma foi, je vais danser.

## SCÈNE XXIV.

DORANTE, AGATHE, PASQUIN, PLUSIEURS BERGERS ET BERGÈRES, priés pour la noce de Colin et d'Agathe.

DORANTE, à Agathe.

Ils s'avancent, cédons-leur la place.

AGATHE.

Oh! il faut que je sois de cette noce-là.

DORANTE.

Quoi! vous pouvez différer un moment?

AGATHE.

Sitôt que la noce sera faite, nous nous marierons.

LE CHOEUR chante.

Attendez-moi sous l'orme,
Vous m'attendrez long-temps.

DORANTE.

Pasquin, voici bien des circonstances.

PASQUIN.

C'est le hasard, Monsieur.

DORANTE.

En tout cas, il faut faire bonne contenance.
(Il se mêle avec les villageois.)
Fort bien, mes enfants. Vive la poitevine, menuet de Poitou! Courage, Pasquin.

(On chante.)

Prenez la fillette
Au premier mouvement,
Car elle est sujette
Au changement :
Souvent la plus tendre
Qu'on fait trop attendre,
Se moque de vous
Au rendez-vous.

PASQUIN, se moquant de Dorante.

Nous sommes trahis, on nous berne, Monsieur.

DORANTE.

Ceci me confond.

LISETTE chante à Dorante.

Vous qui pour héritage
N'avez que vos appas,
L'argent ni l'équipage
Ne vous manqueront pas :
Malgré votre réforme,
La veuve y pourvoira;
Attendez-la sous l'orme,
Peut-être elle viendra.

## SCÈNE XXIV.

AGATHE chante à Dorante.

La fille de village
Ne donne à l'officier
Qu'un amour de passage,
C'est le droit du guerrier :
Mais le contrat en forme
C'est le lot du fermier :
Attendez-moi sous l'orme,
Monsieur l'aventurier.

COLIN chante.

Un jour notre goulu de chat
Tenoit la souris sous sa pate;
Mais al' étoit pour li trop délicate,
Il la lâchit pour prendre un rat.

PASQUIN, à Dorante.

Voilà de mauvais plaisants, Monsieur. Votre cheval est sellé.

(Dorante veut tirer son épée.)

PIERROT, arrêtant Dorante.

Tout bellement, ou nous ferons sonner le tocsin sur vous.

DORANTE.

Je viendrai saccager ce village-ci avec un régiment que j'acheterai exprès.

LISETTE.

Ce sera des deniers de la veuve ?

DORANTE s'en va.

(Le village poursuit Dorante en dansant et chantant.)

Attendez-moi sous l'orme,
Vous m'attendrez long-temps.

FIN D'ATTENDEZ-MOI SOUS L'ORME,

ET DU TOME SECOND,

# TABLE DES PIÈCES

CONTENUES DANS LE SECOND VOLUME.

Avertissement sur la Sérénade............ *Page* 3
LA SÉRÉNADE, comédie en prose et en un acte, avec un divertissement...................... 7
Avertissement sur le Bal...................... 69
LE BAL, comédie en vers et en un acte, avec un divertissement............................... 75
Avertissement sur le Joueur................... 121
LE JOUEUR, comédie en vers et en cinq actes..... 145
Avertissement sur le Distrait.................. 285
LE DISTRAIT, comédie en vers et en cinq actes.... 305
Avertissement sur Attendez-moi sous l'Orme...... 429
ATTENDEZ-MOI SOUS L'ORME, comédie en prose et en un acte, avec un divertissement......... 443

FIN DE LA TABLE DU SECOND VOLUME.

www.ingramcontent.com/pod-product-compliance
Lightning Source LLC
Chambersburg PA
CBHW060236230426

43664CB00011B/1672